高等院校特色规划教材

# 网络支付与结算

(富媒体)

陈 曦 主编

石油工业出版社

## 内 容 提 要

网络支付与结算是电子商务交易的核心环节之一。本书以支付体系的发展历程为基本脉络，通过基础原理与典型案例的层层推进，生动、系统地揭示了网络支付与结算的产生由来、前沿方式与未来发展。

本书包括支付体系概述、票据支付工具、我国的支付系统、银行卡的运作与管理、电子货币、第三方支付、网络银行、移动支付、互联网金融、网络支付系统的安全技术与风险管理等内容，较为全面地揭示了我国电子支付的基础理论与整体框架。同时，书中精选了国内外支付发展史中最具代表性的案例与热点问题，有利于读者更好地理解我国电子支付体系的现状并具备对电子支付行业创新业务的思辨能力。

本书可读性强，既可作为高等学校经济管理类专业相关课程的教材，也可作为电商、金融、经济等相关领域人员的参考书籍。

### 图书在版编目（CIP）数据

网络支付与结算：富媒体/陈曦主编 .—北京：石油工业出版社，2021.8

高等院校特色规划教材

ISBN 978-7-5183-4715-5

Ⅰ.①网… Ⅱ.①陈… Ⅲ.①互联网络—应用—银行业务—高等学校—教材 Ⅳ.①F830.49

中国版本图书馆 CIP 数据核字（2021）第 120194 号

---

出版发行：石油工业出版社
（北京市朝阳区安华里2区1号楼　100011）
网　址：www.petropub.com
编辑部：（010）64523579　图书营销中心：（010）64523633
经　销：全国新华书店
排　版：北京密东文创科技有限公司
印　刷：北京中石油彩色印刷有限责任公司

2021年8月第1版　2021年8月第1次印刷
787毫米×1092毫米　开本：1/16　印张：12
字数：306千字

定价：29.90元
（如发现印装质量问题，我社图书营销中心负责调换）
版权所有，翻印必究

# 前　言

"网络支付与结算"是教育部列明的电子商务专业核心课程之一，同时也是电子商务专业近十年变化最快的专业课程之一。课程内容涉及国内结算工具、支付系统、网络安全、网络支付服务组织、移动支付、虚拟货币、网络小贷、众筹等内容，涉及面广，知识体系复杂，其教材的编写一直是电子商务专业课程中的难点。

为解决当前"网络支付与结算"课程知识系统性不足、内容前沿性较差、案例代表性不足、支付流程不清晰以及过于偏重安全技术等问题，笔者围绕支付体系及其发展脉络，编写了本教材，其主要特色如下：

（1）以行业发展为主线，对网络支付的知识进行了系统性描述。教材以支付行业的发展历程为主线。从货币的发展历程视角出发，层层递进，在介绍各支付工具原理与运行机制的同时，帮助学生更好地理解各类电子支付工具的产生原因与社会价值。知识连贯、系统，并通过网络支付方式创新原理的分析，帮助学生理解并构建起创新的思维方式与创新的行为技能。

（2）前沿知识内容丰富。教材内容涵盖了网络支付服务组织、移动支付、人民币跨境支付系统、非银行支付机构网络支付清算平台、网络小贷与虚拟货币等电子支付相关前沿内容；同时，教材将近两年的热点争议问题放入拓展阅读与思考环节，有助于读者运用所学的知识对现实问题进行思辨与讨论，并激发行业探索热情。

（3）精选国内外典型案例，代表性强。课程组通过广泛调研与资料收集，精选了国内外具有代表性的案例，包括全球 NFC 支付代表 DoCoMo、德国 Paybox、美国 Prosper、美国移动支付代表 Square、网联清算系统、阿里集团信美互助与腾讯集团佣金宝等。

（4）知识呈现直观生动。支付系统的业务处理流程、企业支付工具的使用流程与风险、第三方支付的原理与内在风险、银行卡网上支付流程、电子现金使用流程等内容，由于离生活较远，学生掌握起来较为困难。本教材在深入梳理相关知识的基础上，绘制了大量的体系框架与流程图，直观清晰地展示了相关知识点的基础逻辑与内在联系。

本书内容共分以下 10 个章节：

第 1 章介绍了网络支付的发展现状，并依据商务活动的发展历程，逐步分析出货币、银行与支付系统，以揭示当前支付体系的基本结构及其内在成因。

第 2 章介绍了我国的票据类支付工具，主要包括支票、本票、汇票及其相关的电子票据的类型、特点与注意事项。

第 3 章全面介绍了我国的上层支付系统，包括票据支付系统、银行行内支付系统以及中国现代化支付系统。对每个支付系统及子系统均详细介绍了系统架构、参与者、业务类型与资金结算流程，展示了我国支付系统的整体轮廓。

第 4 章介绍了银行卡支付工具，从银行卡的发展历程出发，介绍了银行卡的类型、相关组织、授权系统与网上银行卡的支付形式。

第 5 章介绍了几类典型的电子货币，包括早期的两类电子现金、道具货币、商品货币、次级货币与央行数字货币。

第 6 章为第三方支付，介绍了第三方支付的发展历程、典型企业、第三方支付的监管与风险以及网联的构成与作用。

第 7 章为网络银行，主要包括网络银行的发展历程、现状、类型等，并以工商银行网银为例，介绍了其个人网银与企业网银的主要业务。

第 8 章为移动支付，介绍了移动支付的发展现状，并分别列举了国内外移动支付的典型模式，包括手机刷卡器、条码支付、近场支付、刷脸支付等。

第 9 章较为全面地介绍了互联网金融的各细分行业。本书从用户金融需求的角度对互联网金融进行了划分，其内容包括网络证券、网络保险、网络基金、网络小贷、网络征信、众筹等。

第 10 章介绍了网络支付的安全体系。其中既包括了防火墙、数字加密、数字认证等安全技术，也从风险控制的角度介绍了支付体系的主要监管办法与相关法律，有助于建立对网络支付安全体系的整体认识。

本书前 9 章由西南石油大学陈曦完成，第 10 章由西南石油大学杜成金完成。此外，于文华与李颖也在教材的编写过程中对书籍文稿的整理与格式修订做了大量的辅助工作；同时，教材也参考了大量学者的研究成果，在此，一并向他们表示深深的谢意。

由于编者水平有限，教材难免有错漏之处，恳请读者批评指正。

编　者
2021 年 5 月

# 目　录

**第1章　绪论** ………………………………………………………………… 1
　1.1　网络支付的经济现象分析 …………………………………………… 1
　1.2　支付过程分析 ………………………………………………………… 4
　1.3　货币的产生与发展 …………………………………………………… 6
　1.4　银行与清算 …………………………………………………………… 9
　1.5　支付系统 ……………………………………………………………… 12
　习题 ………………………………………………………………………… 14

**第2章　票据支付工具** ……………………………………………………… 16
　2.1　票据概述 ……………………………………………………………… 16
　2.2　支票 …………………………………………………………………… 17
　2.3　本票 …………………………………………………………………… 20
　2.4　汇票 …………………………………………………………………… 21
　2.5　电子商业汇票 ………………………………………………………… 26
　习题 ………………………………………………………………………… 29

**第3章　我国的支付系统** …………………………………………………… 31
　3.1　支付系统概述 ………………………………………………………… 31
　3.2　同城票据交换所 ……………………………………………………… 34
　3.3　电子资金汇兑系统 …………………………………………………… 36
　3.4　我国现代化支付系统概述 …………………………………………… 37
　3.5　大额实时支付系统 …………………………………………………… 40
　3.6　小额批量支付系统 …………………………………………………… 42
　3.7　全国支票影像交换系统 ……………………………………………… 44
　3.8　电子商业汇票系统 …………………………………………………… 46
　3.9　网上支付跨行清算系统 ……………………………………………… 48
　3.10　我国其他主要支付系统 …………………………………………… 50
　习题 ………………………………………………………………………… 54

**第4章　银行卡的运作与管理** ……………………………………………… 56
　4.1　银行卡的产生与发展 ………………………………………………… 56
　4.2　银行卡组织 …………………………………………………………… 58
　4.3　中国银行卡业务的产生与发展 ……………………………………… 59
　4.4　银行卡的概念 ………………………………………………………… 61
　4.5　银行卡的受理环境 …………………………………………………… 63

— 1 —

4.6 银行卡的授权系统 ... 65
4.7 银行卡的网上支付 ... 68
习题 ... 73

## 第5章 电子货币 ... 75
5.1 概述 ... 75
5.2 电子现金 ... 75
5.3 虚拟货币 ... 77
5.4 央行数字货币 ... 84
习题 ... 88

## 第6章 第三方支付 ... 90
6.1 第三方支付概述 ... 90
6.2 第三方支付的定义与模式 ... 92
6.3 第三方支付行业资金清算中的主要问题 ... 96
6.4 网联清算有限公司 ... 98
习题 ... 101

## 第7章 网络银行 ... 103
7.1 网络银行概述 ... 103
7.2 网络银行的概念与内涵 ... 104
7.3 网络银行的两种模式 ... 105
7.4 个人网银与企业网银 ... 110
习题 ... 115

## 第8章 移动支付 ... 117
8.1 移动支付概述 ... 117
8.2 国外移动支付的典型模式 ... 118
8.3 国内移动支付的典型方式 ... 121
习题 ... 126

## 第9章 互联网金融 ... 129
9.1 互联网金融概述 ... 129
9.2 网络证券 ... 130
9.3 网络保险 ... 133
9.4 网络基金 ... 137
9.5 网络小贷与网络征信 ... 139
9.6 P2P ... 143
9.7 众筹 ... 149
习题 ... 152

## 第10章 网络支付系统的安全技术与风险管理 ............ 154
- 10.1 网络支付的主要风险 ............ 154
- 10.2 网络支付的信息安全技术 ............ 156
- 10.3 中国人民银行支付系统参与者监管办法 ............ 162
- 10.4 支付机构客户备付金管理 ............ 163
- 10.5 网络时代银行监管的预防性管理 ............ 163
- 10.6 网络支付的相关法律 ............ 164
- 习题 ............ 167

## 附录 ............ 170
- 附录1 电子支付指引（第一号） ............ 170
- 附录2 非银行支付机构网络支付业务管理办法 ............ 175

## 参考文献 ............ 184

# 富媒体资源目录

| 序号 | 名　　称 | 页码 |
| --- | --- | --- |
| 1 | 视频1.1　货币的活化石——斐 | 9 |
| 2 | 视频1.2　一个还钱的故事 | 12 |
| 3 | 视频2.1　填写支票的案例 | 18 |
| 4 | 视频2.2　商业汇票错票 | 26 |
| 5 | 视频2.3　电子商业汇票系统的操作步骤 | 28 |
| 6 | 视频3.1　网上支付跨行清算系统的典型流程 | 49 |
| 7 | 视频4.1　第三方的魅力与规模效益 | 59 |
| 8 | 视频4.2　无安全措施的信用卡支付流程 | 68 |
| 9 | 视频4.3　加密形式的信用卡支付流程 | 70 |
| 10 | 视频5.1　中心化与分布式账簿 | 78 |
| 11 | 彩图5.1　数字人民币境内外流通示意图 | 87 |
| 12 | 彩图6.1　中国线下收单市场产业链 | 92 |
| 13 | 视频6.1　账户型第三方支付的早期风险 | 96 |
| 14 | 视频7.1　中国工商银行网银进口信用证业务介绍 | 113 |
| 15 | 视频7.2　网银特色功能——资金归集 | 114 |
| 16 | 视频8.1　HUAWEI Pay 手机闪付 | 122 |
| 17 | 彩图9.1　2021年保险业数字化升级图示 | 134 |
| 18 | 视频9.1　什么是ABS | 139 |
| 19 | 视频10.1　数字信封的流程 | 159 |

　　本教材的富媒体资源由主编西南石油大学陈曦老师提供，若有教学需要，可从微信小程序"数字石油学苑"中下载。

# 第1章 绪 论

## 1.1 网络支付的经济现象分析

### 1.1.1 网络支付与电子商务

20世纪90年代以来，Internet迅速普及，逐步从大学、科研机构走向企业和普通家庭，电子商务也发展成为当今社会的主要商务形式。由于Internet所具有的无时空限制、低成本、实时交互与数据沉淀等特性，使得电子商务体现出了不同于传统商务的低成本、跨区域、高效率和充分个性化的特征优势。但要充分实现电子商务所具有的上述特征，就必须具有高效的物流体系和安全快捷的网络支付结算系统，两者都是支撑电子商务发展的重要保障。特别是网络支付结算系统，它关系到整个电子商务活动的资金流问题。而资金能否顺利周转在任何商务活动中都是整个交易的核心所在。在目前涉及资金支付的电子商务交易中，无论是B2B、B2C、C2C[1]模式的网上交易活动或是其他提供有偿服务的模式，都对网络支付体系有着不可替代的依赖性。网络支付对电子商务的重要性主要体现在以下几个方面：

（1）网络支付结算加速了整个资金流的周转速度，提高了整个电子商务活动的效率。

在正常可信的电子商务交易中，在安全有可靠保障的情况下，如采用网络支付方式结算，省去的不仅是完成支付所需要的时间，资金由买方到达卖方的时间要明显快于传统的汇票、邮寄等支付方式；同时由于网络支付的全天候、跨地区特点，从而大大缩减了结算的时间跨度，解决了现实中可能遇到的银行经营网点限制问题。

（2）网络支付结算是电子商务降低交易成本的重要基础。

网络支付结算一方面可以降低支付成本；另一方面可以节约相应的物流成本。以B2C交易为例，大多数网上购物者习惯的结算方式是货到付款；但对于卖方来讲，货到后收到的客户款项，处理办法是带回公司或存入相应的银行，可能还会涉及相应的会计账务处理，这样就无形增加了交易的物流成本。总之，网络支付结算是支撑电子商务发

---

[1] B2B（Business to Business），指企业与企业之间通过专用网络或Internet进行数据信息的交换、传递，开展交易活动的商业模式。B2C（Business to Customer），是电子商务按交易对象分类中的一种，即表示企业对消费者的电子商务形式。C2C（Customer to Customer），是个人与个人之间的电子商务形式。

展的重要支柱。虽然目前由于特定的交易习惯、信用体系的相应缺失、法律法规的不够完善等因素，网络支付结算方式在电子商务结算实务中的全面采用还有待进一步发展，但不可否认的是网络支付结算对于电子商务的发展具有至关重要的作用，是应该大力提倡和发展的。

（3）网络支付是电子商务业务流程的关键部分。

在交易过程中，付出款项是为了得到商品或服务，即为了得到它的使用价值。因此，支付过程实质上是价值与使用价值交换的过程。网络支付通常指在网上进行支付的过程。Internet 的特点是随时随地、方便易用、即时互动并且利用多媒体实现快速传递。这些特性为基于 Internet 的电子商务提供了很好的技术支撑，使电子商务的信息流、商流、物流等信息的交互、共享、全天候、跨地区、低成本活动得以实现，但是要整体上体现电子商务的低成本、高效率与个性化，还必须使其资金流也得到快速的自动化的网上处理。因此，网络支付与电子商务的交易活动紧密关联，互为条件。电子商务交易不确定，网络支付不会发生；而网络支付不进行，电子商务交易也不能最终完成。故而网络支付与电子商务有着必然的联系，网络支付是电子商务最核心、最关键的部分，是交易双方实现各自交易目的的重要一步，也是电子商务得以进行的基础条件。

## 1.1.2　我国网络支付的发展阶段

20 世纪 80 年代以来，在互联网与计算机技术的支撑下，随着交易范围的扩大与电子交易的发展，我国相关技术机构也逐步推出了与之相适应的支付渠道，从线下支付逐渐向线上支付发展。我国电子支付产业发展经历了以下三个阶段：

第一阶段，网银时代。2003 年以前，中国的电子支付发展较为缓慢，主要参与方为各大银行机构，支付方式以网上银行为主，发展速度较为缓慢。

第二阶段，第三方支付机构崛起时代。2003 年后，以支付宝为代表的第三方支付机构涉足支付业务，电子支付市场开始快速发展。

第三阶段，全面移动支付时代。2010 年，随着移动智能终端的普及，各大银行开始推出手机银行 APP；同时，以支付宝、微信支付为代表的互联网巨头纷纷发力移动支付市场，依靠其强大的线上生态场景优势抢占市场份额。2019 年，我国第三方移动支付交易规模接近 226.1 万亿元人民币，在国家金融体系中占据了举足轻重的地位。

## 1.1.3　我国网络支付的发展现状

截至 2020 年 3 月，我国使用网络支付的用户规模达到 7.68 亿，较 2018 年年底增加 1.68 亿，增长率为 27.8%，使用率达 85%，如图 1.1 所示。其中，手机支付用户规模增长迅速，达到 7.65 亿，较 2018 年年底增加 1.82 亿，增长率为 31.2%，使用比例达 85.3%，如图 1.2 所示。

2019 年，网络支付覆盖领域日趋广泛，加速向垂直化应用场景渗透，推动数字经济

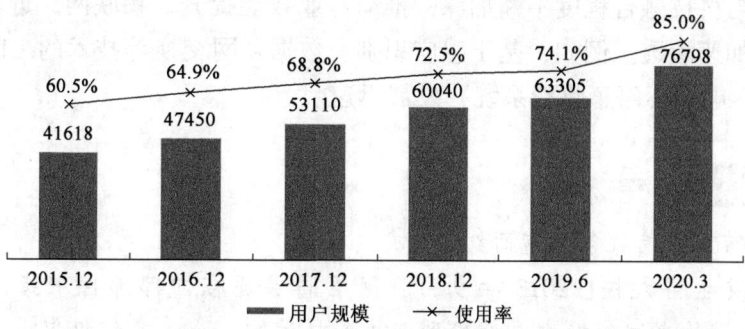

图 1.1　2015.12—2020.3 网络支付用户规模（单位：万人）及使用率
来源：CNNIC 中国互联网络发展状况统计调查

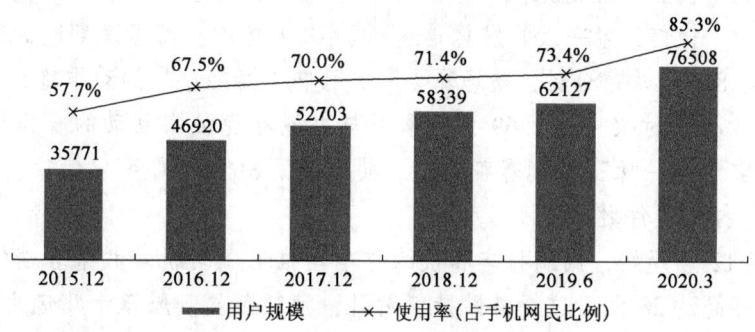

图 1.2　2015.12—2020.3 手机支付用户规模（单位：万人）及使用率
来源：CNNIC 中国互联网络发展状况统计调查

与实体经济融合发展。

网络支付业务稳步增长，有利于拉动消费升级。一是网络支付业务继续保持较快增长。数据显示，2019 年非银行支付机构处理网络支付业务 7199.98 亿笔，处理业务金额 249.88 万亿元，同比分别增长 35.7% 和 20.1%。二是移动支付有力拉动消费增长。非现金支付工具与大众日常生活的联系日益紧密，不仅重塑了居民个人的消费行为，变革了企业的商业模式，而且在很大程度上带动了各地区居民的消费增长。三是移动支付优化大众家庭消费结构。研究表明，移动支付可促进我国家庭消费增长 16.0%，使恩格尔系数（食品消费占比）降低 1.7%，同时带动教育、文化、娱乐等发展型消费实现大幅增长。

同时，网络支付也正成为境内企业走出国门、境外企业进入国内市场的活跃领域。一方面，网络支付业务走出国门、境外业务快速发展。近年来，随着国民出境旅游需求日益增长，越来越多的网络支付企业大力拓展跨境业务。另一方面，支付行业逐渐成为扩大金融市场开放的先行者。在国家放开外商投资支付机构准入限制后，2019 年 9 月，中国人民银行批准贝宝（PayPal）收购国付宝 70% 的股权，标志着首家外资第三方支付机构进入境内市场；11 月，在中国人民银行指导下，Visa、Mastercard 等五大国际卡组织与腾讯开展合作，使境外开立的国际信用卡能够绑定微信支付，目前已支持电商购物、旅行预订等国内消费场景。

网络支付与科技融合程度不断加深，推动行业效能提升。物联网、近场通信等新技术在垂直领域加速渗透。例如，基于感应识别、数据联网交换等技术的ETC（Electronic Toll Collection，电子不停车收费系统）发展迅速。

【拓展阅读】

2014年春节，微信红包一炮而红。

这一切，发生得太快！2013年9月，阿里高层还在内部邮件中指示，推出"来往"，要打到企鹅的老家南极去。没想到，几个月后的一夜，微信仅仅一个春节红包测试版，让支付宝在移动支付端的老大地位被重创。这对于拥有6亿用户期待在移动端发力的支付宝来说，简直不能想象。

2015年除夕，微信红包一天收发总量达到了10.1亿次，而春晚期间的微信摇一摇互动，最高达到了8.1亿次每分钟，整场晚会微信用户"摇红包"的动作超过110亿次。

2016年除夕，支付宝凭借2.69亿元拿下与央视春晚独家互动的合作权，超过1亿观众通过支付宝"咻一咻"抢到春晚红包，共瓜分了8亿元现金。

【延展】　打车软件之争

从2013年12月开始，滴滴打车和快的打车均推出了司机端和乘客端的双重补贴活动，补贴额一度高达28元。这场补贴持续数月，消耗阿里、腾讯十几亿元资金。

【问题】　结合上例，谈谈其表象背后阿里与腾讯争夺的本质是什么？

## 1.2　支付过程分析

### 1.2.1　简单商务活动

支付行为与市场的商务活动紧密相关，为更好地理解支付的相关概念，先来分析一个简单的商务过程，如图1.3所示。

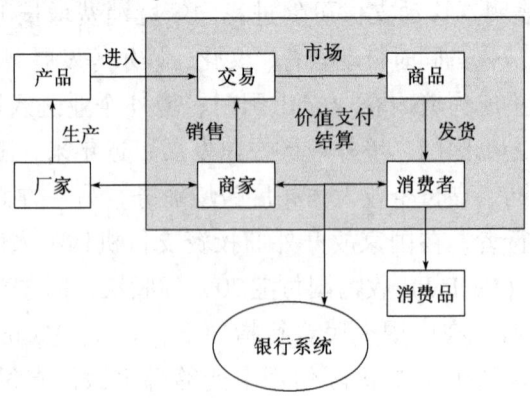

图1.3　简单商务活动

实现从产品向消费品的转换需要经过市场交易这个中间环节,在这个环节中完成了从产品→商品→消费品转化的整个过程。若从支付环节的角度分析,则是消费者所持的货币完成了向消费品的转换:消费者→货币→支付→交易→商品→退出→消费品。

## 1.2.2 商务活动的关键要素

1. 交易

交易,又称贸易、交换,是买卖双方对有价物品及服务进行互通有无的行为。

一般说来,物质产品要实现它的使用价值,通常需要进行交换。在原始社会和小农经济的封建社会,这种交易采用以物易物的交换方式为主。交换市场要完成交易,环节的增多又导致需求信息的不通畅,使参与交易的个人都增大了机会成本,致使很多交换不能完成。

需求信息的不通畅就会使产品的生产者采取各种不同的方式行动,以克服和改变信息不对称状态,而在这些行动的选择中,经济利益是最终决定行动选择的主要因素,目的是出卖自己的产品;交换成功与否和个人所付出的机会成本成正比。在不同的方式选择中信息不对称的主被动地位可以相互置位;不对称信息的相互置位就可使生产者在了解市场信息的前提条件下,有扩大再生产的原动力,这就为市场的出现和产生提供了经济动机。

2. 市场

市场是社会分工和商品生产的产物,哪里有社会分工和商品交换,哪里就有市场。

产品只有进入一个场所,使其在交易的过程中实现社会价值,才具有了商品的特性而成为商品,这个场所称为市场。因此,市场实现了产品向商品的转换,同时也为这个转换提供了交易场所。

市场或多或少存在着自发性,或者可以通过人际互动刻意地构建,传递供需双方的信息并进一步影响生产与经营活动。发达的市场机制可以使产品能更快完成产品→商品→消费品间的转换。伴随交易的丰富,市场的规模日益增强,形式也日益丰富。目前,市场也就成为商务活动的主要场所。

3. 媒介

在交换市场的发展过程中,为了减少交换的中间环节,降低交换的机会成本,逐渐在交换市场中形成了一种交换的固有模式,这种模式在不同的地区可能存在差异,但其本质的东西却是一致的——这就是中间媒介的出现。

中间媒介的出现对交换的这种个人行为向市场交易的社会行为转变起到了关键作用。而全社会要实现向市场交易的彻底转变就要有政权权威认可的具有全社会公认的固定的中间媒介产生,这也就是货币或者今后演变出的其他形式的媒介必然产生的根本原因。在从生产者的产品向需求者的消费品转换过程中，社会自然形成和提供了一种实现这种交易转换的中间媒介；它使供需双方的谈判和撮合的机会交易成本最小化，并使以物易物这种原始的需求交换的个人行为转变成商品需求交易的社会行为。

## 1.3 货币的产生与发展

货币一直没有统一的定义。那么，要理解什么是货币，就有必要将这些货币放到历史中的合适位置，才能知道它们存在的必要性、理解其内涵并判断货币对未来的作用。

### 1.3.1 自然货币

人类使用货币的历史产生于出现物质交换的时代。在原始社会，人们使用以物易物的方式，交换自己所需要的物资，如一头羊换一把石斧。但是受到用于交换的物资种类的限制，不得不寻找能够被交换双方都能够接受的物品，于是牲畜、盐、贝壳、珍稀鸟类的羽毛、宝石、沙金、石头等不容易大量获取的物品都曾经作为交换物种。

随着社会的发展，物物交换很不方便，需要一种商品来作为交换的中介物，虽然很多物品都成为过这个"中介物"，但是历史最终选择了贝壳来担当"货币"的重任，成为最原始货币，如图 1.4 所示。

图 1.4 贝币

### 1.3.2 金属货币

随着商品交换的迅速发展，货币需求量越来越大，天然贝壳已无法满足人们的需求，人们开始用铜仿制海贝。铜贝的出现，是古代货币史上由自然货币向人工货币的一次重大演变，随着人工铸币的大量使用，海贝这种自然货币便慢慢退出了货币舞台。

与此同时，中国的春秋战国时期，逐渐形成了以诸侯称雄割据为特色的四大体系，即铲币、刀币、环钱、楚币（爰金、蚁鼻钱），如图 1.5 所示。

秦统一中国后，秦始皇于公元前 210 年颁布了中国最早的货币法"以秦币同天下之币"，规定在全国范围内通行秦国圆形方孔的半两钱。圆形方孔的秦半两钱在全国的通行，结束了我国古代货币形状各异、重量悬殊的杂乱状态，是我国古代货币史上由杂乱形状向规范形状的一次重大演变。秦半两钱确定下来的圆形方孔的形制，一直延续到民国初期。

图 1.5 金属货币

### 1.3.3 纸币阶段

宋代商品经济发展较快，商品流通中需要更多的货币。受原材料的限制，铜钱逐渐出现短缺，无法满足流通中的需要量。

为解决流通的需求，部分地区开始使用铁钱。一铜钱抵十铁钱，每千铁钱的重量，大钱 25 斤，中钱 13 斤。买一匹布需铁钱两万，重约 500 斤，要用车载。当时的四川地区通行铁钱，铁钱值低量重，使用极为不便。此外，由于成都是重要的经济重地，且蜀汉通往外界的道路又异常崎岖难行，因此客观上需要轻便的货币。这也就促成了纸币在四川地区的出现。

再者，北宋虽然是一个高度集权的封建专制国家，但全国货币并不统一，存在着几个货币区，各自为政，互不通用。当时有 13 路（宋代的行政单位）专用铜钱、4 路专用铁钱，陕西、河东则铜铁钱兼用。各个货币区又严禁货币外流，使用纸币正可防止铜铁钱外流。同时，宋朝政府经常受辽、夏、金的攻打，军费和赔款开支很大，也需要发行纸币来弥补财政赤字。种种原因促成了纸币——"交子"的产生，如图 1.6 所示。

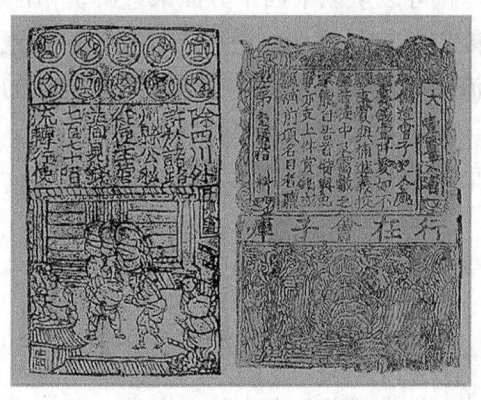

图 1.6 宋代"交子"

最初的纸币"交子"由商人自由发行。北宋初年，四川成都出现了专为携带巨款的商人经营现钱保管业务的"交子铺户"。存款人把现金交付给铺户，铺户把存款人存放现金的数额临时填写在用楮纸制作的卷面上，再交还存款人。当存款人提取现金时，每贯付给铺户 30 文钱的利息，即付 3% 的保管费。这种临时填写存款金额的楮纸券便谓之"交子"。

### 1.3.4　信用货币阶段

在交子的发展过程中，有一些唯利是图、贪得无厌的铺户，恶意欺诈，在滥发交子之后闭门不出，停止营业；还有一些铺户挪用存款，经营他项买卖失败而破产，使所发"交子"无法兑现。这样，当存款者取钱而不能时，便往往激起事端，引发诉讼。

于是，宋仁宗天圣元年（1023 年），政府设交子务，收回了全国的"交子"发行权，由政府印制"官交子"。于是，交子在无意间，完成了从金属货币到中心化纸币，从金本位发行到国家信用抵押发行的转变。

目前世界各国发行的货币，基本都属于信用货币。信用货币的本身价值远远低于其货币价值。而且与代用货币不同，它与贵金属完全脱钩，不再直接代表任何贵金属。

总体来说，信用货币就是以信用作为保证发行和创造的货币。最显著的特征是作为商品的价值与作为货币的价值是不相同的，是货币的价值符号。

后来，从便于流通的角度出发，信用货币出现了票据（支票、汇票、本票）与银行卡等形式。通过银行卡或其他金融数据形式，以电子化的系统来进行金融交易和支付活动。

### 1.3.5　货币的内涵

在现代经济中，货币起着根本性和基础性的作用，但关于货币的本质仍然存在大量的争论。最新的货币理论认为货币是一种所有者与市场关于交换权的契约，根本上是所有者相互之间的约定。因此可以从以下四个方面来理解货币的内涵：

(1) 货币的主要职能包括交易媒介、记账工具与价值储藏；
(2) 从方便记账、流通的目的，货币本身不需要有价值的金属；
(3) 作为交易媒介，货币发行量应与经济匹配；
(4) 当前的法币是信用货币，需要权威机构背书。

【拓展阅读】

**雅普岛的货币——斐**

雅普岛是属于太平洋中的卡罗莱群岛中的一个岛，岛上居民把石头当钱用的历史最早可以追溯到 2000 年前，传说当地的阿那古曼将军，他发现了帕琉的石灰岩洞，带回来巨大的石头，为了方便运输，他将石头切成圆形并在中间凿出一个圆形窟窿。

此后，雅普岛的居民就形成了把这种圆形大石头当货币的习惯，他们把这种石头钱称为斐（视频1.1）。石头越大，表示金额越高。岛上最重的石头有5吨，大约4米长，最小的只有几克。

视频1.1 货币的活化石——斐

在实行交易的过程中，并不用搬动石头去交易，只需和石头的主人作一个口头声明，原主人就会对外宣布此石头已经转让给新的主人，并且刻上新主人的名字便可。由于不搬动石头，岛上形成了一些石头景观，最著名的就是号称银行街的小道了。

早在1898年，德国政府决心改造雅普岛，修一条道路，却遭到雅普人的反对。德国人知道岛上的石头就是雅普岛人的财富，于是想出了一个办法：把全部石头用染料涂成黑色，并且宣称这不再是货币，人们一下子没有了财富，只能老老实实地按照德国人的意愿，完成了道路的建设。这时，德国人又把石头刷干净，宣布石头还是钱，雅普岛人民对重新获得金钱而感到十分高兴。

## 1.4 银行与清算

### 1.4.1 银行的类型与职能

随着货币与信用社会的发展，为加快商品和资金周转速度，银行成为商品社会信用高度发展的必然结果。

银行是金融机构之一。银行按类型分为中央银行、政策性银行、商业银行、投资银行与世界银行。它们的职责各不相同。

中央银行是国家中居主导地位的金融中心机构。中国人民银行是我国的中央银行，职责为：执行货币政策，对国民经济进行宏观调控，对金融机构乃至金融业进行监督管理。

政策性银行是指由政府创立，不以营利为目的，专门为贯彻、配合政府社会经济政策或意图，在特定的业务领域内，直接或间接地从事政策性融资活动，充当政府发展经济、促进社会进步、进行宏观经济管理工具的金融机构。我国的政策性银行包括中国进出口银行、中国农业发展银行、国家开发银行。

商业银行是最主要的金融机构之一。商业银行是通过存款、贷款、汇兑、储蓄等业务，承担信用中介的金融机构。商业银行的业务范围有吸收公众存款、发放贷款以及办理票据贴现等。中国的商业银行包括中国工商银行、中国农业银行、中国银行、中国建设银行、中国邮政储蓄银行、交通银行等。

投资银行是从事证券发行、承销、交易、企业重组、兼并与收购、投资分析、风险投资、项目融资等业务的非银行金融机构。投资银行主要包括高盛集团、摩根士丹利、花旗集团、富国银行、法国兴业银行等。

世界银行是世界银行集团的简称,国际复兴开发银行的通称,也是联合国的一个专门机构。世界银行按股份公司的原则建立,其宗旨是向成员国提供贷款和投资,推进国际贸易均衡发展。世界银行的各机构也在减轻贫困和提高生活水平的使命中发挥独特的作用。

【拓展阅读】

## 中央银行的具体职能

**1. 发行的银行**

所谓发行的银行,就是垄断银行券的发行权,成为全国唯一的现钞发行机构。中央银行集中与垄断货币发行权是其自身之所以成为中央银行最基本、最重要的标志,也是中央银行发挥其全部职能的基础。

中央银行作为一国发行货币和创造信用货币的机构,在发行现钞、供给货币的同时,必须履行保持货币币值稳定的重要职责。这一点主要是通过制定和实施货币政策来实现的。

**2. 银行的银行**

作为银行的银行,这是最能体现中央银行这一特殊金融机构体制的职能之一。

(1) 作为银行固有的业务特征,办理"存、放、汇"仍是中央银行的主要业务内容,只不过业务对象不是一般企业和个人,而是商业银行与其他金融机构。

(2) 作为金融管理机构,中央银行对商业银行与其他金融机构的活动施以有效影响也是通过这一职能实现的,主要表现在集中存款准备、最后贷款者、组织全国的清算。

**3. 国家的银行**

所谓国家的银行,是指中央银行代表国家贯彻执行财政金融政策,代理国库收支以及为国家提供各种金融服务。中央银行作为国家银行的职能,主要是通过以下几方面得到体现:

(1) 代理国库。国家财政收支一般不另设机构管理,而交由中央银行代理。

(2) 代理国家债券的发行。中央银行通常代理国家发行债券以及债券到期时的还本付息事宜。

(3) 对国家给予信贷支持:直接给国家财政以贷款;购买国家公债。

(4) 为国家持有和经营管理包括外汇、黄金和其他资产形式的国际储备。

(5) 制定并监督执行有关金融管理法规。

(6) 中央银行作为国家的银行,还代表政府参加国际金融组织,出席各种国际性会议,从事国际金融活动以及代表政府签订国际金融协定;在国内外经济金融活动中,充当政府的顾问,提供经济、金融情报和决策建议。

## 1.4.2 支付与清算

支付是在消费购买、金融投资、资金转移等经济活动中,将资金账户的资金或货币付出的一种过程,以实现交易主体间资金的划拨和转移。

一般讲,消费者支付了货币资金,就实现和完成了消费行为,从而获得商品或服务,是最常见的一种经济活动。

结算是在实现货物买卖、服务、贸易、投资活动中,因消费而引发的债权债务关系清偿及资金转移而出现的货币收付过程。

货币的给付,实现了物品、劳务与货币所有权的互换转移;当货币继而发挥支付手段职能时,结算的服务范围就扩大到了商品赊销或货币让渡所产生的债权债务的清偿关系。随着商品、货币、信用经济的发展,货币的职能作用日益突出,职能范围日益扩大,不仅可作为商品交换的媒介,还可普遍地用来清偿债务、支付劳务报酬、投资、缴纳税赋。可以说,除了捐赠、赈灾等单方面转移收付以外,绝大部分经济交易与消费活动,小至日用品的购置、服务的提供,大至大宗商品的买卖,均需遵照等价交换的原则,以货币为媒介,实现物品、服务的对等交易。现代社会就是在这样无数次的货币"收付"中,通过川流不息的货币运转实现着生产要素的流动和资源的优化配置,从而促进着经济发展及社会进步。

在以信用货币作为结算货币的条件下,从结算主体及结算工具等角度,可将结算分为不同类型,如现金结算与转账结算、直接结算与间接结算、传统结算与信息化结算、国内结算与国际结算。

尽管"清算"与"结算"仅一字之差,但两者的英文截然不同,结算为"settlement",而清算为"clearing"。清算与结算从经济活动的过程角度实质上差异不大,但对象和范围却不相同。

清算是发生在银行同业之间、用以清讫双边或多边债权债务关系的一种货币收付过程,以完成经济活动中反映在银行资金账户中债权债务关系的一种转移。

事实上,清算与结算在货币资金收付转移的层次、范围及参与者等方面均有着明显差异。在市场经济中,银行已成为社会资金流转的渠道和中转站,所以经济体系中的货币结算基本上即银行结算。从商业银行的结算业务流程来看,除需采用相应的结算工具、结算方式以外,还需借助同业银行的协作,才能最终实现客户委办的结算业务;另外,出于自身需要,银行会与其他金融机构发生大量的业务往来,银行同业之间也会产生债权债务的清偿和资金的划转。为此,需要通过一定的清算组织和支付系统,进行支付指令的发送与接收、对账与确认、收付数额的统计轧差、全额或净额的结清等一系列程序,即所谓的"清算"。所以,通常认为,清算是发生在银行同业之间的货币收付,用以清讫双边或多边债权债务的过程和方式。

## 1.5 支 付 系 统

### 1.5.1 支付系统及其层次

支付系统是依据社会在经济活动过程中对债务清偿和资金转移的需求而出现、产生、发展且不断完善的。支付系统是一个社会系统，在各个经济发展的历史时期都有相对应的用于资金转移和债务清算及结算的支付系统（视频1.2）。

视频1.2 一个还钱的故事

一般来说，根据中央银行与商业银行的职能，可以将社会的支付系统划分为两个层次的系统，如图1.7所示。

下层支付服务系统是商业银行面对广大银行客户，为社会提供支付服务的金融服务系统。它是银行与客户联系的窗口，是金融服务和管理信息的原点，是商业银行与客户之间的资金往来和结算系统。

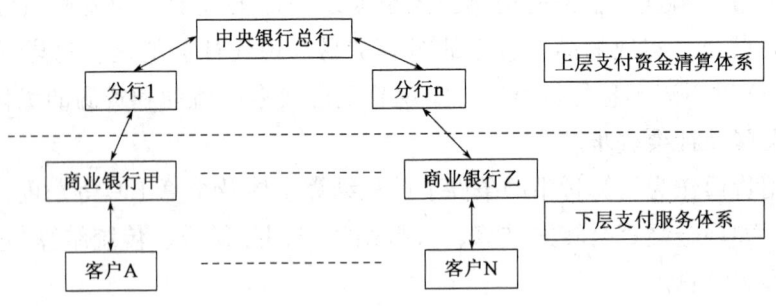

图1.7 两层支付系统

支付服务系统支持品种众多的支付工具与支付方式。支付工具又分为信用支付工具和电子支付工具。信用支付工具包括现金、支票、本票、汇票等；而电子支付工具包括卡基类支付工具、电子票据与虚拟货币等。

上层支付资金清算系统则是中央银行为商业银行提供支付清算服务，并通过服务贯彻中央银行宏观货币政策、维护金融稳定、繁荣市场，对国民经济实施宏观调控的系统。它是完成商业银行之间支付和中央银行与商业银行之间支付活动的最终的资金清算与结算系统，并对联系各个金融与货币市场、实现货币政策有效传导机制的畅通有重要作用。

因此，支付系统是由一系列支付工具、程序、有关交易主体、法律规则组成的用于实现货币金额所有权转移的完整体系。

### 1.5.2 支付系统的构成

支付系统的目的是为了尽可能高效地组织并安排实际交易和金融交易的资源的传

送。一个有效且高效的支付体系包括：稳定的支付机构（如银行和清算机构）；有效且便利的支付工具；高效稳定的清分结算系统；同时还要有一套运作规章和法律法规作为保证。支付系统的基本构成如图1.8所示。

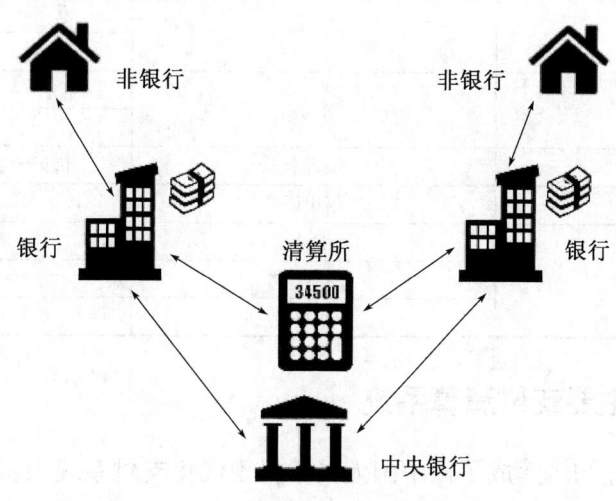

图1.8 支付系统的构成

银行：银行不仅要求具备高水平的支付业务设施，同时也是向广大客户提供支付服务的主体。

清算机构（清算所）：清算机构负责金融机构间（银行）以及金融机构和非金融机构间资金的清分和结算。

支付系统的管理者（中央银行）：负责制定支付系统的运作规章，维护支付系统日常运作。

国家法律与支付系统的运作规章：明确的法律规定是支付系统正常运作的基础。

支付工具：支付工具可以被看作支付命令的载体，支付系统的类型是决定支付工具形式的重要因素。

## 1.5.3 我国的主要支付工具

支付工具是传达债权债务人支付指令，实现债权债务清偿和货币资金转移的载体。收、付款人的支付指令通过支付工具传达至其开立资金账户的金融机构，开户金融机构将按照支付指令的要求办理资金转账。

目前，在人民银行的大力组织和推动下，我国已基本形成了以支票、汇票、本票和银行卡等非现金支付工具为主体，汇兑、定期借记、定期贷记等结算方式为补充的非现金支付工具体系，为社会提供了更加高效、便捷、安全、灵活的支付清算服务，促进社会主义经济的发展。我国常见支付工具见表1.1。

表1.1 我国常见支付工具表

| | | |
|---|---|---|
| 三票 | 支票 | 现金支票 |
| | | 转账支票 |
| | | 普通支票 |
| | 汇票 | 银行汇票 |
| | | 商业汇票 |
| | 本票 | 定额本票 |
| | | 不定额本票 |
| 一卡 | 银行卡 | 借记卡、贷记卡、准贷记卡 |
| 一证 | 信用证 | |
| 三方式 | 汇兑 | |
| | 委托收款 | |
| | 托收承付 | |

## 1.5.4 我国的主要支付清算系统

当前,我国已经初步建成了以中国人民银行现代化支付系统为核心,银行业金融机构行内支付系统为基础,票据支付系统、银行卡支付系统为重要组成部分的支付清算网络体系,这对于加快社会资金周转,提高支付清算效率,促进国民经济健康平稳的发展发挥着重要作用。

我国目前的支付系统主要包括:
(1) 四大国有商业银行内部的全国电子资金汇兑系统;
(2) 同城票据交换清算所(LCH);
(3) 银行卡授权系统;
(4) 中国现代化支付系统(CNAPS)。

# 习　　题

**1. 填空题。**

(1) 实现从产品向消费品间的转换要经过(　　)这个中间环节,在这个环节中完成了产品商品消费品转化的整个过程。

(2) 物质产品要实现它的使用价值,必须进行(　　)。

(3) (　　)是在实现货物买卖、服务、贸易、投资活动中,因消费而引发的债权债务关系清偿及资金转移而出现的货币收付过程。

(4) 货币有(　　)、(　　)、(　　)这三大基本职能。

(5) (　　)就是以信用作为保证发行和创造的货币。

(6) 传达债权债务人支付指令,实现债权债务清偿和货币资金转移的载体是(　　)。

**2. 选择题。**

（1）历史上最早出现的货币形态是（　　）。
　　A. 实物货币　　　　B. 信用货币　　　　C. 法定货币　　　　D. 电子货币

（2）（　　）负责制定支付系统的运作规章，维护支付系统日常运作。
　　A. 支付工具　　　　B. 银行　　　　　　C. 中央银行　　　　D. 支付工具

（3）在支付全过程的两个层次中，既参与支付服务系统的活动，也参与支付资金清算系统的是（　　）。
　　A. 商业银行　　　　B. 客户　　　　　　C. 中央银行　　　　D. 人民银行

（4）在我国，对国民经济进行宏观调控，对金融机构乃至金融业进行监督管理的特殊的金融机构是（　　）。
　　A. 商业银行　　　　B. 中央银行　　　　C. 投资银行　　　　D. 人民银行

（5）目前，我国存在4种主要支付系统，下面不属于4种主要支付系统的系统是（　　）。
　　A. 同城票据交换清算所（LCH）　　　　B. 银行卡授权系统
　　C. 网上银行系统　　　　　　　　　　　D. 中国现代化支付系统（CNAPS）

**3. 判断题。**

（1）清算是发生在银行同业之间、用以清讫双边或多边债权债务关系的一种货币收付的过程。（　　）

（2）支付工具发展依次经历了信用支付、实物支付与电子支付三个阶段。（　　）

（3）当前所使用的法币是信用货币。（　　）

（4）支付系统是由一系列支付工具、程序、有关交易主体、法律规则组成的用于实现货币金额所有权转移的完整体系。（　　）

（5）下层支付服务系统是完成专业银行之间支付和中央银行与专业银行之间支付活动的最终的资金清算与结算系统。（　　）

**4. 思考题。**

（1）交易媒介是如何产生的？它有什么作用？

（2）在古老的经济里货币就已经存在了，社会使用货币的主要原因是什么？

（3）简述信用货币体系下，美元作为国际结算货币的优劣。

（4）简述两层支付系统分别在经济生活中的作用。

（5）简述支付系统是如何随着时间的演变来减少社会交易成本的。

# 第2章 票据支付工具

## 2.1 票据概述

### 2.1.1 票据的定义

《中华人民共和国票据法》上的票据，就是指出票人依法签发的，约定自己或委托付款人在见票时或指定的日期向收款人或持票人无条件支付一定金额并可转让的有价证券，主要包括汇票、本票和支票。

票据行为是以票据权利义务的设立及变更为目的的法律行为。常见的票据行为包含出票和背书。

出票：出票人签发票据并将其交付给收款人的票据行为，出票为基本票据行为或主票据行为。

背书：票据的收款人或持有人在转让票据时，在票据背面签名或书写文句的手续。

### 2.1.2 我国票据的发展现状

据中国人民银行《2019年支付体系运行总体情况》报告，我国纸质票据业务呈持续下降趋势。2019年，全国共发生票据业务1.90亿笔，金额133.81万亿元，同比分别下降14.46%和10.11%。其中，支票业务1.68亿笔，金额114.74万亿元，同比分别下降16.73%和12.72%；实际结算商业汇票业务2106.78万笔，金额18.25万亿元，同比分别增长11.32%和12.58%；银行汇票业务23.31万笔，金额1759.67亿元，同比分别下降12.88%和10.67%；银行本票业务68.78万笔，金额6419.47亿元，同比分别下降40.78%和34.83%。

但另一方面，我国电子商业汇票业务量同比保持增长。2019年，电子商业汇票系统出票1990.21万笔，金额19.50万亿元，同比分别增长37.19%和16.11%；承兑2030.32万笔，金额19.96万亿元，同比分别增长36.32%和16.11%；贴现677.22万笔，金额12.38万亿元，同比分别增长61.53%和27.28%；转贴现838.09万笔，金额38.75万亿元，同比分别增长20.20%和12.49%。质押式回购110.53万笔，金额12.01万亿元，同比分别增长95.48%和94.97%。

## 2.2 支　　票

### 2.2.1　支票的定义与类型

支票是出票人签发的，委托办理支票存款业务的银行或者其他金融机构在见票时无条件支付确定的金额给收款人或者持票人的票据。支票的基本当事人有三个：出票人、付款人和收款人。支票是在中国最普遍使用的非现金支付工具，用于支取现金和转账。

支票必须记载下列事项：（1）表明"支票"的字样；（2）无条件支付的委托；（3）确定的金额；（4）付款人名称；（5）出票日期；（6）出票人签章。支票上未记载前款规定事项之一的，支票无效。支票的持票人应当自出票日起十日内提示付款。

支票按照支付形式的不同，分为现金支票、转账支票、普通支票三种，如图 2.1 所示。

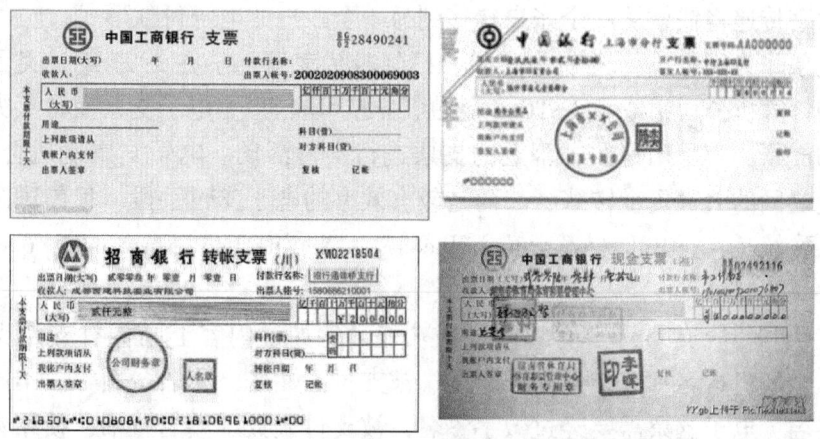

图 2.1　支票票样

现金支票：银行见票支付现金给收款人，有"现金"字样。

转账支票：银行见票进行转账处理，有"转账"字样。

普通支票：支票上未印有"现金"或"转账"字样的为普通支票，既可用来支取现金也可用来转账的支票。但是，普通支票左上角划两条平行线的，则为划线支票。划线支票只能转账收款，而不允许提取现款。

### 2.2.2　签发支票的注意事项与风险管理

（1）支票的出票日期必须使用中文大写。

（2）签发支票应使用碳素墨水或墨汁填写。

（3）支票的大、小写金额应当一致。

（4）出票人为单位的，出票人的签章为与该单位在银行预留签章一致的财务专用章或者公章加其法定代表人或者其授权的代理人的签名或者盖章；出票人为个人的，出票人的签章为与该个人在银行预留签章一致的签名或者盖章。

（5）支票的出票日期、金额和收款人名称不得更改，其他记载事项，原记载人可以更改，更改时应当由原记载人签章证明。（支票正面不能有涂改痕迹，否则本支票作废）

（6）不得签发空头支票，账户须有足够的支付金额。

视频2.1 填写支票的案例

为加强支票的风险管理，人民银行规定：对出票人签发空头支票（即出票人签发的支票金额超过其付款时在付款人处实有的存款金额）、签章与预留银行签章不符的支票，按票面金额处以 5% 但不低于 1 千元的罚款；同时，持票人有权要求出票人赔偿支票金额 2% 的赔偿金。对屡次签发的，银行应停止其签发支票（视频2.1）。

### 2.2.3 电子支票

电子支票（electronic check）是一种借鉴纸张支票转移支付的优点，利用数字传递将钱款从一个账户转移到另一个账户的电子付款形式。

电子支票作为网上支付的有力工具，已经较为完善。早在1993年，美国一些大银行就和一些计算机公司组成了FSTC（金融服务技术联盟）。电子支票使得买方不必使用写在纸上的支票，而是用写在屏幕上的支票进行支付活动。电子支票既适合个人付款，也适合企业之间的大额资金转账，故而是较有效率的电子支付手段。目前国际上常用的电子支票系统有 NetBill（www.netbill.com）、NetCheque（www.netcheque.com）及 Echeck（www.echeck.org）。

电子支票和传统支票几乎有着同样的功能。比如说内容上同样有支票支付人的姓名、支付人金融机构名称、支付和账户名、被支付人姓名、支票金额等。不同于传统的支票人为签名，电子支票需要经过数字签名，被支付人数字签名背书，使用数字凭证确认支付者/被支付者身份、支付银行以及账户，从伪造签名意义上说，伪造一个电子支票远远比伪造一个传统支票的签名难度大，所以安全度比较高。金融机构使用签过名和认证过的电子支票进行账户存储。

### 2.2.4 典型案例——FSTC电子支票系统

FSTC成立于1993年，共有60多个成员，包括美洲银行和花旗银行等，1995年9月，FSTC给出了一个示范性的电子支票概念。和纸基支票一样，电子支票包含了给付款人银行的一条指令，用来向被确认的收款人支付一笔指定数额的款项。由于这种支票是电子形式的，并且通过计算机网络来传递，从而给支票处理带来了更大的灵活性。同时提供了一些新的服务，如可以立即验证资金的可用性；数字签名的确认增加了安全性；支票支付能够很容易地与电子订单和票据处理一体化等。

FSTC 电子支票的基本流程如图 2.2 所示。

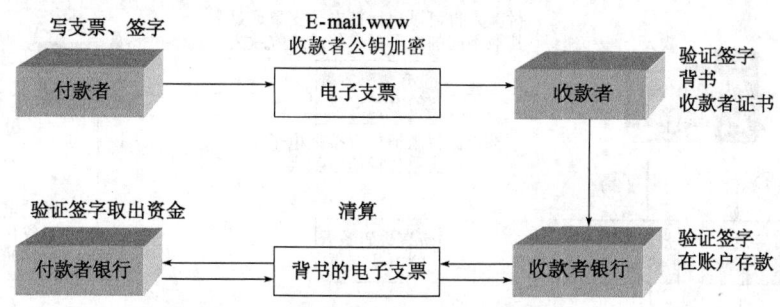

图 2.2　FSTC 电子支票的基本流程

（1）付款人在签发支票时，需要提供的信息与使用纸基支票时所提供的信息一样多。所有能够签发电子支票的个人拥有基于某种安全硬件的电子支票簿设备。在 FSTC 结构中，"支票薄"是由电信设备（telequip）公司生产的、被称作"智能辅币机"的安全硬件设备。该设备的功能就是安全地存储密钥和证书信息，并保持最近签发或背书过的支票的记录。支票在某种安全信封中被传送给收款人。这种信封将以安全电子邮件方式或双方之间已加密过的交互对话方式进行传送。

（2）收款人收到支票后，也将使用某种安全设备对支票进行背书，然后把支票发送给收款人银行。

（3）收款人银行收到支票后，将利用自动清算所（ACH）或电子支票呈送（ECP）方式来清分支票。从这一点上来讲，其处理与当前纸基支票所经历的过程是完全相同的。

（4）电子支票通过传统的 ACH 网络进行传送。相应地，资金从付款人银行账户转账到收款人银行账户。

【拓展阅读】

## 我国电子支票的前沿发展

2015 年 12 月 7 日，香港金融管理局分阶段推出电子支票服务，其基本使用流程如图 2.3 所示。

具体说来，其流程包含十步：
（1）付款人通过网上银行提出签发电子支票请求；
（2）产生电子支票并发送于付款银行；
（3）付款银行向付款人传回带有数码签署的电子支票；
（4）付款人通过付款银行把电子支票传递给收款人，也可自行把电子支票通过其他不同的电子渠道传递给收款人；
（5）收款人通过电子支票存票服务存入电子支票并提供收款账户资料；

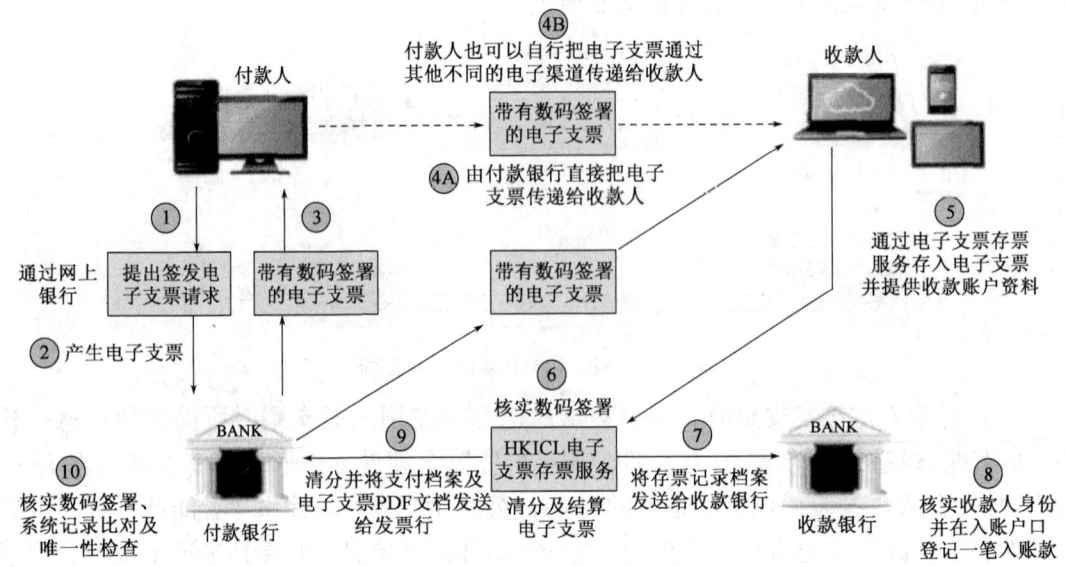

图 2.3　电子支票基本使用流程

(6) HKICL 对数码签署进行核实；

(7) HKICL 将存票记录档案发送给收款银行；

(8) 收款银行核实收款人身份并在入账户口登记一笔入账款；

(9) HKICL 清分并将支付档案及电子支票 PDF 文档发送给发票行；

(10) 付款银行核实数码签署、系统记录比对及唯一性检验。

此外，其他银行也积极探索电子支票业务。2015 年 12 月，招行企业网银发行"移动支票"，2016 年 7 月，广东自贸区、深圳试水电子支票结算业务。

## 2.3　本　　票

### 2.3.1　本票的定义与类型

本票是一个人向另一个人签发的，保证即期或定期或在可以确定的将来的时间，对某人或其指定人或持票人支付一定金额的无条件书面承诺。

本票适用于同城范围内的商品交易、劳务供应及其他款项的结算。本票的基本当事人有两个，即出票人和收款人。本票的出票人必须具有支付本票金额的可靠资金来源，并保证支付。

本票必须记载下列事项：(1) 表明"本票"的字样；(2) 无条件支付的承诺；(3) 确定的金额；(4) 收款人名称；(5) 申请人名称；(6) 出票日期；(7) 出票人签

章。本票上未记载上述规定事项之一的,本票无效。本票的出票人在持票人提示见票时,必须承担付款的责任,即见票即付。

目前,在我国流通并使用的本票只有银行本票一种,如图2.4所示。根据金额记载方式的不同,银行本票分为定额本票和不定额本票两种,定额银行本票面额为1000元、5000元、10000元和50000元。根据付款时间的不同,可以分为即期本票和远期本票;根据有无收款人记载,可分为记名本票和不记名本票;根据支付方式的不同,可分为现金本票和转账本票。

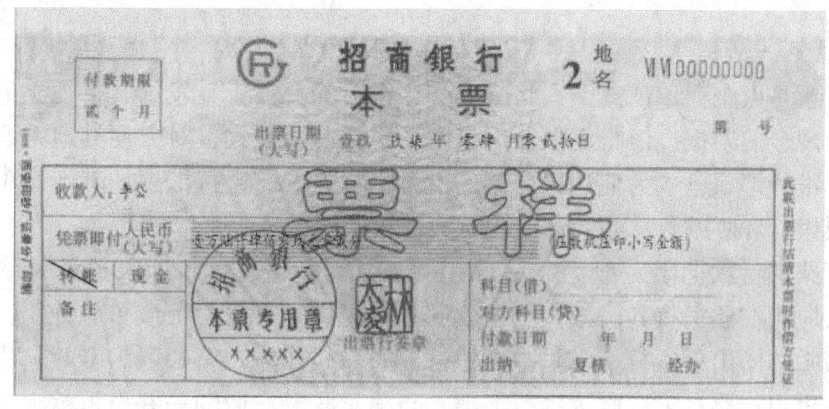

图 2.4 本票票样

### 2.3.2 银行本票使用的注意事项

(1)银行本票仅限于同城使用,即只适合于在同一同城票据交换区域内的商品交易双方使用。

(2)使用银行本票的申请人可以是单位,也可以是个人;可以是在出票银行开立存款账户的单位和个人,也可以是没有在出票银行开立存款账户的单位和个人,但申请人必须先足额交存一定的本票资金。

(3)申请人使用银行本票应向银行填写"银行本票申请书",填明收款人名称、申请人名称、支付金额、申请日期等事项并签章。

(4)银行本票的提示付款期为二个月,超过提示付款期限,经出具证明后,仍可请求出票银行付款。

## 2.4 汇 票

### 2.4.1 汇票的定义与类型

汇票是出票人签发的,委托付款人在见票时或者在指定日期无条件支付确定的金额给收款人或者持票人的票据。汇票必须记载下列事项：（1）表明"汇票"的字样；（2）无条件支付的委托；（3）确定的金额；（4）付款人名称；（5）收款人名称；（6）出票日期；（7）出票人签章。汇票上未记载上述规定事项之一的，汇票无效。按照出票人的不同，汇票分为银行汇票和商业汇票。由银行签发的汇票为银行汇票，由银行以外的企业、单位等签发的汇票为商业汇票。

### 2.4.2 银行汇票

1. 定义

银行汇票是由企业单位或个人将款项交存银行，由银行签发给其持往异地办理转账结算或支取现金的票据。银行汇票使用范围广泛，使用量大，对方便异地采购起到了积极的作用，银行汇票已成为使用最广泛的支付工具之一。银行汇票的基本当事人只有两个，即出票银行和收款人，银行既是出票人，又是付款人。

银行汇票的付款期限一般为出票日起一个月内，超过付款期限提示付款不获付款的，持票人应当在票据权利时效内给出说明，并提供本人身份证或单位证明，持银行汇票和解讫通知书向出票银行请求付款。银行汇票一式四联。第一联为卡片，为承兑行支付票款时作付出传票；第二联为银行汇票，与第三联解讫通知一并由汇款人自带，在兑付行兑付汇票后此联做银行往来账付出传票；第三联为解讫通知，在兑付行兑付后随报单寄签发行，由签发行做余款收入传票；第四联为多余款通知，并在签发行结清后交汇款人。银行汇票票样如图2.5所示。

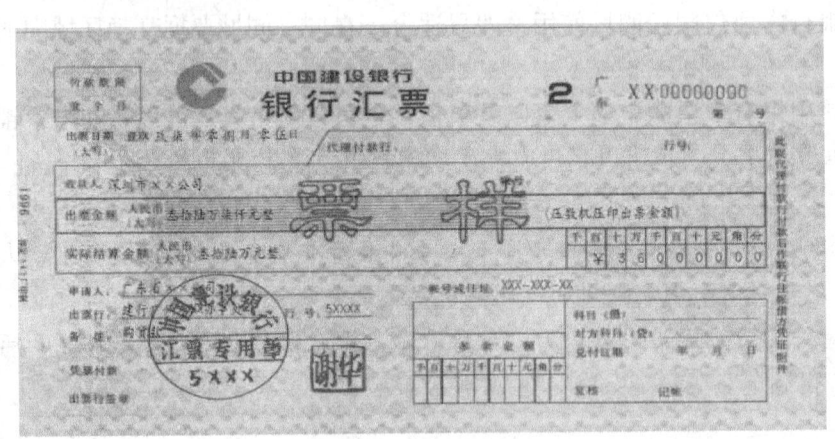

图 2.5 银行汇票票样

2. 银行汇票的特点

1) 适用范围广

银行汇票是目前异地结算中较为广泛采用的一种结算方式。通常持票人委托银行作为代理付款行时,应在该银行开立人民币单位银行结算账户。凡是各单位、个体经济户和个人需要在异地进行商品交易、劳务供应和其他经济活动及债权债务的结算,都可以使用银行汇票。银行汇票既可以用于转账结算,也可以支取现金。

2)票随人走,钱货两清

使用银行汇票结算,购货单位交款,银行开票,票随人走;购货单位购货给票,销售单位验票发货,一手交票,一手交货;银行见票付款,这样可以减少结算环节,缩短结算资金在途时间,方便购销活动。

3)信用度高,安全可靠

银行汇票是银行在收到汇款人款项后签发的支付凭证,因而具有较高的信誉,银行保证支付,收款人持有票据,可以安全及时地到银行支取款项。而且,银行内部有一套严密的处理程序和防范措施,只要汇款人和银行认真按照汇票结算的规定办理,汇款就能保证安全。一旦汇票丢失,如果确属现金汇票,汇款人可以向银行办理挂失,填明收款单位和个人,银行可以协助防止款项被他人冒领。

4)使用灵活,适应性强

实行银行汇票结算,持票人可以将汇票背书转让给销货单位,也可以通过银行办理分次支取或转让,因而有利于购货单位在市场上灵活地采购物资。

5)结算准确,余款自动退回

一般来讲,购货单位很难准确确定具体购货金额,因而出现汇多用少的情况是不可避免的。在有些情况下,多余款项往往长时间得不到清算从而给购货单位带来不便和损失。而使用银行汇票结算则不会出现这种情况,单位持银行汇票购货,凡在汇票的汇款金额之内的,可根据实际采购金额办理支付,多余款项将由银行自动退回。这样可以有效防止交易尾欠的发生。

3. 使用银行汇票的注意事项

(1)银行汇票适用于同城和异地的款项结算,可以用于一般的商品交易结算,也可以用于劳务及其他款项结算。

(2)银行汇票的申请人可以是单位,也可以是个人。

(3)银行汇票可以用于转账,填明"现金"字样的银行汇票也可以用于支取现金,但申请人或收款人为单位的,银行不得为其签发现金银行汇票。

(4)银行汇票的提示付款期为一个月,超过提示付款期限,经出具证明后,仍可以请求出票银行付款。

## 2.4.3 商业汇票

1. 定义与分类

商业汇票是企事业单位等签发的,委托付款人在付款日期无条件支付确定金额给收款人或持票人的一种汇票。

商业汇票的付款人为承兑人。所谓承兑,是指汇票的付款人愿意负担起票面金额的支付义务的行为,通俗地讲,就是它承认到期将无条件地支付汇票金额的行为。

按照承兑人的不同,商业汇票分为商业承兑汇票和银行承兑汇票。由银行承兑的汇票为银行承兑汇票,由银行以外的企事业单位等承兑的汇票为商业承兑汇票。

商业汇票适用于企业单位先发货后付款或双方约定延期付款的商品交易。这种汇票经过购货单位或银行承诺付款,承兑人负有到期无条件支付票款的责任,对付款人具有较强的约束力。购销双方根据需要可以商定不超过6个月的付款期限。购货单位在资金暂时不足的情况下,可以凭承兑的汇票购买商品。销货单位急需资金时,可持承兑的汇票向银行申请贴现。销货单位也可以在汇票背面背书后转让给第三者,以支付货款。2020年第一季度,我国实际结算商业汇票业务578.20万笔,金额5.14万亿元,同比分别增长14.70%和23.54%。

2. 商业承兑汇票

商业承兑汇票是指出票人签发汇票后,付款人(企业法人或购货人)在汇票上签章,表示承诺到期付款的汇票,如图2.6所示。商业汇票一经付款人签章承兑,付款人就负有到期无条件支付票款的责任。

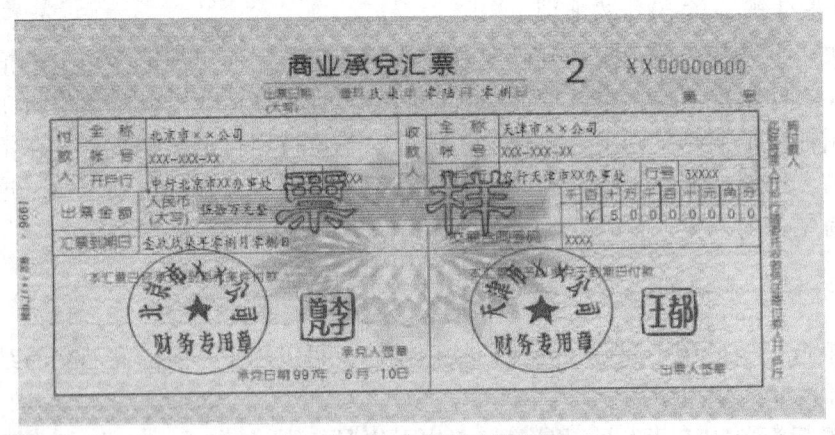

图2.6 商业承兑汇票票样

商业承兑汇票第一联为卡片,由承兑人(付款单位)留存;第二联为商业承兑汇票,由收款人开户银行随结算凭证寄付款人开户银行作付出传票附件;第三联为存根联,由签发人存查。

使用商业承兑汇票客户的共同特点是企业规模较大、信用等级较高,企业财务管理力量较强、买卖双方具有长期稳定的合作关系,商业承兑汇票收付款双方相互信任。

3. 银行承兑汇票

1) 定义

银行承兑汇票是收款人或承兑申请人签发,并由承兑申请人向开户银行申请,经银行审查同意承兑的票据。

新版银行承兑汇票一式三联。第一联为卡片，由承兑银行支付票款时作付出传票。第二联银行承兑汇票正联，此联收款人开户行随委托收款结算凭证寄给付款行作借方凭证的附件，可用于背书转让；第三联为存根联，由签发单位编制有关凭证。

图 2.7 为银行承兑汇票票样。

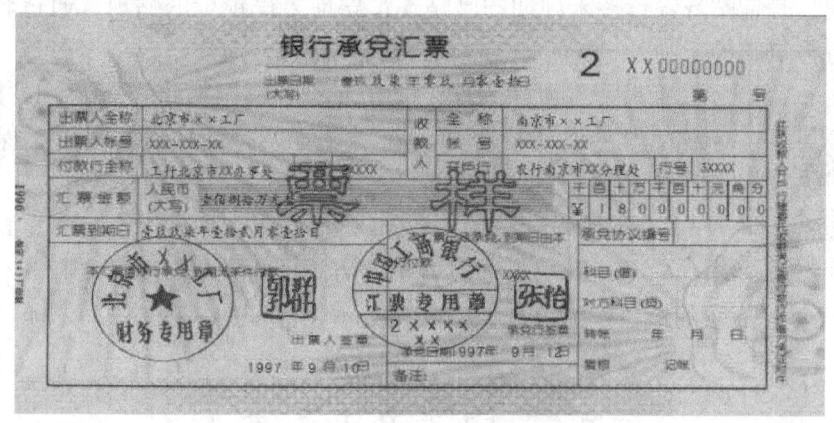

图 2.7 银行承兑汇票票样

2）特点

银行承兑汇票的特点如下：

(1) 银行是主债务人。

(2) 只有根据购销合同进行合法的商品交易才能使用银行承兑汇票，其他方面的结算，如劳务报酬、债务清偿、资金借贷等不可采用此方式。

(3) 只用于单位与单位之间；只能转账，不能支取现金。

(4) 无金额起点限制（单张最高 1000 万元），付款期限最长达 6 个月。

(5) 出票人必须是在承兑银行开立存款账户的法人。

(6) 持票人在汇票到期日前可以持票到银行办理贴现。

(7) 汇票有效期内可以转让。

3）优势

对于卖方来说，使用银行承兑汇票对现有或新的客户提供远期付款方式，可以增加销售额，提高市场竞争力。

对于买方来说，利用银行承兑汇票进行远期付款，以有限的资本购进更多货物，最大限度地减少对营运资金的占用与需求，有利于扩大生产规模。

银行承兑汇票相对于贷款融资可以明显降低财务费用。

4. 商业汇票的其他票据行为

保证，是指票据债务人以外的第三人以担保票据债务的履行为目的的一种从属性票据行为。

贴现，是指在持票人需要资金时，将持有的未到期汇票，通过背书的方式转让给银行、投资公司等金融机构，金融机构在票据金额中扣除贴现利息后，将余款支付给贴现申请人的票据行为。

转贴现，是指银行以贴现购得的没有到期的票据向其他商业银行所进行的票据转让。

再贴现，是指贴现银行持未到期的已贴现汇票向人民银行的贴现，通过转让汇票取得人民银行再贷款的行为。

视频2.2 商业汇票错票

商业承兑汇票保贴，是指对符合银行条件的企业，以书函的形式承诺为其签发或持有的商业承兑汇票办理贴现，即给予保贴额度的一种授信行为。

汇票质押，是指以设定质权、提供债务担保为目的而进行的背书。它是由背书人通过背书的方式，将票据转移给质权人，以票据金额的给付作为对被背书人债务清偿保证的一种方式（视频2.2）。

# 2.5 电子商业汇票

## 2.5.1 电子商业汇票的定义与类型

电子商业汇票是出票人以数据电文形式制作的，委托付款人在指定日期无条件支付确定的金额给收款人或者持票人的票据。

电子商业汇票分为电子银行承兑汇票和电子商业承兑汇票。电子银行承兑汇票由银行业金融机构、财务公司（以下统称金融机构）承兑；电子商业承兑汇票由金融机构以外的法人或其他组织承兑。

电子银行承兑汇票的票样如图2.8所示。

电子商业汇票的出票、承兑、背书、保证、提示付款和追索等业务，均通过电子商业汇票系统办理。

## 2.5.2 电子商业汇票系统的特点

与传统纸质汇票相比，电子汇票具有以下特点：

（1）票据期限灵活，融资功能增强。电子商业汇票最长付款期限为1年，单张票据最大金额可为10亿元，分别突破了目前纸质商业汇票付款期限最长不超过6个月、单张票面金额不超过1亿元的规定，企业可以根据自身资金需求灵活约定支付期限和金额。

（2）票据真实有效。电子商业汇票以电子签名取代实体签章，规避了纸质票据甄别困难、风险控制难度较大等不利因素，确保票据真实有效。

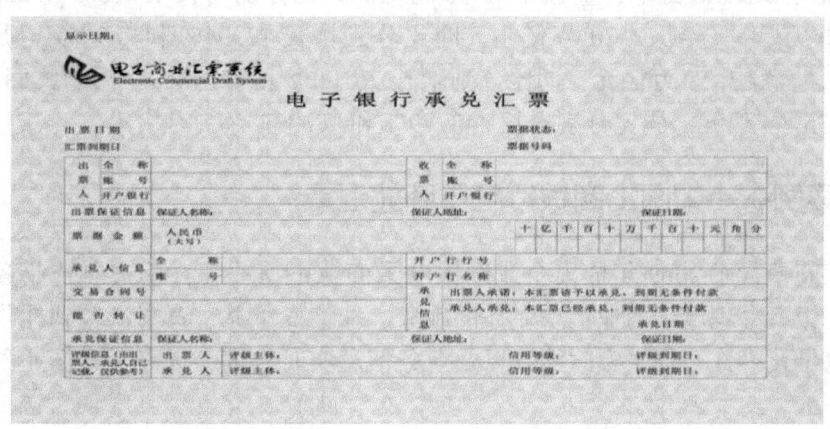

图 2.8　电子银行承兑汇票票样

（3）简化票据传递环节。电子商业汇票以数据电子化形式签发、流转，可满足客户票据电子化跨行流转需求，简化纸质票据的传递流程，提升票据流转效率。

（4）操作灵活便捷。网上银行的操作渠道，满足客户商业汇票全流程的电子化操作，为客户提供了更为方便、快捷的结算和融资工具。

（5）票据管理高效集中。客户可通过网上银行实时了解签发或持有的票据的信息，为统一监控、管理企业的商业汇票提供电子化的管理模式。

电子商业汇票与纸质商业汇票的区别见表 2.1。

表 2.1　电子商业汇票与纸质商业汇票的区别

| 流转环节 | | 电子商业汇票 | | 纸质商业汇票 | |
| --- | --- | --- | --- | --- | --- |
| 签发 | 办理方式 | 网银办理 | | 柜台办理 | |
| 承兑 | 种类 | 电子银行承兑汇票 | 电子商业承兑汇票 | 银行承兑汇票 | 商业承兑汇票 |
| | 承兑人 | 银行或财务公司 | 银行、财务公司外的法人或其他组织 | 银行 | 银行以外的法人或其他组织 |
| | 资料审查 | 相同 | | | |
| | 查询查复 | 网银实时查询 | | 实地、邮寄、传真等 | |
| | 背书转让 | 电子签名，数字认证 | | 纸质签章 | |
| 融资交易 | 贴现 | 分为买断式、回购式 | | 买断式 | |
| 到期托收 | 提示付款 | 电子指令，实时到达 | | 通过邮局寄送纸质票据 | |
| | 资金清算 | 票据交付和资金交割系统同时完成（DVP） | | 手工处理 | |
| | 付款时间 | 提示付款的当天 | | 异地加 3 天，可能拖延 | |

近年来，我国电子商业汇票的业务量持续增长。据中国人民银行发布的数据，2020 年第一季度，电子商业汇票系统出票 479.79 万笔，金额 5.83 万亿元，同比分别增长 8.07% 和 14.19%；承兑 491.72 万笔，金额 5.96 万亿元，同比分别增长 7.97% 和

13.85%；贴现 182.58 万笔，金额 4.35 万亿元，同比分别增长 15.18%和 22.84%；转贴现 257.60 万笔，金额 12.20 万亿元，同比分别增长 12.94%和 2.96%；质押式回购 39.93 万笔，金额 3.57 万亿元，同比分别增长 76.00%和 42.48%；买断式回购 0.65 万笔，金额 335.44 亿元，同比分别增长 248.79%和 98.33%。

### 2.5.3 案例——中国工商银行电子商业汇票

中国工商银行于 2009 年推出企业网银电子商业汇票业务，正式向企业客户提供通过企业网上银行办理电子商业汇票业务的服务，从签发承兑、背书流转到托收入账均实现了全程电子化操作、资金实时清算以及业务信息实时查询，提高了票据业务处理效率（视频 2.3）。

使用电子商业汇票的企业，需提交申请，在通过审核并签订协议后，企业即可登录中国工商银行门户网站（http：//www.icbc.com.cn/）在企业网银中使用电子商业汇票相关功能，其流程如图 2.9 所示。

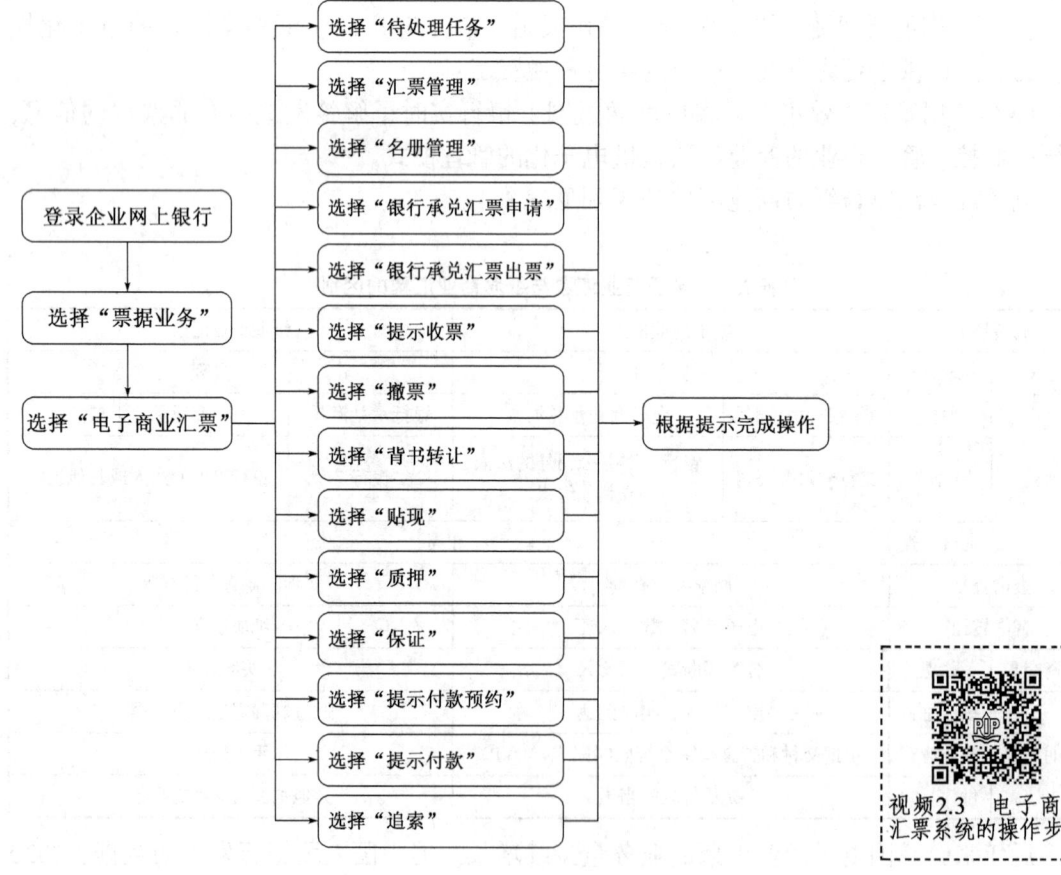

视频2.3 电子商业汇票系统的操作步骤

图 2.9 中国工商银行电子商业汇票流程图

**【拓展阅读】**

## 创新财务管控新模式，央企商业承兑汇票互认联盟成立

2019年8月26日，中国国新控股有限责任公司（以下简称"中国国新"）携手中核集团、航天科技、中国石化等共计51家中央企业发起设立的央企商业承兑汇票互认联盟在京举行签约仪式。该联盟的成立，标志着中国国新搭建的商业票据流通平台——"企票通"正式上线运营。

此次成立的央企商业承兑汇票互认联盟，以"共建、共享、共担、共赢"为理念，以"企票通"为纽带，共同构建央企间信用合作平台，打破电子商业承兑汇票流通瓶颈，打造良性的央企商业信用生态圈，强化央企信用资源优势，有效融通央企上下产业链条，创新使用财务管理新工具，提高央企资产配置和运营效率，实现"信用聚集、信用互认、信用增进、信用流转、信用变现"。

据中国国新有关负责人介绍，"企票通"一端连接央企，一端打通商业银行，并通过商业银行接入人民银行全国电子商业汇票系统，实现商票的出票、承兑、背书、质押、拆分、贴现、付款等一站式操作服务。同时，利用平台的信用互认和增信机制，率先在央企间丰富支付手段，有效发挥央企商业信用价值，降低央企产业链融资综合成本。

"企票通"平台的建设及联盟的成立，对中国国新搭建金融服务业务板块，推动党中央、国务院"三去一降一补"、防范化解重大风险等重大决策部署更好地在央企落地具有重要意义。下一步，中国国新将与联盟成员一起，加强联盟建设，不断扩大影响力，把联盟打造成横跨多个行业，链接产业链上下游的合作平台，将央企相互赋能的效果进一步显现，让更多民企、中小微企业共享央企优质信用，降低融资成本，促进国企民企协同发展。

# 习　题

**1. 填空题。**

（1）票据主要包括（　　　　）、（　　　　）、（　　　　）。

（2）汇票质押是指以设定质权、提供（　　　　）为目的而进行的背书。

（3）（　　）是指银行以贴现购得的没有到期的票据向其他商业银行所进行的票据转让。

（4）（　　）是收款人或承兑申请人签发，并由承兑申请人向开户银行申请，经银行审查同意承兑的票据。

（5）（　　）是一种借鉴纸张支票转移支付的优点，利用数字传递将钱款从一个账户转移到另一个账户的电子付款形式。

（6）（　　）是指票据的收款人或持有人在转让票据时，在票据背面签名或书写文句的手续。

（7）本票的基本当事人包括（　　）和（　　）。

**2. 选择题。**

（1）可根据实际采购金额办理支付，多余款项将由银行自动退回的票据类支付工具是（　　）。

  A. 银行本票　　　　B. 银行承兑汇票　　　C. 支票　　　　D. 银行汇票

（2）银行本票的提示付款期为（　　），超过提示付款期限，经出具证明后，仍可请求出票银行付款。

  A. 一个月　　　　B. 15 天　　　　C. 两个月　　　　D. 6 个月

（3）银行承兑汇票的付款人为（　　）。

  A. 出票人　　　　B. 承兑银行　　　　C. 背书人　　　　D. 持票人

（4）（　　）是指出票人签发汇票后，付款人（企业法人或购货人）在汇票上签章，表示承诺到期付款的汇票。

  A. 商业承兑汇票　　B. 银行承兑汇票　　C. 支票　　　　D. 银行汇票

（5）以下票据中，可以方便快捷地作为企业短期融资工具的是（　　）。

  A. 银行本票　　　　B. 电子商业汇票　　C. 电子支票　　　D. 银行汇票

**3. 判断题。**

（1）支票出票日期为 2019 年 10 月 15 日的填写应为贰零壹玖年零壹拾月壹拾伍日。（　　）

（2）银行本票主要适用于异地结算。（　　）

（3）银行汇票的付款人即是出票人。（　　）

（4）对于卖方来说，使用银行承兑汇票对现有或新的客户提供远期付款方式，可以增加销售额，提高市场竞争力。（　　）

（5）电子支票是支票的影像信息。（　　）

（6）票据就是指支票、本票、汇票。（　　）

**4. 思考题。**

（1）电子票据对比纸质票据有哪些改进？

（2）支票、本票与汇票三者之间的区别有哪些？

（3）商业汇票与银行汇票之间的区别有哪些？

（4）电子商业汇票的特点主要有哪些？

（5）试分析不同票据的前景。

# 第3章 我国的支付系统

## 3.1 支付系统概述

支付系统是由一系列支付工具、程序、有关交易主体、法律规则组成的用于实现货币金额所有权转移的完整体系。

### 3.1.1 支付系统的运行原理

支付系统的一般运行流程如图3.1所示。

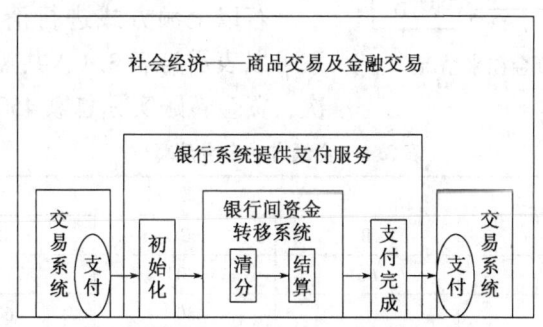

图 3.1 支付系统的一般流程

在支付系统的一般流程中,涉及两个非常重要的组成部分,即清分与结算。

清分指的是对支付指令进行计算、归类和传递等操作的过程,此时,资金并没有进行实际的转移。

结算发生在清分结束之后。结算需根据清分的结果在有关账户之间对资金进行实际意义上的转移。资金转移通常包含两个部分:一是交易双方在各自开户银行内账户的变化;二是提供支付服务的银行系统账户上的变化。

### 3.1.2 支付系统的分类

支付系统根据结算方式、交易金额、结算时效可以分为不同的类型。

1. 按结算方式分类——全额和净额

全额结算:指在资金转账前并不进行账户金额的对冲,以实际支付金额进行转账的结算方式。

净额结算：指在进行双方或多方的资金转账前，先对各方账户上的余额进行相互冲减，之后才转移剩余资金金额的结算方式。

具体来说，在净额结算的情况下，银行把与每笔支付有关的信息传送到清算所。参加清算所清算的所有银行，在发生支付业务的时候，并不立即在银行间进行资金转账，结算每一笔支付，而是在约定的时期（称作清算周期）内让债权和债务累积起来，然后使某些往来支付相互抵销。

此外，净额结算又可分为双边净额结算和多边净额结算两种。

双边净额结算是对支付双方之间的全部资金往来的余额进行轧差，交易双方按照轧差得到的净额进行交收的结算方式。

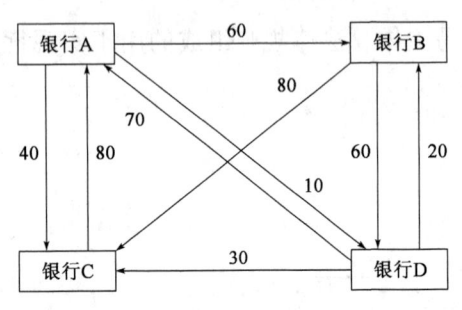

图 3.2 四家银行的资金往来情况
（单位：万元）

多边净额结算是指清算机构介入银行的资金往来关系中，然后以结算参与人为单位对其达成的所有资金往来冲抵轧差，每个结算参与人根据轧差所得净额进行结算的方式。

假设有 A、B、C、D 四家银行，在清算周期之内，共发生支付行为 9 笔，具体如图 3.2 所示。

若以全额方式进行清算，则其债权债务关系可以表示为表 3.1，共需进行银行间的清算 9 次，资金转账实际总额 450 万元。

表 3.1 全额方式资金清算表　　　　　　　　　　（单位：万元）

| 发送行 | 接收行 | | | | 债务总额 |
|---|---|---|---|---|---|
| | A | B | C | D | |
| A | | 60 | 40 | 10 | 110 |
| B | | | 80 | 60 | 140 |
| C | 80 | | | | 80 |
| D | 70 | 20 | 30 | | 120 |
| 债权总额 | 150 | 80 | 150 | 70 | 450 |

若以双边净额方式进行清算，则其债权债务关系可以表示为表 3.2，共需进行银行间的清算 6 次，资金转账实际总额 310 万元。

表 3.2 双边净额方式资金清算表　　　　　　　　（单位：万元）

| 发送行 | 接收行 | | | | 债务总额 |
|---|---|---|---|---|---|
| | A | B | C | D | |
| A | | 60 | | | 60 |
| B | | | 80 | 40 | 120 |
| C | 40 | | | | 40 |
| D | 60 | | 30 | | 90 |
| 债权总额 | 100 | 60 | 110 | 40 | 310 |

若以多边净额方式进行清算,则其债权债务关系可以表示为表3.3,共需进行银行间的清算4次,资金转账实际总额220万元。

**表3.3　多边净额方式资金清算表**　　　　　　　　　　（单位:万元）

| 银行 | A | B | C | D | 净差额 |
|---|---|---|---|---|---|
| 差额 | 40 | -60 | 70 | -50 | 0 |

在净额结算的过程中,由于资金的实际转移是在特定的时间发生,与支付业务不同步,可能会出现支付系统债务银行清算资金不足的情况。常见的处理方式有:

(1) 央行提供信贷。
(2) 参与结算的各方根据协议安排承担债务头寸。
(3) 取消与债务银行有关的支付指令,并重新计算银行间头寸。但这可能会造成系统性风险(风险的连锁反应)。

**2. 按交易的金额分类——大额或小额**

大额系统用于每笔支付金额超过某一数量的支付业务,小额系统内支付金额一般较小。

大额支付系统服务对象:货币、黄金、外汇、商品市场的经纪商与交易商,以及从事货币市场交易活动的商业银行。这些市场参与者交易活动的特点是:交易笔数相对较少、但每笔交易金额巨大,在支付的时间性、准确性、安全性上有特殊要求。

小额支付系统服务对象:消费者个人、从事商品和劳务交换的工商企业。这些市场参与者交易活动的特点是交易发生频繁,但交易金额相对较小。在系统数据吞吐量上要求较高。

**3. 按结算时效分类——实时和非实时**

结算时效是指以某一支付工具发出指令后资金从某人转给其他人或从某账户转到其他账户所用的时间长短。

实时性支付系统的实效性是最理想的,当一方发出指令时,结算也同时完成(即实时)。在非实时性支付系统中,从系统收到支付指令到完成结算之间有一定的时间间隔,此间隔的长短随支付系统的不同而不同。

时效性的好坏与结算方式有密切关系。全额的结算方式可能可以使时效性达到理想状态。这是因为在全额结算中,支付系统将对每一笔支付指令进行资金的转移,资金的转移速度与计算机系统的处理速度直接相关。但是对于净额结算来说,时间间隔(收到支付指令与进行实际资金转账之间)无法避免,这是由净额结算方式所决定。要进行净额结算,必须要设定结算周期,在结束周期结束时,在对账户进行轧差。因为结算周期的存在,时效性自然与结算周期的长短直接相关。

**4. 按系统管理者分类——央行和清算机构**

管理者是支付系统顺畅运行的重要因素之一,由谁负责支付系统运行是由历史、经济、政治等多方面因素决定的。大部分涉及清算业务的系统是央行来负责管理和运营的，而在银行卡跨行支付与美元跨境支付中，清算机构支付系统较为常见。

### 3.1.3 中国银行的账户结构

要理解我国支付系统的基本架构，需要首先了解我国的银行账户结构。中国的银行结构要比其表面情况复杂得多。虽然在中国只有为数不多的大型银行机构，但每一家国有商业银行都有数目众多的分支机构，这些分支机构依据地域范围按照规定的等级进行运作。在许多情况下，每一地域和每一分支机构的运作都可以被看作是独立的实体。因此，在一家银行机构内，其标准和业务处理程序也可能依地区不同而有所不同。在每一级分支机构，甚至是县级支行，商业银行必须在相应的中央银行分支机构开设账户。一般地讲，各商业银行之间，同一家商业银行各分行之间，相互不开设账户。当然，也有少数例外情况。因此，每一个在中央银行开立账户的分支机构都代表一个独立的支付业务处理单位。这样，就形成了十分复杂的被分割了的支付环境。这一点远比只计算为数不多的主要商业银行的数目所能想象的情景复杂得多。

商业银行的每一家主要分支机构要在当地人民银行分支机构开设三种账户：

(1) 储备金账户，即按法定储备要求的比例交存的存款。该账户余额是封存资金，不得用于支付清算，通常每隔一定时间根据存款数量进行相应调整。

(2) 备付金账户，指商业银行除按存款的一定比例向中央银行上缴法定存款准备金外，为了业务支付的需要，还要在中央银行储存一定数额应付日常业务需要的备付金，一般称为超额储备。

(3) 贷款户，该账户的建立表明该商业银行分/支行可以从中央银行得到的贷款限额。该信贷规模由中央银行和商业银行总行制定后，按地区和机构分配。

对于储备金、备付金存款，中央银行支付利息，但利率较市场利率低一些。支付交易的资金结算是通过商业银行分行在中央银行的备付金账户之间资金转账来实现的。

## 3.2 同城票据交换所

### 3.2.1 概述

同城票据交换是指同一城市（或区域）范围内，各商业银行之间将相互代收、代付的票据，定时、定点集中相互交换并清算资金存欠的方法。全国共有一千多家同城票据交换所，分布在中心城市和县城/镇。

### 3.2.2 系统的参与者与交易类型

1. 系统的参与者

人民银行分/支行拥有和运行当地的同城清算所，对清算所成员进行监管并提供结算服务。系统参与者包括辖区内的绝大多数银行分支机构。这些机构应设有清算账户。依据同城清算所成员间达成的协议，清算账户可以按以下方式设置：

（1）可以为每一家成员分支机构设立清算账户。

（2）商业银行较小的营业网点可使用其管理分行的清算账户。

（3）为一家商业银行开设一个账户，该银行在当地的所有机构都通过这同一个账户清算同城支付业务。

（4）城市合作银行集中开设清算账户，供其成员机构共同使用。

2. 交易类型

以票据为支付工具的贷记和借记支付项目都可以通过同城票据交换所进行交换和结算，其中支票占多数。

### 3.2.3 系统运行

同城票据交换所的基本业务处理流程如下：接收票据→输入票据→清分票据→打印汇总清单→生成磁带文件→票据打包→净额清算。

票据在成员之间进行交换，每一成员根据提交和收到的全部贷记及借记支付交易计算出自己的净额结算金额。

在支付业务量大的城市和较大的县城，清算所每天上、下午各进行一次交换，小城市和大多数县城清算所每天上午只进行一次票据交换。

### 3.2.4 资金结算程序

对于上午和下午两场票据交换，通常都是当日进行结算（一般中午12：00结算上午交换的票据），一旦结算完成，各银行允许其客户使用该资金。退票一般都要在下场票据交换之前完成。每一家参加交换的分行将净额结算头寸告知中央银行分行的清算所管理人员。中央银行经由大额实时支付系统当日过账到该机构的账户上。

### 3.2.5 信用和流动风险

只有当所有参加者的净额轧差等于零时，人民银行才接受资金结算。不允许透支，即在贷记收款行账户之前，首先借记付款行账户（或在人民银行账簿上同时进行贷记和借记）。一旦收款行账户被贷记，则认为支付最终完成。因此，原则上讲，支付的处理不引起信用或流动风险。

随着支付工具的进一步丰富与电子票据的发展，我国同城票据交换所的业务在近年来持续下降。2019年，同城清算系统共处理业务2.82亿笔，金额81.89万亿元，同比分别下降20.48%和26.90%；日均处理业务112.89万笔，金额3275.52亿元。

【拓展阅读】

### 我国第一家票据交换所

票据交换所是金融业发展到一定阶段才出现的产物,从产生到形成,经历了较长的历史发展过程。1773年成立的英国伦敦票据交换所是世界票据交换所的鼻祖。随后,美国纽约票据交换所、法国巴黎票据交换所、日本大阪票据交换所、东京票据交换所、德国柏林票据交换所等相继成立。作为近代我国第一家票据交换所,上海票据交换所于1933年设立,成为我国金融现代化的重要标志之一。

成立票据交换所之前,上海的华资银行业没有建立自己的清算机构。长期以来,银钱业之间以及银行业之间的票据清算,都必须依赖上海钱业的汇划制度。汇划总会于1890年成立,设于宁波路上海钱业公会内,实际上是钱业公会的附属机关。汇划总会的成立使得钱业票据清算开始有了固定的组织和地点。银行与钱庄之间以及银行业之间的票据收解都必须假手于钱业的汇划总会,上海钱业汇划总会因而成为当时整个上海金融业票据清算的中心。

1932年3月15日,上海银行业同业公会联合准备委员会(联准会)正式成立,经过5个月的酝酿,最终拟订出"联准会兼办票据交换事宜章程草案"。联准会还组成票据交换所委员会专门负责有关票据交换的管理事宜。各项筹备工作完成以后,1933年1月6日、7日、9日,各交换银行的交换员在经理朱博泉的指导下试验交换,经过三天的练习,取得很好的成绩。1933年1月10日上午,上海票据交换所正式开业。

## 3.3 电子资金汇兑系统

### 3.3.1 概述

自1996年年底起,四大国有商业银行,即工商银行、农业银行、中国银行、建设银行,都用电子资金汇兑系统取代了原来的手工联行。2/3以上的异地支付业务是由这些电子资金汇兑系统处理的。

各商业银行的电子资金汇兑系统具有大致相同的框架结构,业务处理流程也基本相同。当然在网络结构、技术平台等方面,各系统不尽相同。与原来的手工联行相比,电子支付指令经各级处理中心进行交换,取代了在发起行和接收行之间的纸质交换纸,因而支付清算速度大大加快。

据中国人民银行统计,2019年,各银行行内支付系统共处理业务164.69亿笔,金额1218.69万亿元,同比分别下降55.12%和8.51%;日均处理业务4512.03万笔,金额3.34万亿元。

## 3.3.2 系统结构

电子汇兑系统具有多级结构。一般情况下，系统有全国处理中心、几十个省级处理中心、数百个城市处理中心和上千个县级处理中心。其系统结构如图 3.3 所示。

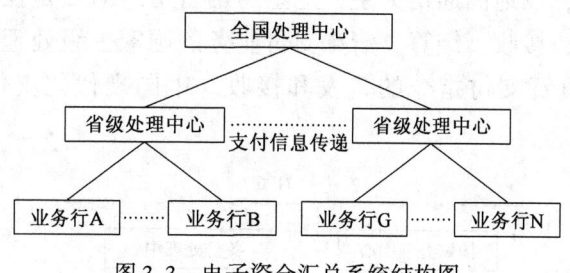

图 3.3　电子资金汇兑系统结构图

## 3.3.3 系统的参与者与处理的支付类型

一家银行所有的分/支行都是其系统内电子汇兑系统的合法参与者。当然这取决于这家分支机构是否连接入网。

这些电子汇兑系统既办理贷记也办理借记支付业务。

## 3.3.4 系统运行

多数电子汇兑系统都采用实时分发，净额结算的方式。一般来说，在日终或夜间进行处理，在下一个营业日早晨营业开始之前，把净额结算头寸通知各分支机构。

## 3.3.5 结算程序

每天（对有的银行是每五天）分行向其上一级分行报告其净额结算头寸（如县支行向省分行）。但是，各分行并不每天结算。一般情况下，仅当超过规定限额时才进行结算。如果一家分行的净债务超过预先规定的限额，如对于县支行是 1 千万元人民币，较大的市分行是 3 千万元人民币，则该分行就把多余资金通过当地人民银行分行转账到其上一级分行。这样的转账，一般是采用大额支付系统转账到上级分行开户的人民银行账户，进而转账到处于借记头寸状态的分行。

# 3.4　我国现代化支付系统概述

中国现代化支付系统（China National Advanced Payment System，CNAPS），主要提供商业银行之间跨行的支付清算服务，是为商业银行之间和商业银行与中国人民银行之间的支付业务提供最终资金清算的系统,是各商业银行电子汇兑系统资金清算的枢纽系统,是连接国内外银行重要的桥梁,也是金融市场的核心支持系统。

中国现代化支付系统建有两级处理中心,即国家处理中心(NPC)和全国省会(首府)及深圳的城市处理中心(CCPC)。国家处理中心分别与各城市处理中心连接,其通信网络采用专用网络,以地面通信为主,卫星通信备份。NPC 是控制支付系统运行,管理国家金融网络通信、接收、结算、清算支付业务的国家一级处理中心,是现代化支付系统的核心。CCPC 负责支付指令的转发和接收。中国现代化支付系统的基本结构如图3.4所示。

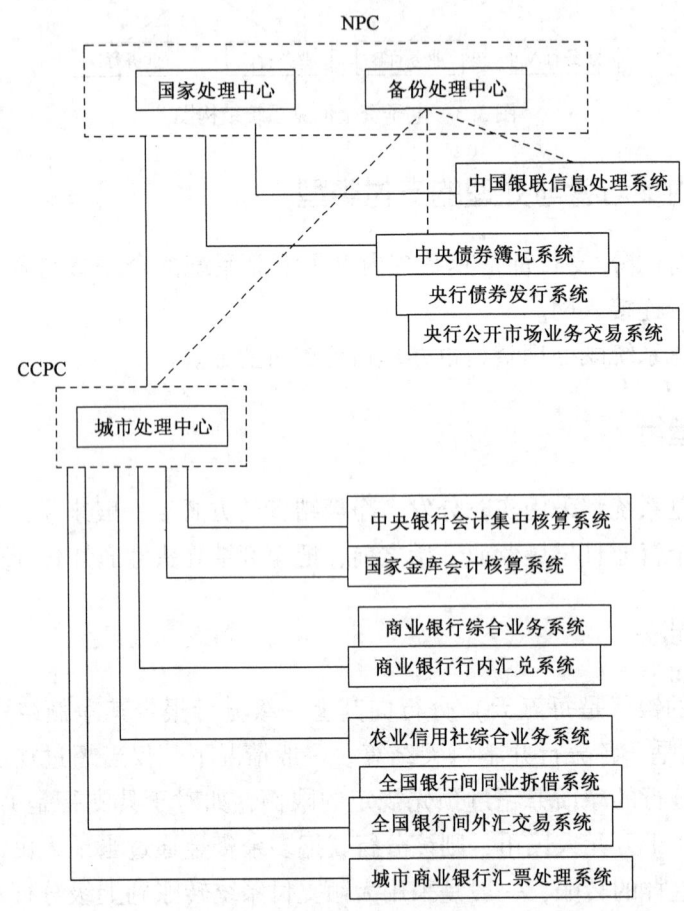

图 3.4　中国现代化支付系统体系结构图

政策性银行和商业银行是支付系统的重要参与者。各政策性银行、商业银行可利用行内系统通过省会(首府)城市的分支行与所在地的支付系统 CCPC 连接,也可由其总行与所在地的支付系统 CCPC 连接。同时,为解决中小金融机构结算和通汇难问题,允许农村信用合作社自建通汇系统,比照商业银行与支付系统的连接方式处理;城市商业银行银行汇票业务的处理,由其按照支付系统的要求自行开发城市商业银行汇票处理中心,依托支付系统办理其银行汇票资金的移存和兑付的资金清算。

为有效支持公开市场操作、债券发行及兑付、债券交易的资金清算，公开市场操作系统、债券发行系统、中央债券簿记系统在物理上通过一个接口与支付系统 NPC 连接，处理其交易的人民币资金清算。为保障外汇交易资金的及时清算，外汇交易中心与支付系统上海 CCPC 连接，处理外汇交易人民币资金清算，并下载全国银行间资金拆借和归还业务数据，供中央银行对同业拆借业务的配对管理。

2005 年 6 月 24 日，伴随着参与机构清算账户合并上收到省级分支行，全国电子联行系统完成了历史使命，退出生产序列。根据人民银行发布的数据显示，2007 年度，现代化支付系统（一期）共处理支付业务 2.4 亿笔，金额 604 万亿元，总金额相当于当年国内省产总值（GDP）的 25 倍。为了更好地满足社会经济金融发展对中央银行支付清算服务的新需求，2009 年年底，中国人民银行启动第二代中国现代化支付系统建设。

2009 年 12 月，中国人民银行正式启动第二代中国现代化支付系统建设。央行的第二代支付系统建设和推进工作正按计划进行。作为第二代中国现代化支付系统的重要组成部分，网上支付跨行清算系统已先期建成，并于 2010 年 8 月上线首期试运营，第二代中国现代化支付系统在 2011 年整体建成。第二代中国现代化支付系统以清算账户管理系统为核心，以大额支付系统、小额支付系统、支票影像交换系统、网银互联子系统为业务应用子系统，以支付管理信息系统为支持系统，其基本构成如图 3.5 所示。

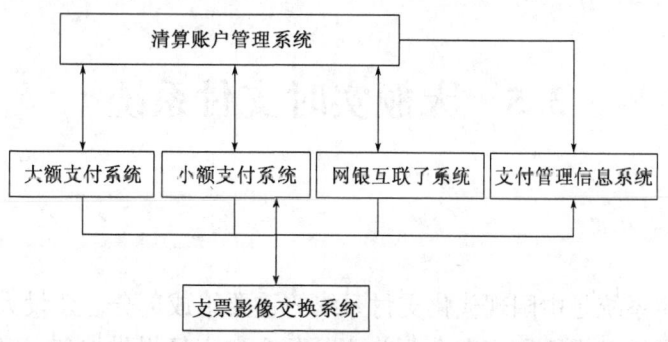

图 3.5　第二代中国现代化支付系统的基本构成图

发展至今，中国现代化支付系统已建成了包括人民币跨行大额实时支付系统、小额批量支付系统、支票影像交换系统、境内外币支付系统、电子商业汇票系统、网上跨行支付清算系统以及人民币跨境支付系统等多个子系统，形成了比较完整的跨行支付清算服务体系，为各银行业金融机构及金融市场提供了安全高效的支付清算平台，对经济金融和社会发展的促进作用日益显现。

【拓展阅读】

1989 年，为跟随改革开放的脚步，彻底改变我国支付结算业务基本靠手工处理，资金在途时间长达半个月的局面，中国人民银行提出建设金融卫星通信专用网和全国电子联行系统的构想，获得批准后，开始组建清算总中心。

1996年11月28日在北京人民大会堂举行了中国现代化支付系统CNAPS项目合同签字仪式和新闻发布会。标志着CNAPS项目由此进入了过程实施阶段。项目总体设计开始于1991年，世界银行和美国、日本、德国、英国、瑞士、中国六家中央银行的专家组成的国际专家组，先后在中国召开了七次国际专家会议，协助中国人民银行对项目的总体规划、系统目标和技术要求等进行了评议，完成了系统业务和技术需求设计。英国PA咨询公司和美国REAL计算机公司的专家，为中国人民银行完成项目需求设计和招标采购提供了技术咨询服务。

2002年10月8号，作为CNAPS的核心系统——大额支付系统率先在北京、武汉两地投产试运行；2003年年底推广到所有省会城市和深圳市，形成了32个城市处理中心和1064个电子联行小站融合运行的局面，资金在途时间缩短为几秒。2006—2009年，随着经济金融活动对支付清算服务需求的快速增长，CNPAS也进入快速发展时期，小额支付系统、支票影像交换系统、境内外币支付系统、电子商业汇票系统等多个清算业务系统先后上线运行，满足了不同时间、金额、币种的跨行清算和使用多类支付工具进行资金结算的需求。

2015年10月，作为支撑人民币国际化和"一带一路"建设的人民币跨境支付系统（CIPS）正式投产，标志着国内外统筹兼顾的现代化支付体系建设取得重要进展。

# 3.5 大额实时支付系统

## 3.5.1 概述

大额实时支付系统是中国现代化支付系统的重要组成部分。建设大额实时支付系统的目的，就是为了给各银行和广大企业单位以及金融市场提供快速、高效、安全、可靠的支付清算服务，防范支付风险，它对中央银行更加灵活、有效地实施货币政策和实施货币市场交易的及时清算具有重要作用。2005年6月，大额实时支付系统在全国成功推广。2020年第一季度，大额实时支付系统处理业务1.13亿笔，同比下降57.74%。金额1225.80万亿元，同比增长3.88%；日均处理业务191.04万笔，金额20.78万亿元。

## 3.5.2 系统参与者与业务类型

大额支付系统参与者分为直接参与者、间接参与者和特许参与者。

直接参与者，是指直接与支付系统城市处理中心连接并在中国人民银行开设清算账户的银行机构以及中国人民银行地市级（含）以上中心支行（库）。

间接参与者，是指未在中国人民银行开设清算账户而委托直接参与者办理资金清算的银行和非银行金融机构以及中国人民银行县（市）支行（库）。

特许参与者,是指经中国人民银行批准通过大额支付系统办理特定业务的机构。

大额支付系统处理跨行同城和异地的金额在规定起点以上的大额贷记支付业务和紧急的小额贷记支付业务。大额支付业务的金额起点由中国人民银行规定,并根据管理需要进行调整。目前,"大额支付系统"规定的金额起点是0元。

## 3.5.3 系统的运行

此外,为进一步提升中央银行支付清算服务水平,根据中国人民银行的统一部署,自2018年1月22日起,大额实时支付系统实行5×21小时运行。

大额实时支付系统对其支付业务采取逐笔发送支付指令,全额实时清算资金。大额实时支付系统处理的支付业务,其信息从发起行发起,经发起清算行、发报中心、国家处理中心、收报中心、接收清算行,至接收行止。某大额实时支付系统业务流程如图3.6所示。

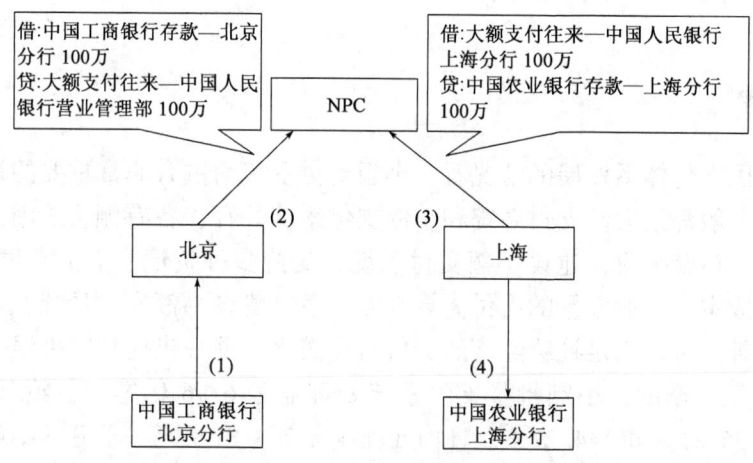

图3.6 某大额实时支付系统业务流程

## 3.5.4 资金结算

直接参与者和特许参与者经批准参与大额支付系统的,中国人民银行当地分支行应将其信息发送国家处理中心,利用清算账户进行资金结算。直接参与者和特许参与者应在其清算账户存有足够的资金,用于本机构及所属间接参与者支付业务的资金清算。

国家处理中心对清算账户中不足清算的支付业务,按以下队列排队等待清算:
(1) 错账冲正;
(2) 特急大额支付(救灾、战备款项);
(3) 日间透支利息和支付业务收费;
(4) 同城票据交换轧差净额清算;
(5) 紧急大额支付;

(6) 普通大额支付和即时转账支付。

中国人民银行根据协定和管理需要，可以对直接参与者的清算账户设置自动质押融资机制和核定日间透支限额，用于弥补清算账户流动性不足。

系统禁止隔夜透支，日终仍不足支付的交易可由中国人民银行提供高额罚息贷款。清算窗口时间内，清算账户头寸不足的直接参与者应按以下顺序及时筹措资金：
(1) 向其上级机构申请调拨资金；
(2) 从银行间同业拆借市场拆借资金；
(3) 通过债券回购获得资金；
(4) 通过票据转贴现或再贴现获得资金；
(5) 向中国人民银行申请再贷款。

## 3.6 小额批量支付系统

### 3.6.1 概述

从世界各国支付体系发展的情况看，小额支付系统均占有非常重要的地位，在发达市场经济国家一般都是大额支付系统和小额支付系统并存，各有侧重。因此，中国人民银行立足实际，借鉴吸收，建设小额支付系统，支持多种贷记、借记支付工具的应用，为社会提供低成本、大业务量的支付清算服务。通过建设小额支付系统，与大额支付系统实现功能互补，可以满足社会经济的支付清算需要，进一步提高中央银行的金融服务水平。2020年第一季度，小额批量支付系统处理业务6.96亿笔，金额31.13万亿元，同比分别增长26.21%和144.27%；日均处理业务764.81万笔，金额3420.53亿元。

### 3.6.2 系统参与者与业务类型

小额支付系统参与者与大额支付系统相同，分为直接参与者、间接参与者和特许参与者。

小额支付系统处理同城、异地的借记支付业务以及金额在规定起点以下的贷记支付业务，主要包括六种业务类型：
(1) 普通贷记业务：付款人通过其开户银行办理的主动付款业务。
(2) 定期贷记业务：付款人开户银行依据当事各方事先签订的合同（协议），定期向指定的收款人开户银行发起的批量付款业务，如代付工资、养老金、保险金、国库各类款项的批量划拨等。它的特点是单个付款人同时向多个收款人发起付款指令。
(3) 普通借记业务：收款人通过其开户行向付款人开户银行主动发起的收款业务。
(4) 定期借记业务：收款人开户银行依据当事各方事先签订的合同（协议），定期向指定的付款人开户银行发起的批量收款业务，如收款人委托其开户银行收取水、电、煤气等公用事业费用。它的特点是单个收款人向多个付款人同时发起收款指令。

（5）实时贷记业务：付款人委托其开户银行发起的，将确定款项实时划拨到指定收款人账户的业务，主要包括跨行个人储蓄通存、国库实时缴税等业务。

（6）实时借记业务：收款人委托其开户银行发起的，从指定付款人账户实时扣收确定款项的业务，主要包括跨行个人储蓄通兑、国库实时扣税等业务。

### 3.6.3 系统的运行

小额支付系统实行 7×24 小时连续运行，能支撑多种支付工具的使用，满足社会多样化的支付清算需求，成为银行业金融机构跨行支付清算和业务创新的安全高效的平台。

小额支付系统支付指令批量发送，实时双边轧差，定时净额清算资金。

人民银行的《小额支付系统业务处理办法》第十一条规定："小额支付系统处理的支付业务一经轧差即具有支付最终性，不可撤销"。银行业金融机构收到已轧差的贷记支付业务信息或已轧差的借记支付业务回执信息时应当贷记确定收款人账户。

小额支付系统的基本业务流程如图 3.7 所示。

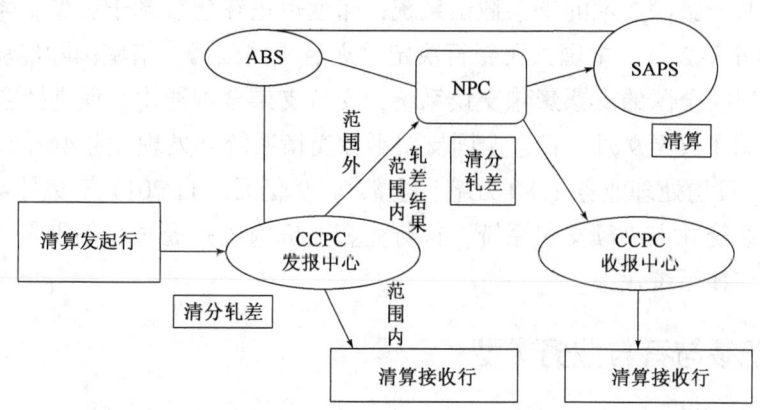

图 3.7 小额支付系统业务流程

### 3.6.4 资金结算

小额支付系统和大额支付系统共享清算账户清算资金。同城和异地业务轧差净额应在每场清算时点发送国家处理中心进行资金清算。异地业务日间轧差净额提交清算的场次和时间由国家处理中心根据中国人民银行业务管理部门的规定设置；同城业务日间轧差净额提交清算的场次和时间由城市处理中心根据中国人民银行当地分支行业务管理部门的规定设置。

在实际进行银行清算之前，小额支付系统采取以中国人民银行为中央对手，对直接参与者设置净借记限额实施风险控制。所谓净借记限额，是指小额支付系统为开立清算账户的直接参与者设定的、对其发生支付业务的净借记差额进行控制的最高额度，由授信额度、质押品价值和圈存资金组成。直接参与者以及所属间接参与者发起的贷记支付业务和借记支付业务回执只能在净借记限额内支付。

小额支付系统对未通过净借记限额检查的普通贷记、定期贷记、普通借记回执、定期借记回执业务作排队等待轧差处理；未通过净借记限额检查的实时贷记回执、实时借记回执业务作拒绝处理。

## 3.7　全国支票影像交换系统

### 3.7.1　概述

从国外支票业务发展现状看，世界上多数国家支票是全国流通使用的。美国的支票甚至可以全球流通。随着计算机技术和网络通信的发展，利用影像技术实现实物支票截留已成为支票清算的发展趋势。目前，美国、法国、德国、新加坡和中国香港等国家和地区均已建立基于影像技术的支票截留系统；印度也正在建设基于影像技术的全国支票截留系统。2006年2月，中国人民银行决定，立足我国国情，借鉴国际经验，建设基于影像技术的、覆盖全国的支票影像交换系统，支持支票全国通用，促进社会经济发展。

2017年1月1日至9月3日，全国支票影像交换系统共处理业务443.50万笔，金额2456.87亿元。日均处理业务1.80万笔，金额9.99亿元。自2017年9月4日起，全国支票影像交换系统并入小额支付系统，银行业金融机构统一通过小额批量支付系统处理全国支票影像交换系统业务。

### 3.7.2　系统参与者与业务类型

全国支票影像交换系统参与者包括办理支票结算业务的银行业金融机构和票据交换所。系统处理银行业金融机构跨行和行内支票影像信息交换，其资金清算与小额支付系统共享清算账户资金。

### 3.7.3　系统的运行

影像交换系统的基本结构如图3.8所示。

影像交换系统实行7×24小时运行。中国人民银行可以根据管理需要调整系统的运行时间。影像交换系统处理的全国业务，其信息较常见的是自提出行提交，经票据交换所、提出行所属分中心、总中心、提入行所属分中心，至提入行止。

在全国支票影像交换系统的运行下，支票的业务处理分为以下三个阶段：

第一阶段是纸基票据流，即实物支票经过出票、转让和提示付款等环节流通到收款行或票据交换所，完成实物支票的截留和影像采集；

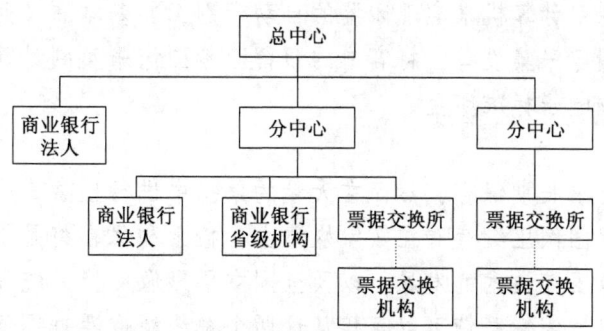

图 3.8 全国支票影像交换系统结构图

第二阶段是影像信息交换,即将采集的支票影像业务信息通过影像交换系统传递给出票人开户行提示付款;

第三阶段是业务回执处理(资金清算),即出票人开户行收到支票影像信息审核无误后,全额通过小额支付系统返回业务回执和完成资金清算。

### 3.7.4 资金结算

中国人民银行规定,提出行应按规定格式制作支票影像信息,在受理支票的当日至迟下一个法定工作日上午 10:00 提交影像交换系统。提出行应保证支票影像信息与原实物支票的记载内容相符。票据交换所通过影像交换系统接收的支票影像信息,应在当日至迟下一法定工作日提入行参加的第一场票据交换提交提入行。提入行应在规定时间($T+N$ 日)内通过小额支付系统返回支票业务回执。

提出行收到小额支付系统发送的支票业务回执后,对出票人开户银行同意付款的,应立即贷记持票人账户;对出票人开户银行拒绝付款的,作退票处理。

出票人应在银行账户内备足资金,确保支票足额支付。中国人民银行业务管理部门通过影像交换系统对出票人违规签发支票情况实施统计监控。

出票人签发空头支票、签发与其预留签章不符的支票或签发支付密码错误支票的,中国人民银行将按有关法律规章给予行政处罚,并纳入"黑名单"管理。对纳入"黑名单"的出票人,中国人民银行应记录出票人信息并在一定范围内进行披露;情节严重的,人民银行有权要求有关银行业金融机构停止办理其支票结算业务或全部支付结算业务。

【拓展阅读】

## 全国支票影像交换系统的关键技术

**1. 电子验印**

为了弥补人工折角核对的不足,出现了基于模式识别和图像处理技术的电子验印技术。电子验印就是利用计算机来实现印鉴的自动识别，其基本原理是：通过摄像机、数码相机或扫描仪等图像采集设备，将客户的预留印鉴图像采集到计算机里面，经过特定的图像处理算法形成电子标准印鉴。

**2. 票据微缩**

银行的票据被要求长期保存，然而在大量的票据中进行检索是非常困难的。利用图像压缩技术，将票据图像压缩存储在数字媒体上，检索和保存将是十分方便的。随着大容量硬盘技术和图像压缩技术的发展，以及全国支票影像交换系统和提入行自身的电子验印系统的推广，票据缩微系统可以直接从这两个系统获取票据图像，这样就省去了很多环节。

**3. 票据图像的采集**

将票据图像采集入计算机，大致有以下途径：摄像机、数码相机、平板扫描仪、高速扫描仪和票据清分机等。

**4. 票据要素识别**

票据要素包含金额、账号、票号、日期等，这些要素有些是印刷体有些是手写体。因此，用模式识别的方法自动地识别票据要素是关键技术之一。

**5. 票据涂改识别**

人的肉眼分辨率有限，一些蛛丝马迹难以察觉。计算机可以根据纹理、笔画和前后关系等信息，智能地判断票据是否被涂改。

**6. 手写签字的计算机辅助识别**

在现行的技术手段下，全自动地识别手写签字还是很困难的，但是计算机还是可以做一些辅助工作，如手写签字的存储、网络传递、显示和关键笔画的特征提取等。

**7. 支付密码**

提入行可以采用印鉴核验方式或支付密码核验方式对支票影像信息进行付款确认。

**8. 数字签名**

人民银行规定，支票影像及其捆绑信息，必须经过数字签名，以确保信息的完整性、安全性和不可抵赖性。数字签名是公开密钥体系 PKI 的一个典型应用。

# 3.8 电子商业汇票系统

## 3.8.1 概述

电子商业汇票系统（ECDS）是由中国人民银行批准建立的，依托网络和计算机技术，接收、登记、转发电子商业汇票数据电文，并提供与之相关服务的综合性业务处理平台。它于 2009 年 10 月 28 日投产，由人民银行清算总中心运营。

伴随着以建设全国统一的票据市场、促进票据行业改革发展为目标的上海票据交易所的成立，ECDS系统运营相关的全部权利义务也相应转移至上海票据交易所。ECDS与中国票据交易系统一起组成完整的票据电子化交易系统，推动我国票据市场完成电子化交易转型升级，为票据市场迎来新的篇章。

### 3.8.2 系统参与者与业务类型

电子商业汇票系统的系统参与者（以下简称系统参与者）是指具有大额支付系统行号，直接接入并通过电子商业汇票系统处理电子商业汇票业务的银行业金融机构、财务公司（以下统称金融机构）。

电子商业汇票的出票、承兑、背书、保证、提示付款和追索等业务，必须通过电子商业汇票系统办理。电子商业汇票系统支持电子商业汇票票据托管业务、信息接收和存储业务、信息发送业务、信息更新业务、电子商业汇票票款对付业务和信息服务业务。

### 3.8.3 系统的运行

电子商业汇票系统运行时间由上海票据交易所统一规定。电子商业汇票系统应实时接收、处理电子商业汇票信息，并向相关票据当事人的接入机构实时发送；接入机构应实时接收、处理电子商业汇票信息，并向相关票据当事人实时发送。

电子商业汇票系统的基本结构如图3.9所示。

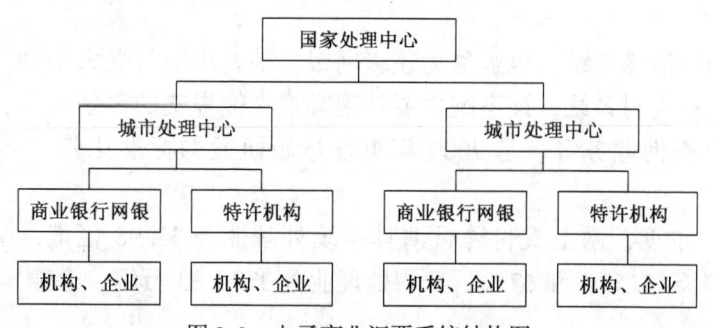

图3.9 电子商业汇票系统结构图

电子商业汇票系统应实时接收、处理电子商业汇票信息，并向相关票据当事人的接入机构实时发送该信息；接入机构应实时接收、处理电子商业汇票信息，并向相关票据当事人实时发送该信息。

### 3.8.4 资金结算

持票人应在提示付款期内向承兑人提示付款。提示付款期自票据到期日起10日，最后一日遇法定休假日、大额支付系统非营业日、电子商业汇票系统非营业日顺延。

持票人在提示付款期内提示付款的，承兑人应在收到提示付款请求的当日至迟次日（遇法定休假日、大额支付系统非营业日、电子商业汇票系统非营业日顺延）付款或拒绝付款。

持票人超过提示付款期提示付款的，接入机构不得拒绝受理。持票人在作出合理说明后，承兑人仍应当承担付款责任，并在上款规定的期限内付款或拒绝付款。

提示付款可以选择线上清算方式或线下清算方式。线上清算是指在承兑人同意付款后，电子商业汇票系统向大额支付系统发送即时转账报文，资金通过大额支付系统清算。

承兑人应及时足额支付电子商业汇票票款。承兑人故意压票、拖延支付，影响持票人资金使用的，按中国人民银行规定的同档次流动资金贷款利率计付赔偿金。

电子银行承兑汇票的出票人于票据到期日未能足额交存票款时，承兑人除向持票人无条件付款外，对出票人尚未支付的汇票金额转入逾期贷款处理，并按照每天万分之五计收罚息。

电子商业汇票相关各方影响电子商业汇票业务处理或造成其他票据当事人资金损失的（如接入银行因清算资金不足导致电子商业汇票资金清算失败），应承担相应赔偿责任。中国人民银行有权视情节轻重对其处以警告或 3 万元以下罚款。

## 3.9 网上支付跨行清算系统

### 3.9.1 概述

网上支付跨行清算系统，也被称为超级网银，是人民银行继大小额支付系统后建设的又一人民币跨行支付系统，该系统主要处理客户在线提交的零售业务，包括支付业务和跨行账户信息查询业务等。是 2009 年央行最新研发的标准化跨银行网上金融服务产品。

2020 年第一季度，网上支付跨行清算系统处理业务 33.98 亿笔，金额 40.17 万亿元，同比分别增长 13.50% 和 67%；日均处理业务 3734.33 万笔，金额 4414.53 亿元。

### 3.9.2 系统参与者与业务类型

网上支付跨行清算系统的参与者分为直接接入银行机构、直接接入非金融机构和代理接入银行机构。

直接接入银行机构，指与网上支付跨行清算系统连接并在中国人民银行开设清算账户，直接通过网上支付跨行清算系统办理业务的银行业金融机构。

直接接入非金融机构，指与网上支付跨行清算系统连接，直接通过网上支付跨行清算系统办理业务的非金融支付服务机构。

代理接入银行机构，指委托直接接入银行机构通过网上支付跨行清算系统代为收发业务和清算资金的银行机构。

网上支付跨行清算系统处理规定金额以下的网上支付业务和账户信息查询业务，具体包括：

(1) 网银贷记业务；
(2) 网银借记业务；
(3) 第三方贷记业务；
(4) 中国人民银行规定的其他支付业务，如签约/解约、账户信息查询。

视频3.1 网上支付跨行清算系统的典型流程

网上支付跨行清算系统的典型流程见视频3.1。

### 3.9.3 系统的运行

网上支付跨行清算系统实行7×24小时不间断运行。网上支付跨行清算系统的系统工作日为自然日，其资金清算时间为清算账户管理系统的工作时间。中国人民银行可根据管理需要调整系统的运行时间和资金清算时间。

网上支付跨行清算系统的基本结构如图3.10所示。

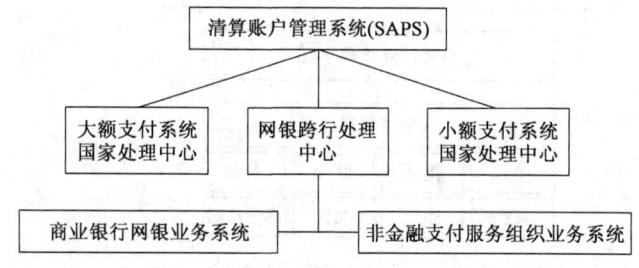

图3.10 网上支付跨行清算系统结构图

图3.10中涉及的网银跨行处理中心，是指负责在参与者之间转发业务信息，并对支付类业务进行轧差处理的系统节点。

网上支付跨行清算系统逐笔实时处理支付业务，轧差净额清算资金。网上支付跨行清算系统处理的支付业务一经轧差即具有支付最终性，不可撤销。

### 3.9.4 资金结算

网上支付跨行清算系统和大额支付系统、小额支付系统共享清算账户资金。

网上支付跨行清算系统处理的支付业务遵循"实时入账、定时清算"的原则。收款行收到支付业务已轧差通知后应实时贷记指定收款人账户，网上支付跨行清算系统定时完成付款清算行和收款清算行的资金清算。

网上支付跨行清算系统通过对直接接入银行机构分别设置净借记限额，实施风险控制。直接接入银行机构发起的支付业务只能在其净借记限额内支付。网上支付跨行清算系统和小额支付系统共享同一净借记限额。

网上支付跨行清算系统轧差净额应在每场清算时点发送清算账户管理系统进行资金清算，清算账户管理系统收到网上支付跨行清算系统轧差净额后立即进行清算处理。已提交清算账户管理系统的网上支付跨行清算系统轧差净额必须在当日足额清算,不得撤销或退回。

## 3.10 我国其他主要支付系统

### 3.10.1 境内外币支付系统

境内外币支付系统于 2008 年 4 月 28 日投产,是我国境内商业银行间外币支付的主要渠道,其系统结构如图 3.11 所示。

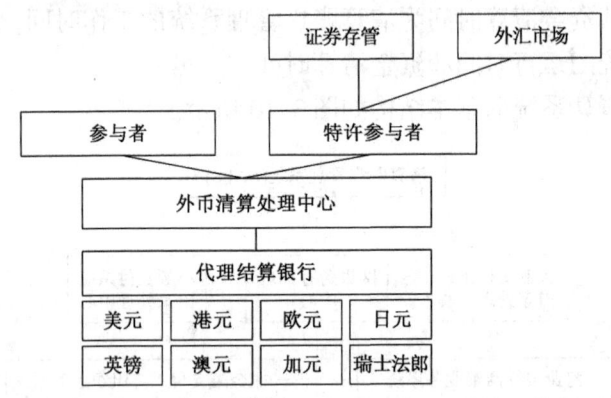

图 3.11 境内外币支付系统结构图

境内外币支付系统由中国人民银行牵头建设,由清算总中心集中运营,由直接参与机构等单一法人集中接入,采用"Y"型信息流结构,由外币清算处理中心负责对支付指令进行接收、清分和转发,由代理结算银行负责对支付指令进行结算。

外币清算处理中心主要功能包括外币支付报文收发,圈存资金和授信额度管理,对外币支付进行逐笔实时全额清算,对可用额度不足的外币支付进行排队管理,对清算排队业务进行撮合,管理清算窗口,分币种分场次向代理结算银行提交清算结果。

代理结算银行由人民银行指定或授权的商业银行担任,资格实行期限管理,3 年一届。首届代理结算银行及承担结算币种如下:

(1) 中国工商银行:欧元(EUR)、日元(JPY);
(2) 中国银行:美元(USD);
(3) 中国建设银行:港币(HKD);
(4) 上海浦东发展银行:澳大利亚元(AUD)、加拿大元(CAD)、瑞士法郎(CHF)、英镑(GBP)。

### 3.10.2 人民币跨境支付系统

随着中国成为第一贸易大国和国家推出"一带一路"倡议,跨境人民币业务规模不断扩大,加上中国稳健的货币政策,越来越多的国家将人民币作为储备货币,人民币也一举成为中国第二大跨境支付货币和全球第四大支付货币。

为满足人民币跨境使用的需求,进一步整合现有人民币跨境支付结算渠道和资源,提高人民币跨境支付结算效率,2012年年初,人民银行决定组建人民币跨境支付系统(cross-border interbank payment system,CIPS),满足全球各主要时区人民币业务发展的需要。CIPS分两期建设:一期主要采用实时全额结算方式,为跨境贸易、跨境投融资和其他跨境人民币业务提供清算、结算服务;二期将采用更为节约流动性的混合结算方式,提高人民币跨境和离岸资金的清算、结算效率。

2018年3月26日,人民币跨境支付系统(CIPS)二期投产试运行,10家中外资银行同步试点上线,进一步提高人民币跨境资金的清算、结算效率。

2018年5月2日,人民币跨境支付系统(二期)全面投产,系统运行时间将实现对全球各时区金融市场的全覆盖,满足广大用户的人民币业务需求。

CIPS(二期)在功能特点上进行了改进和完善:

(1) 运行时间由 $5\times12$ 小时延长至 $5\times24$ 小时 $+4$ 小时,系统在法定工作日全天候运行,分为日间场次和夜间场次处理业务,实现了对全球各时区金融市场的全覆盖。

(2) 在实时全额结算模式的基础上引入定时净额结算机制,满足参与者的差异化需求,便利跨境电子商务。

(3) 业务模式设计既符合国际标准,又兼顾可推广可拓展要求,支持多种金融市场业务的资金结算。

(4) 丰富参与者类型,引入金融市场基础设施类直接参与者。

(5) 系统功能支持境外直接参与者扩容,为引入更多符合条件的境外机构做好准备。

(6) 建成CIPS系统备份系统。实现主系统向备份系统的实时数据复制,提高了CIPS业务连续运行能力。

截至2020年5月底,CIPS共有33家境内外直接参与者,936家境内外间接参与者。2020年第一季度,人民币跨境支付系统处理业务44.40万笔,金额9.58万亿元,同比分别增长14.51%和25.68%;日均处理业务7525.76笔,金额1623.33亿元。

目前,CIPS为其参与者的跨境人民币支付业务等提供资金清算结算服务。跨境人民币支付业务包括人民币跨境贸易结算、跨境资本项目结算、跨境金融机构与个人汇款支付结算等。

CIPS的基本架构如图3.12所示:

中国人民银行为CIPS在大额实时支付系统开立清算账户,反映所有CIPS直接参与者的共同权益。账户内资金属于所有CIPS直接参与者,依据直接参与者在CIPS中的账户余额享有权益,场终(日终)余额为零。

同时,CIPS支持混合结算模式满足不同支付业务的结算需要。CIPS对直接参与者逐笔发起的支付业务进行实时全额结算,对直接参与者批量发起的支付业务进行定时净

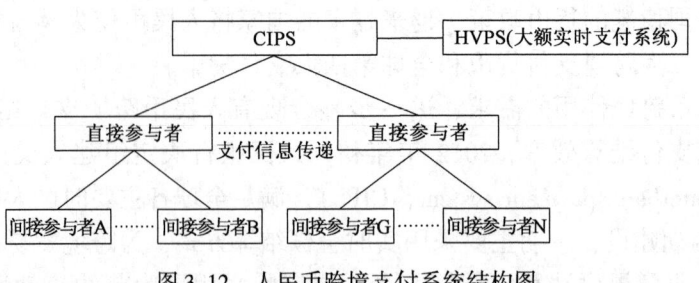

图 3.12 人民币跨境支付系统结构图

额结算。运营机构可以根据业务需要调整定时净额结算的轧差场次和时间,当日调整当日生效。CIPS 定时净额结算的支付业务,一经轧差不得撤销。

CIPS 的基本运营流程,可参考表 3.4。

表 3.4 CIPS 日间场次的基本运营流程表

| 时间 | 所属阶段 | 任务概述 |
| --- | --- | --- |
| 08:30—09:00 | 营业准备 | 注资 |
| 09:00—19:30 | 日间处理 | 业务处理和调增调减 |
| 19:30—20:00 | | 业务处理和调减 |
| 20:00 | 业务截止 | 停止接收支付业务 |
| 20:00—20:30 | 日终处理 | 清零 |
| 20:30—21:00 | | 对账 |
| 21:00—9:00（T+1） | 营业准备 | 切换工作日 |

【拓展阅读】

## 跨境美元支付体系

当前的跨境美元支付主要涉及三个系统:SWIFT、CHIPS 与 Fedwire。下面,对这三个系统做一个简要的介绍。

SWIFT:环球同业银行金融电讯协会（society for worldwide interbank financial telecommunications）,是一个国际银行间非营利的国际合作组织。1973 年 5 月,来自美国、加拿大和欧洲的 15 个国家的 239 家银行宣布正式成立 SWIFT,其总部设在比利时的布鲁塞尔。中国银行于 1983 年加入 SWIFT,是 SWIFT 的第 1034 家成员行。通过 SWIFT 系统,可以在全球范围内把原本互不往来的金融机构全部串联起来交换信息。成员行接收到这种信息后,将其传送到相应的资金调拨系统或清算系统内,再由后者进行各种必要的资金转账处理。

CHIPS（clearing house interbank payment system）是"纽约清算所银行同业支付系统"的简称,是由纽约清算所协会（NYCHA）经营管理的清算所同业支付系统,它是全球最大的私营支付清算系统。CHIPS 是世界性的资金调拨系统，同时 CHIPS 还是欧洲美元供应者进行交易的通道，目前全球 95% 以上的美元清算时通过该系统完成的。CHIPS 是一个净额多边清算的大额贷记支付系统，每天只有一次日终结算，其最终的结算是通过 Fedwire 中储备金账户的资金转账来完成的。CHIPS 规定在一天清算结束时，若有一家或多家银行出现清偿问题，且这些银行找不到为其代理的清算银行，则被视为倒闭，这时，其造成的损失由其余各成员行共同承担，以确保一天清算的完成。这些风险控制措施，不仅控制了成员行的风险，而且也控制了整个系统的信用风险。因此，可以说 CHIPS 为国际美元交易提供了安全、可靠、高效的支付系统。

Fedwire 即美国联邦储备清算系统，最早建于 1918 年，是美国境内第一个支付与清算系统，它为在美国境内、纽约市区外的银行进行美元清算，由国家中央银行建立信息传输和支付的系统，同民间的 CHIPS 一起构成美元清算两大支柱。Fedwire 由资金转移系统和簿记证券系统两部分组成，资金结算和证券交易可以同步进行，具有极高的处理效率和运行效率。Fedwire 不仅提供大额资金支付功能，还具有清算功能。主要处理大额资金的转账，即将储备金账户余额从一个金融机构划拨到另一个金融机构的户头上。还支持处理美国政府和联邦机构的各种证券交易（SecuritiesTransfer）、票据处理、证券簿记等功能。

## 区块链支付系统：基于区块链技术的跨境支付新模式

对于贸易融资应用，区块链技术的关键能力是智能合约。这些是存储在分布式分类账中的小型自执行程序（智能合约），可在满足特定条件时自动执行付款或其他操作。例如，当公司验证其已收到货物装运时，合同可能触发自动付款处理，从而加速交易并降低支付处理服务错误的可能性。

区块链技术是一种典型的去中心化模型。每个电脑主机都是一个节点，而且它们之间都是平等的，系统中各个节点可以直接交互，没有中心节点的概念。同时，任意两个节点的交易信息都向全网加密，所有节点都以加密区块存储方式，按时间序列单独记录，进而形成一种全新的去中心化模式，因此，A 汇钱给 B 的信息流的传递过程即是 A 向 B 资金转移结算的过程，并且 A 和 B 通过各自的数字签名来证明身份，不需要第三方信任背书直接实现点对点的电子现金支付。

目前许多举措都侧重于应用区块链来加速和降低贸易融资的成本，有些人认为这些成本已经趋向于成熟，因为它目前经常涉及手续费昂贵，消耗时间长，而且很多支付方式还在基于纸币的流程进行消费。

跨境支付主要有银行电汇、第三方支付和提现三种主要方式，但是均存在手续费高、流程烦琐、结算周期长、占用资金大等缺点。区块链因其安全、透明及不可篡改的特性，金融体系间的信任模式将不再依赖中介者。在跨境支付和结算中，区块链可以摒弃中转银行的角色。

一是高效率性，去传统中心转发架构后支付时间由分钟缩减至秒级；

二是高可用性，分布式架构任一个节点出故障不影响整个系统的运作；

三是高安全性，处于一个私有链封闭的网络环境中报文难篡改、难伪造；

四是高扩展性，新的参与者可以快速便捷地部署和加入至系统中。

区块链技术有望通过使用加密的分布式分类账来促进快速，安全，低成本的国际支付处理服务（和其他交易），这些分类账提供可靠的交易实时验证，而无需代理银行和清算所等中介机构。

# 习　题

**1. 填空题。**

（1）支付系统根据结算方式可以分为（　　　　）和（　　　　）。

（2）商业银行的每一家主要分支机构要在当地人民银行分支机构开设三种账户：（　　　　）、（　　　　）和（　　　　）。

（3）工商银行、农业银行、中国银行、建设银行等商业银行用于处理行内不同分支机构之间的支付业务的系统是（　　　　　　　）。

（4）大额实时支付系统对支付业务的处理流程可概括为（　　　　）支付指令，（　　　　）清算资金。

（5）境内外币支付系统的代理结算银行由（　　　　　　　）担任，资格实行期限管理。

（6）中国现代化支付系统的子系统中，处理支付业务笔数少但金额极大的子系统是（　　　　　　　）。

**2. 选择题。**

（1）我国支付清算体系的核心是（　　）。

　　A. 中国现代化支付系统　　　　　B. 商业银行行内系统

　　C. 票据交换系统　　　　　　　　D. 全国支票影像交换系统

（2）大额支付系统设置清算窗口时间，用于清算账户寸头不足的直接参与者（　　）。

　　A. 撤销业务　　　　　　　　　　B. 继续办理业务

　　C. 筹措资金　　　　　　　　　　D. 日终处理

（3）提出行应按规定格式制作支票影像信息，在（　　）提交影像交换系统。

　　A. 受理支票的当日

　　B. 受理支票的当日至迟下一个法定工作日上午 10：00

　　C. 下一个法定工作日

　　D. 三个工作日内

(4) 下列（　　）业务不可以通过大额支付系统处理。

  A. 规定金额以上的跨行贷记支付业务

  B. 跨行借记业务

  C. 特许参与者发起的即时转账业务

  D. 人民银行会计营业部门内部转账业务

(5) 主要处理客户在线提交的零售业务，包括支付业务和跨行账户信息查询业务等的系统是（　　）。

  A. 网上支付跨行清算系统　　　　B. 电子商业汇票系统

  C. 商业银行商银系统　　　　　　D. 小额支付系统

**3. 判断题。**

(1) 每个城市都有且只有一家同城票据交换所。（　　）

(2) 小额支付系统处理的支付业务一经轧差即具有支付最终性，不可撤销。（　　）

(3) 直接参与者和特许参与者经批准参与大额支付系统的，中国人民银行当地分支行应将其信息发送国家处理中心，利用清算账户进行资金结算。（　　）

(4) 跨境人民币支付业务包括人民币跨境贸易结算、跨境资本项目结算、跨境金融机构与个人汇款支付结算等。（　　）

(5) 全国支票影像交换系统参与者包括办理支票结算业务的个人和企事业单位。（　　）

(6) 电子商业汇票系统（ECDS）由人民银行清算总中心运营。（　　）

**4. 思考题。**

(1) 结合生活实际，分析不同场景下的支付行为背后所对应的支付清算系统。

(2) 分析网上支付跨行清算系统对于我国网络支付行业发展的影响。

(3) 分析大小额支付系统的服务对象与系统定位。

(4) 小额支付系统处理的支付业务有哪些？

(5) 思考人民币跨境支付系统推出的意义。

# 第4章
# 银行卡的运作与管理

## 4.1 银行卡的产生与发展

### 4.1.1 银行卡的早期形式

1851年,艾萨克·梅里特·胜家(Isaac Merritt Singer)和爱德华·克拉克(Edward Clark)相遇。当时,胜家刚刚和合伙人一起制造出第一款实用的缝纫机,各项性能都超出了以前的机器。配合着辛格日益精湛的技术,克拉克也推出了一项具有吸引力的商业拓展措施,即1856年,克拉克提出的"分期付款"的消费信贷业务概念。消费者首付5美元就能得到机器,其后每月支付3美元,用16个月付清机器款和贷款利息。

"分期付款"这一革命性的销售方式,令胜家缝纫机销售量迅猛上涨,竞争对手遭受很大的打击。同时,更为处于萌芽阶段的家用电器业和随后发展的汽车行业效仿,对其后的消费市场产生深远影响,对美国经济腾飞起到了至关重要的作用。

进入20世纪初,在第一次世界大战之前,支付卡就在美国悄然出现,特别是在旅馆、石油公司、百货公司等行业。

1910年,西尔斯百货公司为了满足客户的需求,开始向有偿付能力的客户提供消费信用额度。十年后的20年代,一些大型零售商开始发行商户卡,建立签单账户,允许持卡人按月分期支付账单。

1928年,有些百货公司发行了凸印客户信息的"签单金属牌",石油公司发行了用于加油的"优惠卡"。到了30年代,大多数耐用品零售商都开始采用了赊购的方式销售产品。这就是世界上较早的信用卡的萌芽。

这一时期,商业信用卡集中在商品销售方面。信用关系是商品销售者与商品消费者之间的直接商业信用。

### 4.1.2 现代信用卡的萌芽

1950年春天,麦克纳马拉与他的合伙人施奈德合伙投资一万元,在纽约注册成立了第一家信用卡公司——大莱俱乐部(Diners Club International),后改组为大莱信用卡公司。

大莱俱乐部实行会员制,向会员提供一种能够证明身份和支付能力的卡片。最初他们与纽约市的 14 家餐馆签订了受理协议,并向一批特定的人群发放了"大莱卡"。会员凭卡可以在餐馆实行记账消费,再由大莱公司做支付中介,延时为消费双方之间进行账务清算。信用卡由此诞生。

1950 年,大莱信用卡发行后,很快银行也对信用卡业务开始关注。

关于谁是第一家发行信用卡的银行,有些史料提及了纽约的弗拉特布什国民银行。但是更多史料将这一荣誉授予了美国富兰克林国民银行(Franklin National Bank)。它于 1952 年正式发行了带有信用卡意义的银行卡。

当时,这类信用卡由银行赠给那些有实力的潜在客户,发卡前银行也不对这些客户进行信用审查。同时,银行还与商户签订协议接受其信用卡。当进行交易时,持卡人向商户出示信用卡,商户将信用卡上的信息复印在销货单上。

银行则按售货单的交易额减去折扣额后的实际金额直接贷记在商户在富兰克林银行开立的账户。如果交易金额超过对特约商户规定的授权额,商户就需致电银行要求授权。后来的信用卡发展也一直承袭着这个模式。

富兰克林国民银行发行信用卡的七年后,美国当时最大的银行——美洲银行(现中文更名为"美国银行"),经过数年的研究和筹备推出了信用卡。这个时间甚至比美国运通信用卡早了几个月。

美洲银行在仔细研究了以往各家银行发行银行卡的失败教训和 Diners Club 的经验之后,设计出具有滚动信贷性能的信用卡方案。持有这种信用卡的人,不仅可以像持有 Diners Club 那样付账,而且可以在月底收到账单时不必全部付清。余额滚入下个月,银行则开始在余额上收取利息。这就是今天说的"循环信贷",它是信用卡的主要盈利点。

美洲银行信用卡的诞生,奠定了银行信用卡不同于以大来卡、运通卡为代表的商业信用卡的商业模式:信用卡循环信用利息的收入,与商户刷卡手续费和持卡人年费并列于信用卡业务的主要收入,如图 4.1 所示。直到今天,商户刷卡手续费、持卡人年费和循环信用利息依然是信用卡业务的主要收入来源。

图 4.1　美国银行卡

美洲银行信用卡的发行，带动了美国银行业对信用卡业务的青睐，之后的大通曼哈顿银行、花旗银行都逐渐成为美国信用卡市场的大鳄，推动了美国的信用卡产业化发展。信用卡快速发展的原因可以总结为以下几点：

(1) 银行更了解持卡人的经济实力和货币收支情况，能更好地进行风险管理；

(2) 银行卡的信用程度较高，使用范围较广，功能多元化；

(3) 银行信用卡的延期支付、循环信贷的功能冲击支票，成为最方便的小额支付工具；

(4) 银行卡成为银行利润增长的支撑点。

## 4.2 银行卡组织

美洲银行出于美国对银行业跨州经营的管制等原因无法与三大信用卡展开竞争，在发行信用卡7年后，采取了在今天看来都是超前意识的做法——"特许授权"制。1966年，美洲银行开始授权许可美国其他银行经营美国银行卡业务，并使用"美国银行卡"品牌发行信用卡。这样，美国银行卡的签约商户不仅遍布全国，而且所有"美国银行卡"的持卡人可以在这些签约商户内使用。美洲银行不向持卡人收取年费，而是向被特许银行收取交易额一定比例的特许费和一次性的加盟费。

这种特许经营方式，不仅在美国，也在加拿大、日本、意大利等国家一并推行，这为后来信用卡业务在全球的普及打下了基础。到了1970年，美国银行卡约有2700万持卡人和60万特约商户。看起来发展非常不错，但是由于它的"对手"已经出现，这种特许经营模式下的银行也在采用"双轨制"，对这种模式产生了影响。为了改善这种局面，1970年，美洲银行同意将特许体制转换为会员所有制机构——美国银行卡全国联盟（National Bank Americard, Inc., NBI）。联盟共有243家发起银行，包括美洲银行、第一芝加哥银行等。从这个时候开始，信用卡市场有了飞速的发展。这种特许经营模式开始了从封闭走向开放和联合的局面。1974年，国际信用卡服务公司（International Bankcard Company）成立；而仅过了两年的1976年，国际信用卡服务公司就更名为维萨国际服务联盟（Visa International Services Association），美国银行卡全国联盟更名为维萨全美联盟（Visa USA）。VISA品牌从此步入信用卡市场。

发展至今，为支撑银行卡跨地域、跨机构的交易，多家发卡机构联合起来，组成多个信用卡发卡联合组织。常见的有以下几个组织：

(1) VISA（维萨），VISA卡于1976年开始发行，它的前身是由美洲银行所发行的Bank Americard。VISA国际组织是一个由全球两万一千多家金融机构会员所组成的非股份、非营利性国际银行卡组织。根据2014年年报，VISA已经发行了23亿张VISA品牌银行卡。VISA全球电子支付网络——VISANet是世界上覆盖面最广、功能最强和最先进的银行卡授权系统。

(2)万事达（Master Card）。1966年8月16日，美国加利福尼亚州的四家银行设立了银行间卡协会（interbank card association，ICA）。1970年，ICA正式使用"Master-Charge"的名称与标志并于1980年更名为"MasterCard"。ICA逐渐发展成为一家国际性卡组织。拥有MasterCard、Maestro、Mondex、Cirrus等品牌商标。万事达国际组织共有超过两万五千个会员，世界上大多数的发行银行卡的商业银行都是其会员。我国四大国有商业银行均为其会员。

(3)JCB（Japanese Credit Bureau）公司是日本最大的信用卡公司，也是世界通用的国际信用卡组织。JCB卡是日本三和银行、日本信贩银行、三井银行、协和银行、大和银行在1961年联合发行的信用卡。从1981年开始，JCB以开创世界通用的JCB信用卡为目标，成立了JCB国际信用卡公司，作为国际信用卡品牌开始了海外业务拓展。卡号16位。

(4)美国运通公司（American Express）是国际上最大的旅游服务及综合性财务、金融投资及信息处理的环球公司，在信用卡、旅行支票、旅游、财务计划及国际银行业占领先地位。卡号15位。

视频4.1 第三方的魅力与规模效益

(5)大莱信用卡公司（Diners Club international）是世界最大的信用卡公司之一。卡号14位。

从信用卡与银行卡组织的发展历史中不难看出，银行卡行业今天的许多重要特点，都是在特定的历史条件下，由人们发挥想象力所创造出来的。而那些充满创造力且有效的策略值得我们深入思考。其中，所体现出的第三方的魅力与规模效益见视频4.1。

## 4.3 中国银行卡业务的产生与发展

中国信用卡的起源和最负盛名的"广交会"有着历史渊源。中国进出口商品交易会（简称"广交会"）创办于1957年春季，每年春秋两季在广州举办，迄今已有五十余年历史，是中国目前历史最长、层次最高、规模最大、商品种类最全、到会的世界客商最多、成交效果最好的综合性国际贸易盛会。

正是由于大量的国外客商云集广州，国外信用卡无法在国内支付成了亟须解决的大问题。这也为刚刚走出几十年政治和经济阴影的中国银行业带来了机遇。在新的金融体制尚未完成的时候，1979年10月，中国银行广东省分行便与香港东亚银行签订代理东美信用卡业务协议书，开始办理信用卡业务。从这时起，信用卡走上了中国金融业的历史舞台。

1985年，中国银行广东珠海分行发行国内首张自助银行信用卡的"中银卡"，如图4.2所示。结合中国国情，对国外的信用卡进行了改进：需要缴纳保证金或提供担保人，使用时先存款后消费，可以在发卡行核定的额度内进行小额透支。

随着中国银行的信用卡业务逐渐开展，其他几家国有银行也在之后几年陆续开始发行信用卡。1987年，工商银行广州分行发行"红棉卡"，1989年发行"牡丹卡"；1990

年,建设银行发行万事达信用卡;1991年,农业银行发行"金穗卡";1993年,交通银行发行"太平洋卡"。至此,当时的五家国有银行全部发行了信用卡。但是根据当时国家的规定,银行不允许贷款给个人,也没有个人信用制度。因此,此时发行的人民币信用卡均需要用户先存钱再刷卡后,再提供一部分透支金额,后来业界将此卡命名为"准贷记卡"。

图4.2 中银卡

　　经过十多年的发展,中国信用卡市场日趋成熟,但是由于对信用卡的发展前景多有顾虑,同时受到国民经济发展、信用卡受理环境、信用制度建设等一系列问题的束缚,各行信用卡业务处于缓慢发展的过程。1995年,广东发展银行率先发行了符合信用卡标准的人民币信用卡;1996年,中国人民银行正式颁布了《信用卡业务管理办法》,对信用卡业务首次进行了全面的规范,这成为那个时期整个产业少有的亮点。

　　1993年6月国务院启动了以发展我国电子货币为目的、以电子货币应用为重点的各类卡基应用系统工程,即"金卡工程"。金卡工程广义是金融电子化工程,狭义上是电子货币工程。它是我国的一项跨系统、跨地区、跨世纪的社会系统工程。它以计算机、通信等现代科技为基础,以银行卡等为介质,通过计算机网络系统,以电子信息转账形式实现货币流通。"金卡工程"促进金融业的改革,拉开了中国信息化建设的序幕。

　　金卡工程启动后,先后确定了18个省市进行试点,分别建成了18个城市银行卡中心,并逐步实现了这18个城市内银行卡的同城跨行通用。1998年,实现了18个城市银行卡跨行异地交换。2000年年底,逐步实现了信息交换总中心与各城市中心以及各商业银行总行之间的联网。至此,我国银行卡跨行交易网络框架初步形成,为之后中国银联的成立打下坚实的物质基础。

　　2002年3月,在中国人民银行推动下,中国80多家金融机构出资共同发起设立了中国第一家银行卡组织——中国银联。"银联"标识卡由国内各发卡金融机构发行,采用统一业务规范和技术标准,可以跨行跨地区使用的带有"银联"标识的银行卡,如图4.3所示。

　　2019年,中国银联成为全球发卡量最大的卡组织,银联网络转接交易金额达189.4亿元,继续保持全球银行卡清算市场份额第一。银联卡全球发行累计达84.2亿张,银联受理网络已经延伸至全球 178 个国家和地区,覆盖逾 5200 万商户。

图 4.3　银联标准卡

【拓展阅读】

## 我国部分信用卡品牌及发卡银行

我国部分信用卡品牌及发卡银行见表 4.1。

**表 4.1　我国部分信用卡品牌及发卡银行**

| 发卡银行 | 品牌名称 | 发卡银行 | 品牌名称 |
| --- | --- | --- | --- |
| 中国工商银行 | 牡丹卡 | 交通银行 | 太平洋卡 |
| 中国农业银行 | 金穗卡 | 中信实业银行 | 中信卡 |
| 中国银行 | 长城卡 | 中国光大银行 | 阳光卡 |
| 中国建设银行 | 龙卡 | 中国民生银行 | 民生卡 |
| 招商银行 | 一卡通、招商银行信用卡 | 广东发展银行 | 广发卡 |
| 华夏银行 | 华夏卡 | 深圳发展银行 | 发展卡 |
| 兴业银行 | 兴业卡 | 北京银行 | 京卡 |

## 4.4　银行卡的概念

银行卡是指由商业银行等金融机构向社会发行的具有消费信用、转账结算、存取现金等全部或部分功能的信用支付工具。

我国的银行卡按币种不同分为人民币卡和外币卡;按发行对象不同,分为单位卡(商务卡)和个人卡;按信息载体不同,分为磁条卡和芯片卡(IC 卡);按持卡人的资信等级不同,分为白金卡、金卡和普通卡;按持卡人的清偿责任不同,分为主卡和附属卡;按是否提供信用透支功能,分为信用卡和借记卡。其中,信用卡按是否向发卡银行交存备用金分为贷记卡、准贷记卡两类。

借记卡是指发卡银行向持卡人签发的，没有信用额度，持卡人先存款、后使用的银行卡。

贷记卡是指发卡银行给予持卡人一定的信用额度，持卡人可在信用额度内先消费、后还款的信用卡。

准贷记卡是指持卡人须先按发卡银行要求交存一定金额的备用金，当备用金账户余额不足支付时，可在发卡银行规定的信用额度内透支的信用卡。

伴随银行卡业务的发展，银行卡业务的风险也越来越大。为更好地管理并控制好银行卡风险，2016年9月30日中国人民银行下发《中国人民银行关于加强支付结算管理防范电信网络新型违法犯罪有关事项的通知》再次细化了银行账户管理。自2016年12月1日起，同一个人在同一家银行（以法人为单位）只能开立一个Ⅰ类户（为银行结算账户，含银行卡），在同一家支付机构只能开立一个Ⅲ类户。

Ⅰ类户是指可以为客户提供存款、购买投资理财产品等金融产品、转账、消费和缴费支付、支取现金等服务的个人结算账户；账户无余额上限，各类资金交易均无限额；可配发实体银行卡片或存折。

Ⅱ类户是指可以为客户提供存款、购买投资理财产品等金融产品限定金额的消费和缴费、限额向非绑定账户转出资金服务的结算账户（经行内柜面、自助设备现场面对面确认身份的，还可以为客户提供存取现金、非绑定账户资金转入服务）；账户无余额上限，Ⅱ类户可以配发实体银行卡片。

Ⅲ类户是指可以为客户提供限额消费和缴费、限额向非绑定账户转出资金服务的结算账户（经行内柜面、自助设备现场面对面确认身份的，还可以为客户提供非绑定账户资金转入服务）；任一时点账户余额不得超过2000元，Ⅲ类户不可以配发实体银行卡片或存折。

【拓展阅读】

## 银行卡"磁"旧迎"芯"

2017年5月14日中国人民银行颁布了《关于逐步关闭金融IC卡降级交易有关事项的通知》，10月底将全部关闭ATM和POS的金融IC卡降级交易，这是为2015年全面普及金融单IC卡，取消目前金融IC复合卡所做的重要安排，也将改善目前银行卡使用安全问题。

金融IC卡是以芯片作为介质的银行卡，如图4.4所示。芯片卡容量大，其工作原理类似于微型计算机，能够同时具备多种功能。而传统的磁条卡很容易被复制，大量的银行卡被复制盗刷的案件中，也都是磁条卡出现了问题。磁条卡的安全性之差，由此可见一斑。随着金融IC卡的大力推动，以及相配套的政策支持，银行对于磁条卡的升级换"芯"也全面启动。

图 4.4 银联芯片卡

## 4.5 银行卡的受理环境

### 4.5.1 ATM 机（automatic teller machine）

1967年6月27日，当第一台 ATM 机出现在伦敦北部的巴克莱银行时，人们只是抱着观望的态度，谁也不相信在这台不起眼的机器里会取到现金。看着围观的群众，银行老板焦急不已，好在英国著名电视演员雷吉瓦尼成了"第一个吃螃蟹的人"。他在银行职员和新闻记者的见证下，从机器中提取了10英镑的纸钞，完成了 ATM 机历史上的第一笔交易。

ATM 机是一种高度精密的机电一体化装置，利用磁性代码卡或智能卡实现金融交易的自助服务，代替银行柜面人员的工作。持卡人可以使用信用卡或储蓄卡，根据密码办理自动取款、查询余额、转账、现金存款、支票存款（国内无）、存折补登、购买基金、更改密码、缴纳手机话费等业务。

我国珠海中国银行在1985年发行了中银信用卡后，这一新兴产物就面临着如何使用的问题。1987年，中国引入了第一台 ATM 机。截至2020年3月，中国银联共设置 ATM 机108.30万台。全国每万人对应的 ATM 机数量7.74台，环比下降1.67%。

### 4.5.2 POS 机（point of sale）

POS 机是一种多功能终端，把它安装在信用卡的特约商户和受理网点中与计算机联成网络，就能实现电子资金自动转账。它具有支持消费、预授权、余额查询和转账等功能，使用起来安全、快捷、可靠。

其中，特约商户是指与收单银行签署协议，受理银行卡业务，为持卡人提供购物、消费服务的商业经营机构、机关团体和企事业单位。

POS 机是完成银行卡收单业务的主要渠道。通常由银联子公司或收单银行提供 POS 机具并处理相关交易的资金结算工具。2020 年第一季度，中国银联共设置联网 POS 机具 3160.53 万台。全国每万人对应的联网 POS 机具数量 225.74 台，环比下降 10.04%。

【拓展阅读】

## POS 机常见术语

收单：指具有银行卡收单资质的收单机构通过受理终端为特约商户提供的受理借记卡或信用卡等银行卡，并完成相关资金结算服务，以及由此引起的特约商户拓展、受理终端安装维护管理、交易监测、风险管理、交易差错处理、争议裁决及其他增值服务等相关业务。

发卡行：所刷银行卡的发行银行。

收单行：商户 POS 机具的发行银行或该 POS 机具交易的资金清算银行。

直联模式：商户→银联网络→发卡机构。

间联模式：商户→收单行网络→银联网络→发卡机构。

MCC 码：也称商户类别码。由收单机构为特约商户设置，用于标明银联卡交易环境、所在商户的主营业务范围和行业归属，是判断境内跨行交易商户结算手续费标准的主要依据；也是开展银联卡交易行业分析和报告，银联卡业务风险管理和控制的重要基础数据之一。银行卡收单管理办法规定，商户号为 15 位：机构代码（3 位）+地区代码（4 位）+商户类型（4 位）+商户顺序号（4 位）。

POS 机非法移机：商户未经收单机构许可擅自将 POS 机从登记的经营地址转移至另一地址的行为。例如，商户将 POS 机变更登记的经营地址后，使用 POS 机具；同一商户在多家分支机构间自行调换 POS 机具，使用非固定 POS 机具，上门或流动收款业务等。

套现：商户与不良持卡人或其他第三方勾结，或商户自身以虚构交易套取现金。

## 智能 POS 机

智能 POS 机，是指在传统 POS 机的基础上增加了智能平台和移动通信，支持多种支付方式，具有多种功能的 POS 机。它是一个基于移动互联网云服务的专业智能商业管理终端，从支付环节出发，帮助商家通过消费数据收集去了解消费者，并实现再营销的工具平台。智能 POS 机的功能如图 4.5 所示。

图 4.5 智能 POS 机功能图

## 4.6 银行卡的授权系统

### 4.6.1 VisaNet

Visa 的核心网络——VisaNet 是世界上最大的银行卡交易和信息处理网络之一，帮助金融机构客户、消费者、商户、企业和政府机构实现价值及信息的传递。30 多年来，VisaNet 为 Visa 的创新和服务提供了一个重要平台。如今，通过 VisaNet 的集中化和整合式架构，Visa 为客户提供了安全可靠的海量交易处理（授权、清分和结算）及增值服务。VisaNet 向 200 多个国家和地区的消费者、企业、银行和政府提供支持，帮助他们提高自身的经济能力。

VisaNet 包括两个部分：授权系统 BASE Ⅰ 与清分结算系统 BASE Ⅱ。

授权系统 BASE Ⅰ 是指通过支付系统进行授权信息转接的跨行或行内 ATM 卡和 POS 卡授权系统。其自身是一个支付交易服务系统，其后将通过独立应用的事后清算系统，完成最终支付清算。授权系统的目标是提供完善的授权服务，减少费用，要求服务快速、准确、安全。授权过程从授权请求发送到发卡者或代理人，到授权过程完成，必须采用交互对话方式，实时完成。授权处理包括三种主要的过程：识别持卡者身份、证实卡的合法性、批准持卡者进行交易，其流程如图 4.6 所示。

BASE Ⅱ 只负责余额计算，而清算银行才真正负责余额的清算。清算按净额结算，可每天进行，也可在两天内进行，其流程如图 4.7 所示。

### 4.6.2 银联跨行授权系统

中国银联银行卡信息交换系统（简称 CUPS）负责全国范围内所有跨行银行卡业务

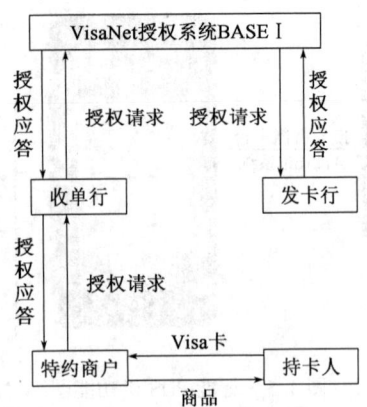

图 4.6　VisaNet BASE Ⅰ 授权流程

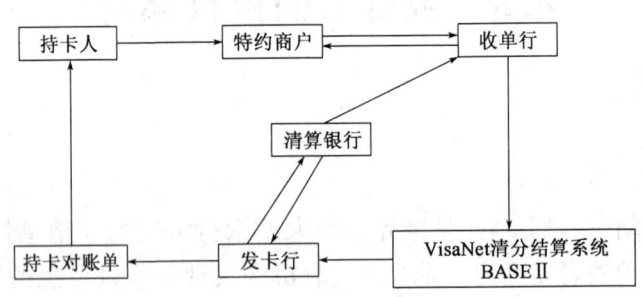

图 4.7　VisaNet BASE Ⅱ 清算流程

的信息转接和资金清算工作。在系统性能方面，达到日均处理交易笔数 2400 万笔、平均每秒处理交易笔数 650 笔、网络可用率 99.99% 的设计指标，实现了高性能、高可靠性、高可用性、高可管理性和高可扩展性的系统目标，具有国际水平，满足了国内银行卡快速发展的需要。2019 年，系统共处理业务 211351.75 亿笔，金额 173.60 万亿元，日均处理业务 3.70 亿笔，金额 4756.27 亿元。

中国银联的核心使命有以下几点：

（1）建设和运营银联跨行交易清算系统（CUPS）并以该系统为依托，推广统一的银行卡标准规范，为商业银行、特约商户、持卡人提供便捷银行卡支付收单业务。

（2）实现各银行系统间的互联互通和资源共享，保证银行卡跨行、跨地区和跨境的使用。

（3）联合商业银行，创建银行卡自主品牌。

目前，我国银联银行卡信息交换系统的基本结构如图 4.8 和图 4.9 所示。

在银联跨行信息交换系统下，我国各发卡行与代理人（收单行）的清算以实时授权、定时净额清算的方式，经大、小额支付系统共同完成。境外机构则通常通过中行与汇丰银行代理结算。

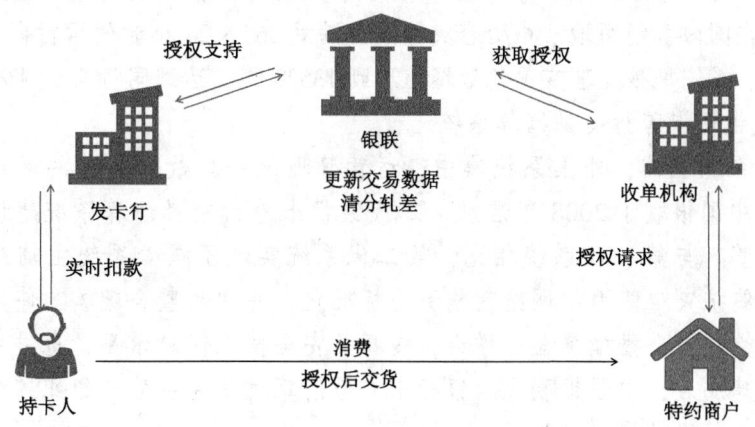

图 4.8 银联授权阶段

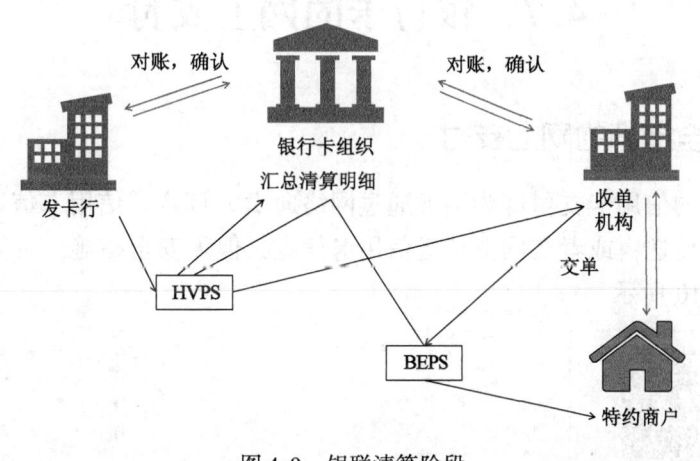

图 4.9 银联清算阶段

【拓展阅读】

## 自主银行卡跨行交易系统建设

1. 第一代银行卡信息交换系统

2004 年 12 月,中国银联自主研发的中国第一代银行卡信息交换系统正式投入运行。该系统以"集中交换、统一清算"为目标,旨在通过建成一个覆盖区域广泛、业务品种齐全、处理功能强大、稳定高效的一体化银行卡跨行信息交换平台,最终实现国内银行卡信息的跨行交换集中处理,以及全国银行卡业务联网联合通用。该系统首创性地确立了集中处理模式和开放式系统的技术路线,采用多项专利性技术和算法,先后申请了 64 项国内专利、8 项国际专利、2 项实用新型专利以及 3 项软件著作权登记荣誉,是国内首个实现开放平台上大交易量的金融关键应用系统。系统设计充分考虑系统资源的利用，采用多机体系架构及大量参数化设计方法，确保系统具备良好的纵向及横向可扩展性。该系统还在国内首创两地三中心容灾体系，满足365×24小时的运行需要，可实现不停机滚动升级。系统每秒处理交易笔数峰值达到13529笔，达到同行业世界领先水平。

2. 第二代银行卡跨行交易清算系统

以"核心系统主辅、外围系统集中、运营管理统一、数据整合共享、系统灵活开发"为目标，中国银联于2008年启动第二代银行卡跨行交易清算系统建设，在三年内建成并投入运营。与第一代系统相比，第二代系统实现了核心系统主辅、外围系统集中，增强了系统抗灾难能力；网络架构更为标准化，并通过整合架构，使应用系统更具灵活性和扩展性，安全措施覆盖面增大，提高了安全技术保障水平，也进一步提升了运营能力。系统建成后，中国银联也从银行卡交易清算运营为主的卡组织基础上，向更加市场化的综合支付服务组织转型。

# 4.7 银行卡的网上支付

## 4.7.1 无安全措施的网上支付

无安全措施的信用卡支付即为买方通过网络向卖方订货，信用卡信息通过电话、传真等非网络途径传送，或者在网上传送信用卡信息，但无安全措施。具体的工作流程如视频4.2、图4.10所示。

视频4.2 无安全措施的信用卡支付流程

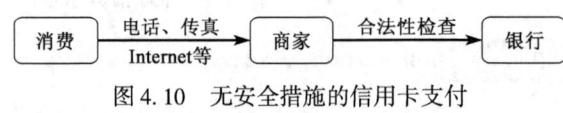

图4.10 无安全措施的信用卡支付

## 4.7.2 第三方代理的网上支付

启用第三方代理，使卖方看不到买方的信用卡信息，避免信用卡信息在网上多次公开传输而导致信用卡信息被窃。其流程为消费者在第三方处开设一个账号并用该账号从商家订货；商家将消费者账号提供给第三方；第三方验证商家身份，要求消费者确认购买和支付后，将信用卡信息传给银行，完成支付过程。在整个过程中，消费者和商店之间，不直接进行信用卡信息的传递，而是以一定方式通过第三方来完成，通过第三方的协助来保证信用卡信息的安全，如图4.11所示。

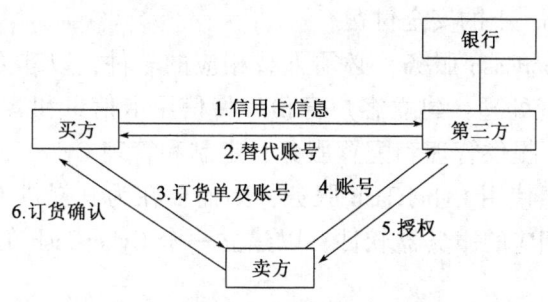

图 4.11 第三方代理的信用卡支付

1. 典型案例:First Virtual

此支付方式由 FVC 公司提出,1994 年开始使用,至 1997 年已拥有 35 万用户。

客户使用 FV 购物的过程是:客户首先浏览 FV Web 服务器或者 FV 商家正在售货的其他 Web 服务器。客户选择希望购买的货物后,输入 FV 账目识别符(Virtual PIN);商家收到该识别符后,通过询问 FV 服务器检查识别符是否有效,可以是人工询问,也可以是与 FV 服务器的自动对话方式。如果客户的 Virtual PIN 没有不好的记录,商家则通过 Email 给客户进行订货的确认。

商家给 FV 服务器发送有关交易的信息中,包括客户的 Virtual PIN。在后续过程中,FV 服务器将向客户发送 Email,以询问客户对其收到的货物是否满意,客户对询问的回答可以是:Yes,表示客户将进行支付;No,表示客户没有收到货物或对货物不满意而拒绝支付;Fraud,表示客户没有订购这些货物。FV 服务器收到 fraud 消息后,将对其视为欺诈而进行调查。FV 购物过程以 90 天为一个时间段。FV 为客户在这一时间段的购物下账,为商家的售物下账,并收取交易额的一定比例作为佣金。First Virtual 的信用卡支付流程如图 4.12 所示。

图 4.12 First virtual 的信用卡支付

2. 典型案例:CyberCash

CyberCash 是 CyberCash 公司的一个产品,它在销售商和顾客两端用特殊的软件

"Wallet"来提供 Internet 上的安全付费。

客户若想使用 CyberCash 服务，必须下载相应的软件，以建立与 CyberCash 服务器的联系。客户软件负责处理：建立客户身份、将信用卡信息和客户的个人信息联系起来、记录客户的业务、提供管理和配置服务、定制和管理 CyberCash 软件及下载客户软件的新版本。商家若想使用 CyberCash 服务，则需要在为其提供 CyberCash 的银行开设账户，而且必须安装相应的服务器软件，以建立一个 CyberCash 的 Pay 按钮，供客户支付时点击。

CyberCash 支付的具体处理过程是：客户访问商家的网站并挑选货物；商家服务器为客户回送一份有关商品价格、交易工具等的表单；客户选购商品并按 Pay 按钮，这样，客户软件向商家发出订单信息及加密的支付信息；商家服务器向 CyberCash 服务器发送加密的付款信息；CyberCash 服务器解密相关信息后，向指定的信用卡处理机构建立一份标准的信用卡授权申请；发卡机构以"许可或拒绝"向 CyberCash 服务器做出答复；CyberCash 将以上答复发送给商家服务器；商家服务器再把以上答复通知客户，并告知客户交易已经完成。发卡机构及商家的开户银行为其客户办理资金划转，具体流程如图所示。

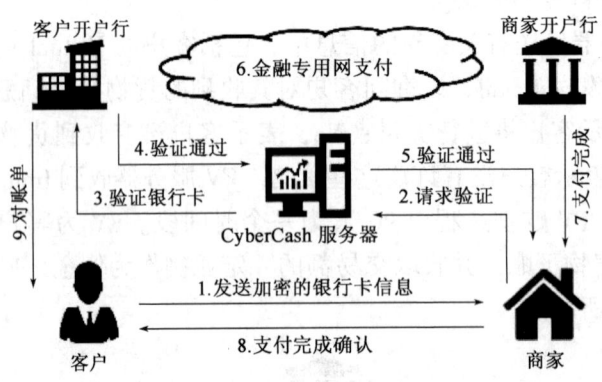

图 4.13　CyberCash 的信用卡支付

### 4.7.3　信息加密的网上支付

为提升信用卡信息在网络传递中的安全性，买方可以将信用卡信息通过简单加密后向卖方传输（视频 4.3）。目前，在信用卡网络支付中常用的加密协议有 SSL 协议与 SET 协议。

**1. SSL 协议**

SSL 协议全称为 Secure Socket Layer 协议。该协议为 Netscape 公司开发，用以保障在 Internet 上传输的数据的安全性。SSL 协议用到了对称密钥加密法、公开密钥加密法、数字签名和数字证书等安全保障手段，如图 4.14 所示，其作用主要包括：

（1）认证用户和服务器，确保数据发送到正确的客户机和服务器；

视频 4.3　加密形式的信用卡支付流程

图 4.14 SSL 协议

(2) 加密数据以防止数据中途被窃取;

(3) 维护数据的完整性,确保数据在传输过程中不被改变。

目前几乎所有操作平台上的 Web 浏览器(IE、Netscape)以及流行的 Web 服务器(IIS、Netscape Enterprise Server 等)都支持 SSL 协议。该协议既便宜、开发成本小,应用也极为简单(无需客户端专门软件),因此得到了广泛应用。目前信用卡网络支付、网络银行服务等也大都构建在 SSL 协议之上。

【拓展阅读】

## HTTPS(安全超文本传输协议)

当下互联网时代,浏览网页、电子邮件、网上购物、网络办公……这些构成了网络上的大部分活动。但是你知道吗?所有这些行动都可以被截获,网络安全越来越重要,也是重点工作。SSL 协议可确保访客和网站之间保持私密状态,HTTPS 则是实现网站安全最基础有效的方式。

HTTPS 是 HTTP 的安全版本,它可以通过 SSL/TLS 连接保护在线传输的任何通信。简而言之,HTTPS = HTTP + SSL。在 HTTPS 连接下,网站地址栏 HTTP 后面就会多一个"S",还有绿色安全锁标志。

网站使用 HTTPS 的原因有很多:

(1) 有助于在服务器和浏览器之间建立安全通信;

(2) 可以保护网站免受篡改或窃听;

(3) 可以保护用户免受中间人攻击;

(4) 各大主流浏览器纷纷要求网站从 HTTP 升级 HTTPS 访问;

(5) 广泛地被银行、医疗、电子商务、社交媒体和政府等行业使用。

2. SET 协议

SET(Secure Electronic Transaction)协议,被称为安全电子交易协议,是由 MasterCard 和 Visa 联合 Netscape、Microsoft 等公司于 1997 年 6 月 1 日推出的一种新的电子支付模型。SET 协议主要是为了解决用户、商家、银行之间信用卡网络交易的安全问题而设计的。它具有保证交易数据的完整性、交易的不可抵赖性等种种优点，实现了交易参与者信息的相互隔离并对参与多方均进行了身份认证，因而具有更高的安全性。

在交易过程中，SET 协议要对商家、客户、支付网关等交易各方进行身份认证，涉及的环节较多，基本支付流程如图 4.15 所示。

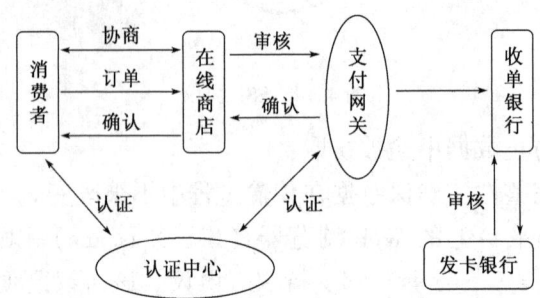

图 4.15　SET 协议信用卡支付流程

（1）客户在网上商店看中商品后，和商家进行磋商，然后发出请求购买信息。
（2）商家要求客户用电子钱包付款。
（3）电子钱包提示客户输入口令后与商家交换握手信息，确认商家和客户两端均合法。
（4）客户的电子钱包形成一个包含订购信息与支付指令的报文发送给商家。
（5）商家将含有客户支付指令的信息发送给支付网关。
（6）支付网关在确认客户信用卡信息之后，向商家发送一个授权响应的报文。
（7）商家向客户的电子钱包发送一个确认信息。
（8）将款项从客户账号转到商家账号，然后向顾客送货，交易结束。

在完成一次 SET 协议交易过程中，需验证电子证书 9 次，验证数字签名 6 次，传递证书 7 次，进行签名 5 次，4 次对称加密和非对称加密。通常完成一个 SET 协议交易过程大约要花费 1 分钟甚至更长时间。由于各地网络设施良莠不齐，完成一个 SET 协议的交易过程甚至可能需要耗费更长的时间。这也成为阻碍 SET 协议推广的重要原因。

【拓展阅读】

## 虚拟银行卡

虚拟银行卡即为没有实体介质的银行卡。通过银行账号完成消费信贷、现金支取与资金转移。账号成为支付的唯一出口。

2014 年 3 月 10 日，有媒体透露微信正在研发虚拟信用卡。第二天筹备产品已久的支付宝就抢先宣布即将推出虚拟信用卡。3 小时后，微信也迅速跟进，两大巨头都在争抢"头彩"。虚拟信用卡一时甚嚣尘上。然而，两天后中国人民银行发出一纸禁令，紧急叫停了虚拟信用卡。

中国人民银行暂停虚拟信用卡的通知文件里写道:"虚拟信用卡突破了现有信用卡业务模式,在落实客户身份识别义务、保障客户信息安全等方面尚待进一步研究。为维护支付体系稳定、保障客户合法权益,总行有关部门将对该类业务的合规性、安全性进行总体评估。"

虽然虚拟银行卡在国内发展存在一些波折,但其创新是显而易见的:第一,它可以没有实体卡,一部手机一个APP,就可以取代实体信用卡。开卡速度可能快了。第二,用户使用审核方面,加大对互联网公司大数据的使用权重,那么审核所用时间可能大幅缩减。

## 习　题

**1. 填空题**。

(1) 2002年3月,在中国人民银行推动下,中国80多家金融机构出资共同发起设立了中国第一家银行卡组织——(　　　)。

(2) 银行卡是指由(　　)等金融机构向社会发行的具有(　　)、转账结算、(　　)等全部或部分功能的信用支付工具。

(3) 中国银联跨行信息交换系统下,各发卡行与代理人(收单行)的清算以(　　)、(　　)方式,经大、小额支付系统共同完成。

(4) SSL协议用到了(　　)、(　　)、(　　)和(　　)等安全保障手段。

(5) (　　)负责全国范围内所有跨行银行卡业务的信息转接和资金清算工作。

(6) 买方信用卡信息通过加密后向卖方传输,常用的加密协议有(　　)、(　　)等。

**2. 选择题**。

(1) 准贷记卡是指持卡人须先按发卡银行要求交存一定金额的(　　)。
　　A. 信用金　　　　B. 备用金　　　　C. 抵押金　　　　D. 专用金

(2) 以下银行卡组织中,负责制定国内银行的人民币银行卡标准的是(　　)。
　　A. VISA　　　　B. MasterCard　　　C. 大莱　　　　　D. 银联

(3) 持卡人购物消费、取现必须以卡账户存款余额为限度,不允许透支的银行卡是(　　)。
　　A. 借记卡　　　B. 准贷记卡　　　C. 贷记卡　　　　D. 附属卡

(4) 目前有网络银行包括第三方支付中,最常用到的信用卡支付安全协议是(　　)。
　　A. SET　　　　B. SSL　　　　　C. PKI　　　　　D. EDI

(5) 启用(　　)的网上支付,即在消费者和商店之间,不直接进行信用卡信息的传递,而是以一定方式通过第三方来完成。

A. 第三方代理 B. SSL 协议
C. SET 协议 D. VisaNet

(6) 银行卡( )是指可以为客户提供存款、购买投资理财产品等金融产品、转账、消费和缴费支付、支取现金等服务的个人结算账户。

A. Ⅰ类户 B. Ⅱ类户 C. Ⅲ类户 D. 特殊类户

**3. 判断题。**

(1) VISA 是一个国际性的银行卡组织，会员银行遍及全球。（ ）

(2) 借记卡是指先存款后消费、没有透支功能的银行卡。（ ）

(3) SET 比 SSL 协议成本更高，但其安全性也相对较高。（ ）

(4) 银行卡授权系统的目标是提供完善的授权服务，减少费用，要求服务快速、准确、安全。（ ）

(5) 商户刷卡手续费、持卡人年费和循环信用利息是信用卡业务的主要收入来源。（ ）

(6) 使用 SSL 协议通常不需要另外安装单独的软件。（ ）

**4. 思考题。**

(1) 思考智能 POS 机的未来发展前景。

(2) 思考虚拟信用卡的发展前景及其对网络支付的影响。

(3) 简述中国银联的核心使命。

(4) 分析清算机构准入放开对我国银行卡业的影响。

(5) 思考银行卡账户分类管理的好处。

# 第5章 电子货币

## 5.1 概　　述

广义上讲，一切非实体的货币都是虚拟货币，包括银行卡、电子票据、电子现金以及以比特币为代表的虚拟货币等。目前关于电子货币的说法较为常见的有以下两种：

（1）电子货币通过电子手段储存货币币值，可以不必通过银行账户，在使用后由发行者进行最后的兑付。

（2）电子货币意味着由发行者进行清兑的，某种债权所表示的货币币值。该债权具有以下几个特性：储存在电子设备上、所发行的票面价值不低于其货币币值、由非发行者作为支付工具而接受。

本章主要介绍电子现金、虚拟货币与中国人民银行数字货币，这三类电子货币。

## 5.2 电子现金

提起电子现金，可能大多数人并不熟悉。它是指用一定的传统现金或存款从金融机构兑换代表相同金额的数据，并以可读写的电子形式存储起来，同时可以向金融机构实现反向申兑的数字化货币。

因此，电子现金即为以数字化形式存在的现金货币。它可以看作是现实货币的电子或数字模拟，以数字信息形式存在，通过互联网流通，但比现实货币更加方便、经济。

一个理想的电子现金应该具备几个重要特性：货币价值性、匿名性、及时支付性、可存储性、不可重复花费以及可分性，等等。目前，现有的电子现金系统很难完全满足这些特点，多数电子现金系统只是具备了其中的部分特性。典型的电子现金有 E-Cash 与 Mondex。

### 5.2.1 E-Cash

在数字现金的历史上，有个人的名字脱颖而出，远远超过其他任何人。他就是——大卫·乔姆，美国公民。大卫·乔姆出生在一个富裕的家庭，是一位杰出的数学家，同时也是一个对事物有自己见解的人。

1982 年，大卫·乔姆最早提出了不可追踪的密码学网络支付系统，后将其扩展为密码学匿名现金系统——E-Cash，并成立了最早的数字现金公司 Digicash。E-Cash 利用盲签名技术来实现，可以完全保护用户的隐私权，同时利用数据库对序列号的保存，来保证其不可复制性。

到了 20 世纪 90 年代末期，使用该系统发布 E-Cash 的银行有十多家，包括 Mark Twain、Eunet、Deutsche、Advance 等世界著名银行。在使用 E-Cash 时，买方和卖方必须在发放 E-Cash 的银行建立一个账户。银行向他们提供 Purse 软件，用于管理和传送 E-Cash。然后，资金从常规账户输入到 Purse 软件上，并且在被支出前存储在买方的内置硬盘上。由于 E-Cash 电子现金存储于硬盘上，因此也被称为硬盘型数字现金，其基本使用流程如图 5.1 所示。

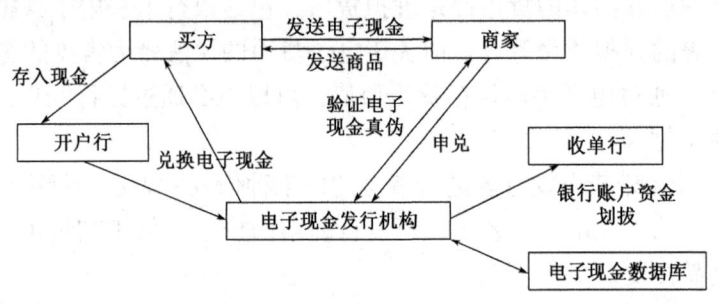

图 5.1　硬盘型电子现金系统

### 5.2.2　Mondex

Mondex（www.mondex.com）是由英国最大的 West Minster 银行和 MidLand 银行为主开发和倡议的以智能卡为存储介质的电子现金系统。它属于预付式电子现金系统的一种，也被称为 IC 卡型的电子现金。IC 卡型电子现金系统的使用流程如图 5.2 所示。

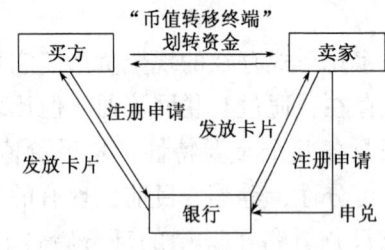

图 5.2　IC 卡型电子现金系统

Mondex 于 1995 年 7 月在英国斯温顿市正式开始使用。在试验期间，斯温顿市以万事达公司的电子现金卡取代了硬币和纸币成为这个城市的正式货币。从超市到大街小巷的杂货店，从地铁、公共汽车站到停车场，从书报亭到银行……人们只要把塑料卡片插入电子收款机，既不需要在收据单上签字，也不需要等待用电脑或电话来核准，就可以把存在卡里的"钱"从一个账户转到另一个账户。小城里还安装有 1300 部可用于为电子现金卡充值的电话。人们通过把电子现金卡插入电话机，然后拨通开户银行，输入卡片密码和需要存入的钱数就可以完成充值。

## 5.3 虚拟货币

纵观历史，任何一种货币体系都没能阻挡通货膨胀对社会购买力以及金融系统的毁灭性打击，其主要原因在于货币管理当局对货币价值的操纵。

出于便利交易、提升黏性、增强货币体系竞争体制等原因，一大批虚拟货币产生并发展。而比特币的出现更是使虚拟货币受到了全球的广泛关注，一定程度上提升了虚拟货币的重要性以及未来应用价值的可能性。

### 5.3.1 虚拟货币的概念与类型

虚拟货币是指由私人企业或者根本没有发行机构的，无国家信用支持的数字货币。

根据现行虚拟货币的发展情况，可以根据其重要性将虚拟货币分成三类：次级货币、商品货币和道具货币。

次级货币：没有正式货币地位，但可以一定程度参与正常经济生活的虚拟货币。通常指加密类货币，可以与各国法币实现双向兑换，但币值不稳定。典型的代表有比特币、Libra、以太币等。

商品货币：通过法币向发行方购买获得的虚拟货币，用以在发行方平台内部使用，但与法币之间的反向回兑不具有普遍性。这种商品货币可以看作是发行方的产品与服务的预售行为。典型的代表有Q币、亚马逊币、各类游戏点卡等。

道具货币：没有实际货币意义的道具、积分或产品，仅限于发行方内部产品或奖励使用，用以增加用户黏性。这类货币往往通过购买，或用户在平台内的使用行为获得，几乎无法兑回。典型代表有游戏内的金币、论坛积分与商场积分等。

### 5.3.2 Beenz

1999年总部位于纽约的Beenz.com公司发行了称作Beenz的电子货币，该电子货币最初只能在因特网上使用，其发行量曾经达到1.3亿货币单位，该数目相当于一个小国的货币总量。

Beenz无硬币币种，也无纸币币种，被称作"网豆"，是Beenz.com公司的产品。公司希望它能够成为在国际互联网上流通的货币。要使用它，消费者需要在Beenz.com开一个免费账户，然后通过购物或一些指定的网上活动，来"赚得"这种货币，并记录于自己独立的账户之下。随着钱包里的Beenz数量增多，消费者就可以在认可Beenz支付方式的电子商务网站消费了。

结盟的网站为了吸引消费者，以登录会员送红豆、购物赚红豆等方式，吸引网友。

对网站运营者来说，其好处是：可换购商品的红豆，比红利积点更吸引消费者；同时，与其他网站结盟也可以增加彼此浏览量及线上采购金额；网站运营者也可以通过消费者累积使用红豆来观察网络使用者的消费行为。

结盟的网站可以向 Beenz.com 购买红豆，每一颗是 1 美分，就像货币流通一样，每颗买进与卖出的价格是有汇差的，消费者使用红豆购物后，网站可以用红豆再换回美元，每颗是 0.5 美分。

Beenz.com 在美国更将网络货币的使用范围延伸至一般商店，与万事达卡国际组织（Mastercard）合作，消费者累积 1000 颗红豆以上，就可储存到万事达发行的现金卡，到特约商店消费，虚拟、实体商店通行无阻。

### 5.3.3 Q 币

Q 币，简称 QB，也称 QQ 币、腾讯 Q 币等。QB 是由腾讯推出的一种虚拟货币，可以用来支付 QQ 会员服务、QQ 游戏道具等服务。腾讯 Q 币可以通过购买 QQ 卡、电话充值、银行卡充值、网络充值、手机充值卡、一卡通充值卡等方式获得。通常它的兑价是 1Q 币 = 1 人民币。

Q 币由腾讯发行，并可以在腾讯平台内的多种场景进行使用，其结算过程也由腾讯公司运行。

Q 币的常见应用场景包括：

（1）号码服务。在腾讯网站的号码服务页面，使用 Q 币可以申请 QQ 行号码和会员号码，也可以给这些号码续费。

（2）QQ 秀。使用 Q 币可以在 QQ 秀商城给自己或朋友购买各种虚拟商品，如服饰、场景、化妆等。

（3）QQ 游戏。使用 Q 币不仅可以兑换游戏币，还可以购买游戏中的各种特权。

（4）QQ 贺卡。QQ 贺卡可以用 Q 币申请和续费。

（5）QQ 空间。使用 Q 币可以使空间更加漂亮并购买游戏物品。

（6）其他服务，如影片和软件的下载服务、有偿搜索服务及交纳宽带费用等。

### 5.3.4 比特币

虚拟货币"比特币"的概念最初由中本聪（Satoshi Nakamoto，化名）在 2009 年提出。比特币（Bitcoin，简写 BTC），是一种用开源的 P2P 技术❶软件产生的虚拟货币。中心化与分布式账簿见视频 5.1。

视频 5.1 中心化与分布式账簿

---

❶ P2P 技术即点对点技术，又称对等互联网络技术，是一种网络新技术，依赖网络中参与者的计算能力和带宽，而不是把依赖都聚集在较少的几台服务器上。

### 1. 发展历程

2008 年金融危机，各国为应对危机纷纷出台宽松的货币政策，主权货币信用跌至冰点。同年，中本聪在一篇论文《比特币：一种点对点的电子现金系统》中，介绍了一种基于去中心化网络的数字货币，目的在于设计一种可以降低交易成本、保证交易匿名性以及脱离中央结算机构控制的货币体系。

2009 年，比特币在线交易网络上线运行，第一批总计 50 个比特币由中本聪本人挖到。

2010 年，美国一位程序员完成第一笔交易，用 1 万个比特币买了一个披萨（以 2021 年春节期间的汇率，这 1 万个比特币价值近 5 亿美元，该披萨为史上最贵披萨）。

2011 年，比特币出现了多起黑客偷窃事件。此外，全球最大的网络黑市丝绸之路（SilkRoad）将比特币纳入结算方式，以提高其网站的匿名性，开始了比特币暗黑的一面。比特币高度的匿名化为非法行为提供了绝好的结算工具。

2012 年，全球 1000 家企业接受比特币结算。同时，比特币超越国际支付系统封锁，帮助肯尼亚、海地和古巴等被封锁地区的用户通过互联网进行支付。

2013—2017 年，各地慈善机构接受比特币捐赠；比特币带热挖矿机、托管等周边产业；德国承认比特币是一种"货币资产"，而中国、泰国、俄罗斯则对比特币持怀疑态度。

2017 年 12 月 11 日，芝加哥期权交易所（CBOE）如期上线比特币期货合约；同年 12 月 17 日，比特币达到历史最高价 19850 美元。

2018 年至今，比特币在争议中发展，价格大起大落。2018 年 11 月 25 日，比特币跌破 4000 美元大关，后稳定在 3000 多美元；2021 年春节期间，比特币涨至近 50000 美元。

### 2. 运行机制

与大多数现行货币不同的是，比特币货币系统是独立存在的，其运行不依赖于中央银行、政府、大型企业的支持或者信用担保。比特币使用遍布整个 P2P 网络节点的分布式数据库来管理货币的发行、交易和账户余额信息。中本聪采用密码学的原理，确保各个比特币节点按照既定的协议达成共识，从而确保货币流通各个环节的安全性。例如，比特币只能被它的真实拥有者使用，而且仅仅能使用一次，支付完成之后原主人即失去对该份额比特币的所有权。比特币货币总量按照设计预定的速率逐步增加，增加速度逐步放缓，并将最终在 2140 年达到 2100 万个的极限。

在比特币运作过程中，包含四个重要内容：获取、储存、交易与安全。

（1）比特币的获取。

比特币的获取过程俗称挖矿。比特币的获取是基于奖励的，每促成一个区块的生成，该节点便获得相应奖励，这样大家就有动力投入资金去维护整个交易网络的正常运行（交易网络的正常运行是需要耗费巨大算力的）。目前绝大多数算力是由矿机提供的，而矿机的主要目的是为了获取奖励。这种设计使得货币发行和节点的扩充巧妙结合起来，相互激励。

头 4 年，平均每 10 分钟，全网络会有一个人获得 50 个比特币。网络中的矿工越多，速度越快，确认交易的难度会自动调高，以保证每 10 分钟平均总共只有一台电脑能算出来。后 4 年减半，也就是每 10 分钟 25 个，最终减到 0。总量将逐渐到达最大值，约为 2100 万个比特币。

(2) 比特币的储存。

比特币储存的地方被称作地址。每一个比特币地址大约 33 位长，是由字母和数字构成的一串字符。比特币软件可以自动生成地址，生成地址时也不需要联网交换信息，可以离线进行。这些钱包没有被实名登记，甚至为每一笔交易生成多个钱包地址，追踪难度很大，匿名性强。

(3) 比特币的交易。

比特币使用分布式账本，没有中央结算机构。全网的客户端都保存着完整的账本。事实上，比特币所有的交易节点都是平等的，每个节点都负责维护账本，隔一段时间所有账本会同步一次。比特币网络也提供了"民主"的账本决策机制，保证只有一个有效账本。

在交易中，收款方提供一个地址用来接收比特币；付款方提出交易申请，同时使用收款方的私钥对该申请签名，以保证其他地址无法获取这一组比特币。

(4) 比特币的安全。

当一笔交易申请提出后，比特币的交易数据被打包到一个数据块并向整个网络广播。一旦另外 6 个数据块确认这笔交易，此交易便不可逆转。由于任何一个节点的数据块都可以确认已有的交易，因此如果想用非法手段更改交易信息或劫获比特币就需要对众多节点的数据进行修改。这是不可能完成的任务，也就保证了交易的安全性。

3. 比特币的特点

比特币的特点可以归纳为以下几点：

(1) 去中心化。比特币是通过中本聪的思路设计发布的开源软件以及建构其上的 P2P 网络来运行的，点对点的传输意味着一个去中心化的支付系统。比特币不依靠特定货币机构发行，它依据特定算法，通过大量的计算产生。

(2) 稀缺性。比特币是严格稀缺的，其区块链规则规定了一共只能有 2100 万个比特币。

(3) 全球流通。目前，比特币可以与美元、欧元等多国货币实现双向兑换，并在多个国家的商家进行使用。一定程度实现了世界范围内通用，但影响力较弱。

(4) 匿名性。比特币的存储与交易基于比特币的钱包地址。由于没有开户过程，不用通过身份认证，且交易不通过银行体系，故具有较强的匿名性。

(5) 不可重复使用。中本聪提出，当一笔支付完成时，交易链条在当前交易基础上，至少增长 6 个交易页，才能被承认，使得重复使用难度极大，基本解决了比特币的双重使用问题。

4. 比特币发展中的问题

由于并不由国家发行，这极大地促进了货币的非国家化进程，改变了单一货币流通的现状，将竞争机制引入货币体系，是一个极大的创新和尝试。但比特币在发展中也存在着明显的缺陷，主要有以下四点：

(1) 价值不确定性。虽然比特币是货币体系改革的重要尝试，但其依然没有和实体经济挂钩，因此其价值难以衡量，存在极大不确定性。

(2) 过度投机。目前存在大量的投机资金对价格进行炒作。这使得周边产业火爆异常，如挖矿机、挖矿托管等。但是大量投机资金一旦清盘，不但比特币价值暴跌，周边产业的泡沫也将破裂。

(3) 法律地位不明确。目前，大部分国家，尤其是中国、泰国与俄罗斯对比特币仍持否认态度。

(4) 通缩与经济调控问题。目前，大部分国家，不管是人民币还是美元，作为国家法定货币，是可以随着经济发展，进行增发货币的。而比特币在总量固定的情况下，由于经济发展带来的商品不断增加，比特币会不断升值，而物价会不断下跌，进而产生通货紧缩的问题。另一方面，货币政策是经济调控的重要手段。当面临经济问题的时候，国家可以通过流通货币数量的调节，来渡过难关，而比特币显然不具备这个功能。

【拓展阅读】

## 首台比特币自动提款机

"世界首台"比特币自动提款机于 2013 年 10 月 29 日在加拿大温哥华启用，办理加拿大元与比特币的兑换，迅速迎来排队办理业务的人群。这台自动提款机由美国机器货币公司制造，设在温哥华一家名为"潮流"的咖啡屋。提款机所有者之一名为米切尔·德米特，他从事比特币交易数年，与另外两名高中同学合伙成立了一家比特币交易公司。操作时，比特币用户输入类似银行 PIN 码的密码，登录网络比特币账户。通过提款机，用户可以从比特币账户中取出按比值对应的加拿大元现金，也可将现金存入比特币账户。比特币用户只需一部智能手机，就可以使用比特币，与网络购物形式相似。

## 比特币与政治

2020 年 1 月 3 日凌晨，特朗普对伊朗发动袭击。1 月 7 日比特币最高达到 8003.6 美元，在短短四天内，涨幅达到 14%。作为一种易于携带且通常有价值的资产，加密货币是技术的黄金。它比钻石或硬币更便携，对许多投资者来说，这是一种非常有吸引力的多元化投资方式。比特币协议的一个很重要部分是比特币发行的总数量将被限制在2100万,超过了这个数,比特币将不能再被发行。这一点吸引了很多人购买比特币,因为比特币的供应数量有限,它的价值就会变得很高。

为何短短几天比特币的涨幅如此之高?比特币与政治动荡的关系很大程度上依附于其作为所谓"避险"资产的环境地位,或者是当另一种资产(如国家的法定货币)可以用作存储价值的安全场所的资产正在迅速失去价值。对于发达国家的大多数人来说,比特币和其他加密货币的波动已经习以为常。但是,在经历经济危机的国家(如委内瑞拉和津巴布韦),比特币被认为是保护储蓄的一种流行选择:易于获取,易于存储和易于销售。所以当经济不稳定时,购买者常将比特币等加密货币当作应对恶性通货膨胀的一种手段。

## 比特币"减半"

"减半"是比特币的一种获取机制,比特币是用算力"挖"出来的,通常每挖掘21万枚就会出现一次挖掘奖励减半的事件,大约4年一个周期。减半事件相当于减少了比特币未来一段时间的供给,传导到市场上往往会导致比特币价格上涨。

比特币第一次减半发生在2012年11月28日,减半时的价格约为12美元,2013年12月,比特币价格达到了历史新高270.94美元,涨幅达2000%。但在峰值之后,比特币在2013年维持熊市状态,价格下跌了约80%。

2016年7月9日,比特币发生第二次减半事件,当时的价格在650美元左右。在比特币价格2017年12月中旬达到20074美元的峰值后,受到各国监管趋严和交易事故的影响,比特币价格持续下跌,在2018年12月跌破4000美元。

前两次减半后,比特币的行情均出现了超20倍的暴涨行情,于是在减半时点即将临近之时,比特币价格也持续上行并突破一万美元关口。

在第三次减半行情来临之前,比特币已经在两个月内出现了接近160%的涨幅。减半前如此大幅的上涨,在前两次都没有出现。然而在突破一万美元关口后,比特币没有出现多头预想的暴涨行情,2020年5月8日比特币对美元的报价就跌至9546美元左右。

## 5.3.5 Libra

2019年6月18日,Facebook推出了加密货币Libra,并发布了项目的相关白皮书;新成立的子公司Calibra,以及联合了27家机构成立的独立财团Libra Association也随之面世。这家组织的28个创始成员包括了Visa、万事达、PayPal、Uber、Lyft、Coinbase等。

1. 组成部分

Libra的使命是建立一套简单的、无国界的货币和为数十亿人服务的金融基础设施。

Libra 由三个部分组成：

（1）它建立在安全、可扩展和可靠的区块链基础上。

Libra 区块链的目标是成为金融服务的坚实基础，包括打造一种新的全球货币，满足数十亿人的日常金融需求。Libra 区块链的三项要素：①设计和使用 Move 编程语言。②使用拜占庭容错（BFT）共识机制。③采用和迭代改善已广泛采用的区块链数据结构。

（2）以赋予其内在价值的资产储备为后盾。

Libra 的目标是成为一种稳定的数字加密货币，将全部使用真实资产储备（称为"Libra 储备"）作为担保，并由买卖 Libra 并存在竞争关系的交易平台网络提供支持。Libra 储备的目的是维持 Libra 加密货币的价值稳定，确保其不会随着时间剧烈波动。选择储备资产的目的是最大限度减少波动性，让 Libra 的持有者信任该货币能够长期保值。

（3）由独立的 Libra 协会管理。

Libra 协会是一个独立的非营利性成员制组织，总部设在瑞士日内瓦。Libra 协会旨在促进 Libra 区块链的运营，协调各个利益相关方（网络的验证者节点）在推广、发展和扩张网络的过程中达成一致，以及管理储备资产。Libra 协会的成员包括分布在不同地理区域的各种企业、非营利组织、多边组织和学术机构。

2. 优势

Libra 是在传统的价格较为稳定的数字货币（简称稳定币）和主流加密数字货币的技术基础上，重新开发的具有更高吞吐量、智能合约可扩展的区块链网络。

Libra 的发行机构是由分布在不同地理区域全球知名网络科技公司、具有社会影响力的合作伙伴和学术机构组成的独立协会，相比单一机构发行的稳定币，其道德风险比较小，容易取得全球市场对 Libra 的信任。

Libra 是由在全球拥有月度活跃用户数 23.8 亿社交巨头 Facebook 发起的。只要更新社交软件的 APP，就可以使数以亿计的社交平台用户立刻自动拥有 Libra 钱包，并且顺带扩展至其合作机构的网络用户。白皮书定义 Libra 为一套简单的、无国界的货币。基于区块链的 Libra 可以实现高效、免费的跨境汇款，也可用于在现实世界的支付。

3. 挑战：监管难以逾越、成员分崩离析

在 Libra 推出不到半年，先后有六家支付机构退出了 Libra 联盟，有 PayPal、万事达、Visa、eBay、MercadoPago 和 Stripe 等，这给 Libra 带来沉重的一击。令人头疼的还有来自监管部门的调查：北京时间 2019 年 10 月 23 日 22：00，应美国众议院金融服务委员会要求，扎克伯格前往国会公开作证，一同出席的还有 47 位司法官员，针对包括 PayPal、MasterCard 在内的 7 家公司相继退出 Libra 协会一事、如何避免 Libra 削弱美元主导地位等问题进行听证。

4. 影响

Libra 一旦面世，其扩张速度及其对金融市场的占有能力将会十分强势，通过 Libra，美国有可能掌握世界货币创新体系的新霸权，并使美元的国际垄断地位更加牢固，也给人民币参与国际金融市场竞争带来障碍。目前我国在互联网电子货币使用方面处于全球领先优势。如果 Libra 迅速兴起，可能会对我国现有电子支付平台带来较大冲击。

## 5.4 央行数字货币

### 5.4.1 我国央行数字货币简介

1. 概念

中央银行数字货币，是由中央银行发行的数字货币，全称为 central bank digital currencies，简称 CBDC。随着多国计划研发或开展落地测试，央行数字货币渐行渐近。国际清算银行近期发布报告指出，2020 年是央行数字货币崛起的一年，截至 2020 年 7 月中旬，全球至少有 36 家央行发布了数字货币计划。其中，厄瓜多尔、乌克兰和乌拉圭等完成了零售型央行数字货币试点；中国、巴哈马、柬埔寨、东加勒比货币联盟、韩国和瑞典等国家和组织正在试点。

我国央行即将发行的"央行数字货币"名为 DCEP，即 digital currency electronic payment，意为应用于电子支付的数字货币。根据国际清算银行的定义，央行数字货币是中央银行货币的新变种，不同于实物现金或中央银行储备及结算账户。DCEP 由国家发行，价格直接和人民币挂钩。由于 DCEP 有国家信用背书，故也可以称为人民币版的电子版本，具有法偿性。

2. 发展历史

我国央行自 2014 年开始研究法定数字货币。央行成立专门的研究团队，对数字货币发行和业务运行框架、数字货币的关键技术、发行流通环境、面临的法律问题等进行了深入研究。

2017 年 1 月，央行在深圳正式成立数字货币研究所。

2018 年 9 月，数字货币研究所搭建了贸易金融区块链平台。

2019 年 7 月，在数字金融开放研究计划启动仪式暨首届学术研讨会上，中国人民银行研究局局长王信曾透露，国务院已正式批准央行数字货币的研发，央行在组织市场机构从事相应工作。8 月，央行 2019 年下半年工作电视会议提出加快推进 DCEP 研发步伐。9 月，据《中国日报》报道，DCEP 的"闭环测试"已经开始。年底央行已确定深圳、苏州等城市作为 DCEP 的试点城市。

2020 年 4 月，央行表示将加强顶层设计，坚定不移推进法定 DCEP 研发工作，系统推进现金发行和回笼体系改革。8 月，商务部印发《全面深化服务贸易创新发展试点总体方案》中，正式公布在京津冀、长三角、粤港澳大湾区及中西部具备条件的试点地区，开展数字人民币的试点。

### 5.4.2 DCEP 的特征

**1. 不依托于银行账户**

根据央行有关表态，央行数字货币 DCEP 不是简单的纸钞数字化，而是要替代 M0，即改变基础货币的形态。

M0 指的是流通中的现金，即银行体系以外各个单位的库存现金和居民的手持现金之和。而纸钞数字化一般指的是线上代替线下。但无论线上还是线下，都需要银行账户支持，比如支付宝和微信支付都需要绑定银行卡才能支付。而 DCEP 没有这个限制，开通的数字人民币钱包也不需要银行账户，即支持银行账户松耦合功能。"松耦合"意思是减少某一些系统的变动和故障对全局的影响；DCEP 以广义账户体系为基础，即任何能够锁定个人身份的东西，如手机号、邮箱等都可以成为账户。

**2. 双层运营体系**

DCEP 的一个重要特征是采用双层运营体系，一层是中国人民银行对商业银行，一层是商业银行或商业机构对老百姓。也就是说，DCEP 的发行方式是，由中国人民银行将 DCEP 发行至商业银行业务库，商业银行直接面向社会公众提供 DCEP 的存取流通服务，与中国人民银行一起维护数字货币的正常运行。双层运营体系与我国现有货币发行体系较为贴合，因此对现有货币体系的冲击最小，后续进行数字货币系统更新换代的阻力也较小。

**3. 双离线支付**

DCEP 基于特殊的设计，可以不依赖于网络进行点对点的交易，简单来说，即便是收支双方的手机都处于离线（断网）状态，双方仍然可以进行转账支付，当然，手机得有电才行。而目前包括支付宝、微信支付在内的电子支付都是需要联网的。

双离线支付使得 DCEP 在使用上更加接近现钞。在电子支付日益普及的今天，断网成了困扰移动支付的主要原因之一，比如在地铁、地下超市等网络信号覆盖盲区，用户很可能出现无法联网进而无法进行交易的情况。即使支付宝和微信支付近些年进行过离线支付的尝试，但目前为止也只是支付方的单离线模式，收款方仍然需要联网扫码才能最终完成支付动作。

这也进一步说明，DCEP 与支付宝和微信支付也不是同一个范畴里的概念，后两者相较于现金支付而言是一种支付手段，但它们所支付的仍然是人民币，本质上还是用商业银行存款货币进行支付。而 DCEP 推出后，支付宝和微信作为支付手段的功能没有发生改变，只是改为用 DCEP 而不是原来的商业银行存款货币（或者二者并行）进行支付了。

#### 4. 发行成本低，交易更便捷

现金支付、交易、反洗钱等问题，使现在的社会管理难度越来越大，成本也越来越高。而发行央行数字货币能够有效解决上述问题。数字货币的发行将节省印刷、流通、交易等成本，提升整个金融系统及社会效率和生产力。且未来任何能够形成个人身份唯一标识的东西都可以成为数字人民币账户，数字人民币将支持多种形式的流通、支付。

#### 5. 安全性高

数字货币有相对安全的密码系统。尤其是随着芯片银行卡的出现，其安全性能会不断地提高。与纸币可能遗失相比，数字人民币存储安全性更高。数字货币的本质是去介质化的数字信息，通过验证方法及系统可以防止流通过程中被篡改，因此其具备防伪造、防篡改、防复制的能力。值得一提的是，与比特币等完全匿名不同，DCEP 具有可控匿名性，即用户信息及交易记录会由央行掌握，但对商业银行及个人却是完全匿名的。有助于在匿名性与反洗钱、反逃税与反恐怖融资之间取得平衡。此外，央行数字货币在支付额度上采用了分级与限额的措施，进一步提升了其安全水平。

通过以上设计，尽可能保证了 DCEP 逼近于现金的支付体验。同样的，DCEP 也与流通中的现金类似，不计付利息，可用于小额、零售、高频的业务场景。同时，使用央行数字货币应当遵守现行的所有关于现钞管理和反洗钱、反恐融资等规定。

总的来说，DCEP 与纸币、商品货币、Libra、比特币的区别见表 5.1。

**表 5.1  DCEP、纸币、商品货币、Libra、比特币的区别**

| 项目 | DCEP | 纸币 | 商品货币 | Libra | 比特币 |
| --- | --- | --- | --- | --- | --- |
| 成本 | 低于纸币 | 印刷、押运成本较高 | 低于纸币 | 低于纸币 | 低于纸币但有挖矿成本 |
| 匿名性 | 可控匿名 | 匿名 | 部分匿名 | 未知 | 不可以 |
| 法定地位 | 必须无条件接受 | 必须无条件接受 | 部分商户支持 | 暂未获监管机构许可 | 大部分国家和地区不认可 |
| 安全性 | 最高 | 最高 | 低于纸币和DCEP | 低于纸币 | 低于纸币 |
| 离线支付 | 可以 | 可以 | 部分支持小额 | 不可以 | 不可以 |
| 破产风险 | 央行法定赔偿 | 央行法定赔偿 | 存在无法偿还可能 | 一篮子货币的资产储备 | 无资产储备或公信机构保证 |
| 运营模式 | 双层结构 | 双层结构 | 三方机构 | Libra 协会 | 算法共同维持、无官方机构 |

### 5.4.3 DCEP 的影响

（1）对支付领域的影响。DCEP"点对点"支付的特性，可以不经过中心化清算机构进行清算，会提高支付效率和市场资金的流动性，真正实现"支付即结算"。在跨境支付领域，业界更是对其寄予厚望。通过"本币→境内数字货币钱包→境外收款人数字货币钱包→外币"的形式，能够极大地简化跨境支付流程，使跨境支付效率极大提升。但更加需要注意的是，这种简化的流程对于外汇管理将是新的挑战，在当下国际监管科技合作的情形下，很难说这是提供了一种简化的跨境支付流程，还是提供了一种新的逃避监管的跨境资金流动方式（彩图5.1）。

彩图5.1 数字人民币境内外流通示意图

（2）对央行货币政策的影响。央行可以根据所需，采集不同频率、不同机构真实完整的实时交易信息，从而可以更准确、更灵活地选择和运用货币政策工具。同时，扁平化的发行和流通机制，让货币持有人对央行的政策更加敏感，优化货币政策传导路径，提升货币政策的有效性。

（3）对国际货币体系的影响。对于当前的人民币跨境结算体系来说，DCEP 将会推动清结算网络建立，绕开美元主导清算系统。当然，DCEP 本质上还是人民币，助力人民币国际化的前提还是人民币在国际上是可信和被接纳的。DCEP 带来的是机遇，通过提高人民币的安全性与流动性，进而提高人民币在国际上的竞争力。

> 【拓展阅读】

#### 央行为何要推出数字货币？

首先，现有的 M0（纸钞和硬币）容易匿名伪造，存在用于洗钱、恐怖融资等风险，而如果用 DCEP 代替纸钞和硬币，虽然仍然存在上述风险，但监管机构可以用大数据进行处理。尽管 DCEP 交易是匿名的，但是可以通过一些行为特征来对涉案个人进行锁定，监管难度相对纸钞和硬币有所下降。

其次，随着移动支付越来越普遍，现金的使用频率大大降低，但凡可以使用移动支付，人们基本上也不太愿意携带现金。而且，纸钞和硬币的发行、印制、回笼、储藏各个环节的成本非常高，还要投入很大的成本做防伪处理，从经济上来说用 DCEP 可以降低这部分成本。同时，对于公众一些正常的匿名支付需求，现有的支付工具是无法满足的，比如支付宝、微信支付、信用卡、银行卡等。它们都是跟银行账户体系绑定的。而 DCEP 既能保持现金的属性和主要的价值特征，又能够满足便携和匿名的需求。

最后，有利于重塑贸易清结算体系和推动人民币国际化。在人民币跨境支付系统（CIPS）上线之前，跨境清结算高度依赖美国的 SWIFT 系统和 CHIPS。但高度依赖 SWIFT 和 CHIPS 系统存在一定风险，正如诸多学者曾指出的，SWIFT 和 CHIPS 正逐渐沦为美国行使全球霸权、进行长臂管辖的金融工具。从历史上看，美国借助着 SWIFT 和 CHIPS 系统发动了数次金融战争。这既不符合我国的利益，也不利于全球金融体系的稳定。此外，在当前数字化浪潮的大趋势下，SWIFT 和 CHIPS 系统技术更新缓慢、安全性难以保证，利用大数据平台和区块链技术构建一个新的清结算网络，已经成为当前许多国家的共识。

人民币的国际化有三个重要条件，一是人民币在境外有一定的流通度，二是在国际贸易中以人民币结算的交易要达到一定的比重，三是以人民币计价的金融产品成为国际各主要金融机构包括中央银行的投资工具。而以区块链技术为基础的数字货币与金融具有天然的融合性，使用数字货币将会极大提高跨境结算的速度，其安全性也比传统跨境结算高得多。随着中国的国际影响力和海外资本的扩张，DCEP 将成为人民币国际化的重要推动力量。

——中南财经政法大学数字经济研究院

# 习　题

**1. 填空题。**

（1）电子现金是以（　　）形式存在的现金货币。

（2）一个理想的电子现金应该具备几个重要特性：（　　）、（　　）、（　　）、可存储性、（　　）以及可分性，等等。

（3）根据现行虚拟货币的发展情况，可以根据其重要性将部虚拟货币分成三类：次级货币、（　　）和（　　）。

（4）（　　）是一种用开源的 P2P 技术软件产生的虚拟货币。

（5）Libra 由三个部分组成：（　　）、真实资产储备和（　　）。

（6）根据国际清算银行的定义，央行数字货币是中央银行货币的新变种，不同于（　　）或（　　）及结算账户。

**2. 选择题。**

（1）（　　）是以智能卡为存储介质的电子现金系统，也被称为 IC 卡型的电子现金。

　　A. Mondex　　　　B. 比特币　　　　C. E-Cash　　　　D. Q 币

（2）下列虚拟货币中，属于道具货币的是（　　）。

　　A. 比特币　　　　B. Q 币　　　　C. 游戏点卡　　　　D. 论坛积分

（3）关于央行数字货币，下列说法错误的是（　　）。

　　A. 不依托于银行账户

　　B. 可以实现离线支付

　　C. 不具有法偿性

　　D. 发行成本低，交易更便捷

(4) 比特币是(　　)。
　　A. 美国法定货币　　　　　　　　B. 网络通用电子货币
　　C. 国际通用货币　　　　　　　　D. 有一定流通性和认可性的虚拟货币
(5) 以下电子货币中，主要依托盲签名技术来实现其匿名性的是(　　)。
　　A. Mondex　　　　B. 比特币　　　　C. E-Cash　　　　D. Q 币

**3. 判断题。**

(1) 电子货币通过电子手段储存货币币值，可以不必通过银行账户，在使用后最后由发行者进行最后的兑付。（　　）

(2) 在使用 E-Cash 时，买方和卖方不必在发放 E-Cash 的银行建立一个账户，各自银行向他们提供 Purse 软件，用于管理和传送 E-Cash。（　　）

(3) 比特币不依靠特定货币机构发行，它依据特定算法，通过大量的计算产生。（　　）

(4) 与法定货币相比，比特币没有一个集中的发行方，由网络节点计算生成，完全不需要依赖金融机构、监管或司法部门，去中心化保证了比特币的安全与自由。（　　）

(5) 比特币具有通缩的特点且价值极不稳定。（　　）

(6) 电子货币不属于信用货币。（　　）

**4. 思考题。**

(1) 对比分析 E-cash 和 Mondex 两种电子现金在安全性和便利性方面的优劣。
(2) 思考：Q 币是不是货币？
(3) 分析比特币的未来发展前景。
(4) 思考我国电子货币发展中的问题并提出相关建议。
(5) 分析我国央行数字货币的发展前景。

# 第6章 第三方支付

## 6.1 第三方支付概述

### 6.1.1 第三方支付机构的发展历程

我国第三方支付机构的发展大概可以归纳为以下三个阶段。

1. 探索期（1995—2005年）

以1999年，首家第三方支付平台首信易支付的成立为起点，第三方支付行业开始蹒跚起步。此时出现的第三方支付企业，大多作为银行的外包公司，为电商平台连接银行网银提供通道。2002年，银联的成立很好地解决了多银行接口的承接问题，第三方支付通过接入银联而发展提速。但此后几年，由于第三方支付公司所起的作用仅仅相当于支付通道，第三方支付公司之间产品同质化比较严重，业务增值空间小，进入门槛比较低，行业监管混乱，一些规模较小、商业模式不清晰的企业业务逐渐萎缩。

2. 启动期（2005—2011年）

2005年是第三方支付行业发展值得纪念的一年。这一年，支付宝公司首次提出了担保交易的概念，标志着第三方支付机构从支付网关模式向增值空间更大的账户模式转变。这一支付创新也解决了电商平台物流、资金流和信息流不匹配的问题，促进了电商行业在随后几年的井喷式发展。也正是伴随着电商行业发展，2008—2010年，中国第三方支付行业异军突起，交易额连续3年增幅超过100%。

3. 高速发展期（2011—2016年）

第三方支付获得合法地位的标志性事件是央行颁发首批支付牌照。从2011年到2015年，央行一共颁发了270张支付牌照。涉及银行卡收单、互联网支付、移动支付和预付卡的发行与受理等几大类型。获得合法地位的第三方支付企业从此步入了高速发展时期，第三方支付牌照的价格也随之水涨船高。

第三方支付步入高速发展时期的另一个标志性事件是余额宝的火爆热卖，支付宝获得基金销售牌照之后，在其平台销售的货币基金产品余额宝凭借其高于银行几倍的年化利率受到用户欢迎，从此，理财等增值服务成为第三方支付平台的标配产品，也标志着第三方支付企业进一步向着综合性平台转变。

第三方支付企业整体向移动支付转型发生在 2014 年，O2O 概念的兴起，令网络支付加速在线下落地。从出行场景到春节抢红包，微信支付横空出世，共同和支付宝培养出大量移动支付用户。

但随着第三方支付被广泛接受，利用第三方支付渠道进行欺诈、洗钱、套现等违法行为日渐增多，为行业的发展带来了不良影响。因此，从 2015 年年底开始，管理层开始密集出台法规，《网络支付管理办法》《完善银行卡刷卡手续费定价机制的通知》等行业重磅政策发布。监管的加强为第三方支付行业的合规化发展夯实了基础。

## 6.1.2　我国第三方支付的发展现状

交易规模是支付机构利润的来源。根据 Analysys 易观发布的数据显示，2020 年第三季度中国第三方支付互联网支付市场交易规模为 6.41 万亿元人民币。2019 年三季度到 2020 年三季度的交易规模如图 6.1 所示。

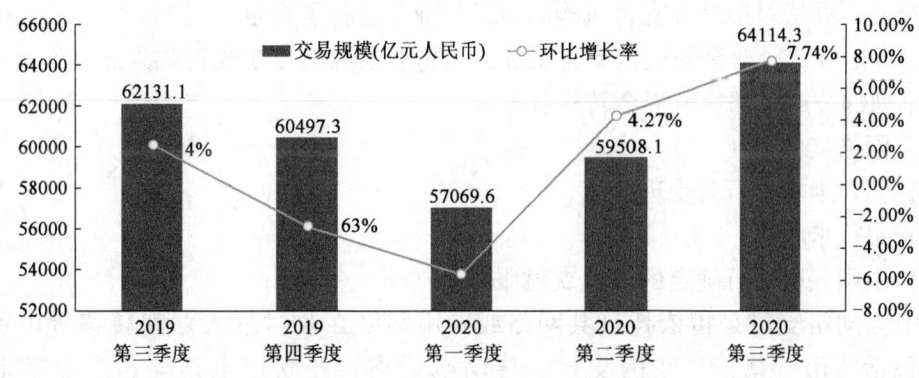

图 6.1　2019 年第三季度至 2020 年第三季度中国第三方支付交易规模图

以上数据借助市场征询及自主监测手段，以自有研究模型估算获得，期间易观不排除将根据最新市场情况对历史数据进行微调

从图 6.1 可以看出，近年来，互联网支付行业整体交易规模开始出现波动，2019 年整体交易规模出现下滑趋势。虽然受到疫情的冲击，但从 2020 年第一季度开始，我国第三方支付互联网支付市场交易规模逐渐变大；2020 年第三季度，疫情的进一步稳定和国内经济情况的好转使得居民线上线下消费进一步回暖，我国社会商品零售总额在 8 月和 9 月均实现了同比的正向增长。从企业市场份额来看，三巨头（支付宝、银联、腾讯）依然格局稳定，如图 6.2 所示。

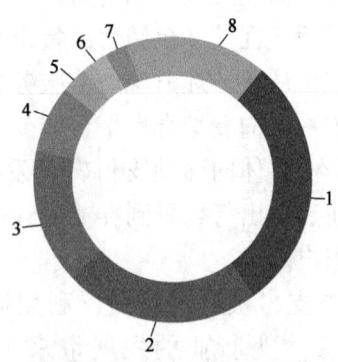

1. 支付宝21.37%
2. 银联商务21.34%
3. 腾讯金融19.28%
4. 快钱7.64%
5. 宝付3.08%
6. 易宝支付3.01%
7. 苏宁支付2.84%
8. 其他21.43%

图 6.2　2020 年第三季度我国第三方互联网支付市场交易份额

以上数据借助市场征询及自主监测手段，以自有研究模型估算获得，期间易观不排除将根据最新市场情况对历史数据进行微调，部分企业未涵盖

## 6.2　第三方支付的定义与模式

### 6.2.1　第三方支付机构的定义

2010 年 6 月 21 日，中国人民银行在网站上正式公布了《非金融机构支付服务管理办法》全文，办法对第三方支付机构的定义与业务进行了规范。

根据办法规定，非金融机构支付服务，是指非金融机构在收付款人之间作为中介机构提供下列部分或全部货币资金转移服务：

(1) 网络支付；
(2) 预付卡的发行与受理；
(3) 银行卡收单；
(4) 中国人民银行确定的其他支付服务。

其中，网络支付是指依托公共网络或专用网络在收付款人之间转移货币资金的行为，包括货币汇兑、互联网支付、移动电话支付、固定电话支付、数字电视支付等。

预付卡是指以营利为目的发行的、在发行机构之外购买商品或服务的预付价值，包括采取磁条、芯片等技术以卡片、密码等形式发行的预付卡。

彩图6.1　中国线下收单市场产业链

银行卡收单是指通过销售点（POS）终端等为银行卡特约商户代收货币资金的行为（彩图 6.1）。

非金融机构提供支付服务，依据办法规定取得《支付业务许可证》，成为支付机构，依法接受中国人民银行的监督管理。

## 6.2.2 虚拟账户型第三方支付

### 1. 定义

虚拟账户支付模式的第三方支付机构需要交易双方首先在电子商务平台或第三方支付机构交易平台上开立虚拟账户,然后通过虚拟账户进行支付结算。

具体来看,在第三方支付机构发展的早期,人们常常将虚拟账户型第三方支付划分为信用中介型与直付型两种模式。

信用中介型账户支付模式是指买卖双方达成付款的意向后,由买方将款项划至其在支付平台上的账户。待卖家发货给买家,买家收货后通知第三方支付平台,第三方支付平台于是将买方划来的款项从买家的账户中划至卖家的账户。直付型账户支付模式是指对买卖双方均在第三方支付平台内部开立账号,第三方支付公司负责按照付款方指令将款项从其账户中划付给收款方账户,以虚拟资金为介质(付款人的账户资金需要从银行账户充值)完成网上款项支付。

发展至今,虚拟账户型企业往往同时采用以上两种模式。

### 2. 代表企业

(1) PayPal。

PayPal 在 1998 年 12 月由 Peter Thiel 及 Max Levchin 建立,是一个总部在美国加利福尼亚州圣荷塞市的在线支付服务商。PayPal 允许客户向 200 多个国家与地区的用户发送和接收付款。可以用多币种交易,包括美元、加元、欧元、英镑、澳元和日元等二十几个币种,如图 6.3 所示。

图 6.3 PayPal 官网首页

(2)支付宝。

支付宝（中国）网络技术有限公司是国内领先的独立第三方支付平台，由阿里巴巴集团创办于 2004 年，致力于为中国电子商务提供"简单、安全、快速"的在线支付解决方案。2011 年 5 月 26 日，支付宝获得了央行颁发的国内第一张《支付业务许可证》（业内又称"支付牌照"），全面覆盖了互联网支付、移动电话支付、银行卡收单、预付卡发行与受等众多支付业务类型。目前，支付宝与国内外 180 多家银行以及 Visa、MasterCard 国际组织等机构建立战略合作关系，成为金融机构在电子支付领域最为信任的合作伙伴。支付宝官网首页如图 6.4 所示。

图 6.4 支付宝官网首页

【拓展阅读】

**PayPal 在中国的进阶之路：从曲线突围到正面竞争**

中国的支付市场已经为世界瞩目。PayPal 也从未放弃中国支付市场。

2010 年，PayPal 和中国银联展开合作，合作重点在跨境交易。

2011 年，PayPal 向中国央行递交了支付牌照申请。当时，央行对于给外资背景的第三方支付公司发放牌照的态度较为谨慎。根据《非金融机构支付服务管理办法》的要求："未经中国人民银行批准，任何非金融机构和个人不得从事或变相从事支付业务。"在未获取支付牌照的情况下，PayPal 在中国的发展只能曲线突围。

2013 年，PayPal 和北京邮政携手推出国际物流解决方案"贝邮宝"。"贝邮宝"是中国邮政为跨境出口电商量企业身定制的精品物流产品，依托首都国际机场作为全国最大航空枢纽的强大运力，以及北京邮政直达全球的邮件递送网络和成熟高效的进出口系统，为 PayPal 优质商户打通外贸电商出口过程中"商户订单（发货凭证）"以及"邮政信息追踪（查询追踪）"等两大关键环节。

2017 年，PayPal 和百度签署合作协议，计划为用户提供连接中国消费者与境外商户的跨境支付方式和交易体验。中国消费者将可以在中国境内通过百度钱包（度小满钱包），在境外的数百万 PayPal 国际商户进行购物和付款。

2019 年 3 月，PayPal 副总裁兼全球政府关系主管理查德·纳什在题为"跨境电商如何跨越全球化中的新挑战？"的分论坛中提到，PayPal 已经与阿里巴巴结成了伙伴关系，并表示期待中国支付市场的开放。

2019 年 9 月，随着中国央行批准国付宝股权变更申请，PayPal 成为中国首家具有支付牌照的外资支付机构。

PayPal 通过旗下美银宝信息技术（上海）有限公司收购了国付宝 70% 的股权。国付宝主要面向电子商务、跨境商贸、航空旅游等行业企业提供支付产品及行业配套解决方案。

从此，PayPal 在中国的支付布局转向了正面竞争。在 PayPal 曲线突围的几年中，支付宝和财付通已经占领了中国的移动支付市场，市场份额超过 90%。因此，多数分析人士认为，PayPal 进军中国支付市场，突破点在跨境支付。

## 6.2.3 通道型第三方支付

1. 定义

通道模式又称网关模式，在这种模式下，交易双方不需要在第三方机构开设虚拟账户，交易双方只要在银行有账户就可进行交易。

该模式的主要特点是在网上商户和银行网关之间增加一个第三方支付网关，由第三方支付网关负责集成不同银行的网银接口，并为网上商户提供统一的支付接口和结算对账等业务服务。在这种模式下，第三方支付机构把所有银行网关（网银、电话银行）集成在了一个平台上，商户和消费者只需要使用支付机构的一个平台就可以连接多个银行网关，实现一点接入，为商户和消费者提供多种的银行卡互联网支付服务。

2. 代表企业——银联电子支付

银联电子支付服务有限公司（ChinaPay）成立于 2002 年，是中国银联控股的银行卡专业化服务银联电子支付服务公司，其官网首页如图 6.5 所示。

图 6.5 银联电子支付官网首页

银联电子支付拥有面向全国的统一支付平台，主要从事以互联网等新兴渠道为基础的网上支付、企业 B2B 账户支付、电话支付、网上跨行转账、网上基金交易、企业公对私资金代付、自助终端支付等银行卡网上支付及增值业务，是中国银联旗下的网络方面军。

# 6.3 第三方支付行业资金清算中的主要问题

以支付宝、财付通为代表的大部分互联网支付机构通过在各商业银行多头开户、多头连接的方式开展资金清算业务，客观上存在不少风险与隐患：

一是由于各银行机构业务处理平台标准和接口标准不统一，造成多头开发、重复建设，资源浪费大，开发和管理难度也大，不利于社会资源的节约和处理效率的提高。

二是部分非银行支付机构系统安全性及风控管理水平参差不齐，且缺乏配套的风险保障措施。目前，已经有非银行支付机构因经营不善发生系统性风险或破产倒闭，累及银行，对金融稳定产生了不利影响。

三是这种清算模式有相对的封闭性，交易处理过程和交易信息透明度低，游离于监管部门的有效监管之外，已经产生监管死角。

四是客户备付金风险。对于虚拟账户型的第三方支付机构来说，往往存在着以余额或在途资金形式存在的备付金。该备付金是支付机构收到的预收待付货币资金，不属于支付机构的自有财产。

视频6.1 账户型第三方支付的早期风险

但在 2018 年以前，支付机构往往将客户备付金以自身名义在多家银行开立账户分散存放。2016 年，平均每家支付机构开立客户备付金账户 13 个，最多的开立客户备付金账户达 70 个。客户备付金的分散存放，既不利于对客户备付金进行有效监测，也存在被支付机构挪用的风险（视频 6.1）。

【拓展阅读】

## 第三方支付机构的监管之路

由于直接处理大量资金的转移，第三方支付行业一直是严监管领域，从 2010 年行业实行牌照制度准入开始，监管根据行业发展现状，对于持牌机构的经营细节一直在进行规范，如推出账户分类制度、不允许"二清"、规范备付金管理等。近十年，我国对第三方支付机构的主要监管政策见表 6.1。

### 表6.1 第三方支付机构主要相关监管政策表

| 时间 | 颁布政策 | 颁布机构 | 政策解读 |
|---|---|---|---|
| 2010.9.1 | 非金融机构支付服务管理办法 | 中国人民银行 | 定义非金融机构支付服务及其业务要求、边界，颁发相应类型《支付业务许可证》，规范第三方支付行业 |
| 2013.6.7 | 支付机构客户备付金存管办法 | 中国人民银行 | 详细规定支付机构对于客户备付金的存款、归集、使用、划转等行为，要求备付金100%在银行托管 |
| 2013.7.15 | 银行卡收单业务管理办法 | 中国人民银行 | 规范银行业金融机构和持牌支付机构在线下收单业务，明确特约商户管理细则，收单业务风险管理及处罚等细则 |
| 2015.4.19 | 国务院关于实施银行卡清算机构准入管理的决定 | 国务院 | 明确银行卡清算业务范围，指出开展业务必须持有相应牌照；实质上判定了第三方支付机构"直连模式"不合规 |
| 2015.12.28 | 非银行支付机构网络支付业务管理办法 | 中国人民银行 | 规定第三方支付机构网络支付业务范围；要求对用户账户进行分级管理；允许支付账户有一定资金沉淀，但余额消费上限为10万 |
| 2016.12.1 | 关于落实个人银行账户分类管理制度的通知 | 中国人民银行 | 规定客户在银行开设的账户数量、分类分级规则、应用场景等；银行开始主推"二级账户"，促进支付收单市场的发展 |
| 2017.8.4 | 关于将非银行支付机构网络支付业务由直连模式迁移至网联平台处理的通知 | 中国人民银行 | 要求支付机构设计银行账户的网络支付业务全部接入网联平台，支付机构"断直连"，网联筹备上线 |
| 2017.12.25 | 条码支付业务规范（试行） | 中国人民银行 | 明确条码业务的定义、业务细则等，条码支付正式被央行承认 |
| 2018.6.29 | 关于支付机构客户备付金全部集中交存有关事宜的通知 | 中国人民银行 | 要求第三方支付机构将客户备付金全额存缴 |
| 2019.4.10 | 支付机构外汇业务管理办法 | 中国人民银行 | 加强账户实名制管理，健全紧急止付和快速冻结机制，加强转账管理 |
| 2019.12.02 | 关于规范代收业务的通知（征求意见稿） | 外汇管理局 | 对外汇支付业务登记、签约合作银行、参与主体、交易审查、外汇备付金账户管理、信息采集等进行了规定 |
| 2020.10.13 | 非银行支付机构行业保障基金管理办法（意见稿） | 中国人民银行 | 非银行支付机构应当计提行业保障基金，用于弥补客户备付金特定损失以及人民银行规定的其他用途 |
| 2021.01.10 | 非银行支付机构条例（征求意见稿） | 中国人民银行 | 综合了以往发布的多项管理办法中的要求，确保监管的专业性、统一性和针对性 |
| 2021.01.19 | 非银行支付机构客户备付金存管办法 | 中国人民银行 | 以部门规章形式夯实客户备付金集中存管制度基础，强化监管 |

数据来源：爱分析《第三方支付机构发展报告》。

## 6.4 网联清算有限公司

### 6.4.1 网联概述

网联清算有限公司（Nets Union Clearing Corporation，简称 NUCC）是经中国人民银行批准成立的非银行支付机构网络支付清算平台的运营机构。在中国人民银行指导下，由中国支付清算协会按照市场化方式组织非银行支付机构以"共建、共有、共享"原则共同参股出资，于 2017 年 8 月在京注册成立，为公司制企业法人。其中，央行下属 6 家单位，共出资约 7 亿元，占股比例接近 30%；外汇局全额出资的子公司梧桐树投资平台持有 10% 的股份；支付宝、财付通均占有近 10% 的股份。

非银行支付机构网络支付清算平台作为全国统一的清算系统，主要处理非银行支付机构发起的涉及银行账户的网络支付业务，实现非银行支付机构及商业银行一点接入，提供公共、安全、高效、经济的交易信息转接和资金清算服务，组织制定并推行平台系统及网络支付市场相关的统一标准规范，协调和仲裁业务纠纷，并将提供风险防控等专业化的配套及延展服务。

2017 年 8 月，央行支付结算司印发《中国人民银行支付结算司关于将非银行支付机构网络支付业务由直连模式迁移至网联平台处理的通知》，明确要求非银行支付机构的网络支付业务将逐渐由直连模式迁移至网联平台处理，并要求 2018 年 6 月 30 日前所有网络支付业务全部通过网联平台处理。截至 2019 年年末，共有 534 家商业银行和 115 家支付机构接入网联平台。2019 年，网联清算平台处理业务 273975.42 亿笔，金额 259.84 万亿元；日均处理业务 10.89 亿笔，金额 7118.97 亿元。

### 6.4.2 网联的主要意义

网联不同于现有的银行卡组织（银联），其定位于处理由网络支付机构发起的网络支付业务以及为支付机构服务的业务，支撑以电子商务等场景驱动的支付业务创新，满足基于支付账户与银行账户的网络支付跨行资金清算处理，并通过可信服务和风险侦测，防范和处理诈骗、洗钱、钓鱼以及违规等风险。

具体说来，网联推出的主要意义如下：

（1）便于央行监管。极大改变了现有第三方网络支付机构直连银行网络带来的多方关系混乱、监管上有漏洞等各种问题。

（2）跨行清结算更合规。在网联推出之前，第三方支付行业的潜规则是：第三方支付平台通过存在各家商业银行的备付金账户来完成跨行资金清算。这种行为一直属于超范围经营行为，变相行使央行或清算组织的跨行清算职能。有支付机构借此便利为洗钱等犯罪活动提供通道，也增加了金融风险跨系统传导的隐患。

（3）支付费率透明化。有了网联，第三方支付机构就失去了与商业银行的议价机会。这使得各第三支付机构的优势和能力都被一定程度的拉平，有利于中小第三方支付的发展。同时，这也要求第三方支付机构应把更多精力放在业务创新与客户服务上，有利于支付生态的健康发展。

（4）支付接入更快捷。网联统一了接入平台及对接标准。以前支付机构的技术体系面对的是几百家商业银行，现在只需要对一家网联，其技术联调成本以及通道对接的人工成本将极大下降。

（5）降低备付金风险。保障客户备付金安全是对支付机构监管的重点，通过制定客户备付金集中存管方案，要求支付机构将客户备付金统一缴存人民银行或符合要求的商业银行，有助于加强账户资金监测，防范资金风险，切实保护客户合法权益。

## 6.4.3 网联的基本架构与流程

网联支付清算平台将原有的第三方支付与银行的直联模式变成第三方支付、银行统一连接网联平台，并通过网联统一转接交易指令的模式，其基本架构如图6.6所示。

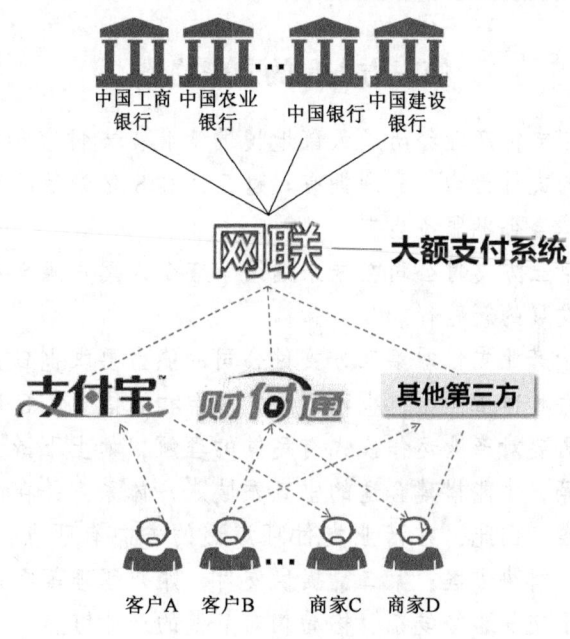

图6.6 网联的基本架构图

从支付流程上来说，网联在整个支付过程中，属于居间转接清算模式。网联平台前接支付机构发送的支付请求，后转各家银行完成资金结算，上连清算总中心大额支付系统完成银行间资金清算。网联处理的业务特点对系统提出了较高的要求。目前，支付宝与微信支付已成为我国零售支付的重要渠道，据数据显示2016年"双11"，仅支付宝的支付峰值就达到12万笔/秒，因此，网联系统实行的是7×24小时运行模式，支付指令实时转发，分批轧差清算。

从系统的具体架构来说，考虑到分散处理压力、提高系统冗余、保障业务持续可用等原因，网联采用了分布式架构，在北京、上海、深圳分别有两个数据中心，用以处理交易的实时转接以及清分汇总轧差。同城的两个中心采用不同运营商的两条高速优质线路互联。

对于接入系统的第三方支付机构，网联对我国第三方支付机构发展不均衡的情况进行了充分考虑，对不同业务规模的第三方支付机构采用了不同的接入方案：对于大型支付机构来说，必须采用6线接入网联三地六个数据中心；对于中型支付机构来说，至少采用4线接入网联三地四个数据中心；对于小型支付机构来说，至少采用2线接入网联异地两个数据中心，且各支付机构均应使用至少两家不同的运营商来接入。

而对于接入系统的银行，由于我国银行相较支付机构，其发展较为均衡，故在接入方案时只区分了两类。全国性商业银行的总行数据中心接入，需要对接网联6个数据中心；地方性商业银行需要通过2条专线接入网联2个城市2个数据中心；但它们同样需要至少使用两家不同运营商。

【拓展阅读】

## 第三方支付的未来趋势

过去数年间，中国支付产业经历了天翻地覆的变化：支付宝和微信支付（财付通）几乎垄断了个人用户的支付行为，分别拥有超过5亿和8亿的活跃用户，并基于个人支付数据建立起庞大的综合金融服务生态。

在这一格局下，第三方支付公司在未来继续争夺个人用户意义不大，而深耕产业生态将是支付公司未来发展的新路径。

随着经济的发展，产业支付对第三方支付公司的能力要求也日益提高，既不再仅限于早期的支付处理能力和通道能力，也不同于支付宝和微信支付C端流量获取能力及用户运营能力；支付公司要对产业运作模式有足够的理解，如上下游如何进行采购、总分店之间如何进行分账等，才能搭建合适的垂直领域账户体系，并在此基础上提供支付工具、其他综合解决方案。因此，在产业支付可渗透的方向有两点：第一，服务B2B交易，提供数字化的支付解决方案；第二，提供支付、账户管理等在内的企业经营管理综合解决方案，更适用于交易路径复杂、格局相对分散的产业链。

另一方面，跨境支付也可能成为第三方支付行业的下一个爆发点。

传统上，典型的跨境进出口贸易是大额、低频的，银行在这一领域支付服务中处于垄断地位。近年，以跨境电商为代表的各类新兴场景规模快速增长，催生小额、高频的跨境支付需求。但另一方面，由于外管局对于资本项下资金跨境严监管，第三方支付公司短期内无法介入这一领域。因此，国内各类创新型支付公司参与人民币跨境支付，高度依赖于跨境电商场景。目前国内第三方支付机构所参与的汇兑和资金出入境仅仅是其中很小的一个领域，本质上是依托牌照提供支付通道，商业模式核心是依靠支付手续费和汇差赚钱。长期来看这一模式下支付规模和增值服务想象空间有限，为客户提供的价值度不高。

从全球跨境支付产业链来看，创新涉及多个类主体间的支付清分，从 C2C 到 B2B，大量支付场景正在发生改变。而未来，第三方支付在跨境领域的想象空间在于：第一，脱离单一的电商场景，拓展各类场景和不同主体之间的跨境支付服务；第二，从单一的牌照生意向支付产业链更多环节延伸，拓展全球支付网络建设能力。

# 习 题

**1. 填空题。**

（1）第三方支付获得合法地位的标志性事件是（　　）。

（2）虚拟账户型第三方支付划分为（　　）与直付型两种模式。

（3）2005 年，支付宝公司首次提出了（　　）的概念，标志着第三方支付机构从支付网关模式向增值空间更大的账户模式转变。

（4）（　　）是指通过销售点（POS）终端等为银行卡特约商户代收货币资金的行为。

（5）根据央行规定，（　　）是指非金融机构在收付款人之间作为中介机构提供所规定的部分或全部货币资金转移服务。

（6）非银行支付机构网络支付清算平台主要处理（　　）发起的涉及银行账户的网络支付业务。

**2. 选择题。**

（1）以下不属于第三方支付平台的是（　　）。

　　A. 支付宝　　　　B. 财付通　　　　C. Chinapay　　　　D. 网上银行

（2）第三方支付存在的问题有（　　）。（多选）

　　A. 沉淀资金管理不当引发风险

　　B. 增加了洗钱行为的隐蔽性和匿名性

　　C. 用户信息泄露的风险

　　D. 降低了买卖双方的信任

（3）第三方支付平台的三边市场涉及商家、消费者和（　　）。

　　A. 银行　　　　B. 保险公司　　　　C. 证券公司　　　　D. 期货公司

（4）以下关于网联的说法中，错误的是（　　）。

　　A. 第三方支付机构仍然直接连接银行

　　B. 支付费率透明化

　　C. 保障客户备付金安全

　　D. 便于央行监管

(5) 财付通是（　　）于 2005 年 9 月正式推出的专业在线支付平台。
　　A. 阿里巴巴　　　　　　　　　　B. 银联电子支付服务有限公司
　　C. 腾讯　　　　　　　　　　　　D. 上海环迅电子商务有限公司

**3. 判断题。**

(1) PayPal 可以用多币种交易，包括美元、加元、欧元、英镑、澳元和日元等 25 个币种。（　　）

(2) 网关模式下，交易双方不需要在第三方机构开设虚拟账户，交易双方只要在银行有账户就可进行交易。（　　）

(3) 网上支付方式都能算作第三方支付。（　　）

(4) 央行所规定的第三方支付机构的网络支付业务是指依托公共网络或专用网络在收付款人之间转移货币资金的行为。（　　）

(5) 网联系统 5×12 小时运行模式，指令实时转发，全额清算。（　　）

**4. 思考题。**

(1) 分析虚拟账户型第三方支付机构的主要风险。

(2) 思考虚拟账户型第三方支付机构的资金流向。

(3) 分析"网联"平台推出对第三方支付行业的影响。

(4) 登录支付宝等典型的第三方支付机构的网站，了解其涉及的业务类型。

# 第7章 网络银行

## 7.1 网络银行概述

当今世界,网络技术的巨大影响力已渗透到经济领域的各个方面以及与经济运行密切相关的金融领域。

说起网络银行,其实在国外也是一个较新的业务。普遍认为的第一家网络银行是1995年10月18日成立的美国安全第一网络银行(Security First Network Bank,SFNB)。作为美国第一家纯网络银行,SFNB后被加拿大最大的传统银行Royal Bank of Canada收购,并改为RBC Centura。被RBC收购后,SFNB成为RBC中吸引客户资金极强的一家分支。

1996年2月,中国银行在互联网上开始建设自己的主页(HOME PAGE),成为全国第一家在互联网上向全球发布信息的银行。之后,我国各大银行都陆续发展网络银行,利用网络虚拟柜台来开展各类银行业务。相关数据显示:2018年第4季度,工行、建行、农行、交行分别位列市场前四位,合计拥有60.7%的市场份额,中国银行以10.4%的市场份额位居第五位,具体如图7.1所示。

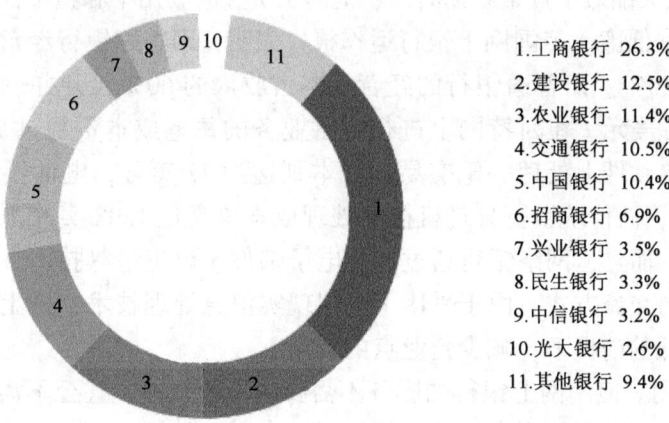

图7.1 2018年第四季度中国网上银行市场交易份额
以上数据根据银行年报、易观自有监测数据和易观研究模型估算获得

## 7.2 网络银行的概念与内涵

### 7.2.1 网络银行的定义

网络银行是通过技术手段在地理上虚拟延伸的银行,又称电子银行、网上银行与在线银行。具体来说,网络银行是指银行在互联网(Internet)上建立站点,通过互联网向客户提供信息查询、对账、网上支付、资金转账、信贷、投资理财等金融服务。更通俗地讲,网络银行就是银行在互联网上设立的虚拟银行柜台。传统的银行服务不再通过物理的银行分支机构来实现,而是借助技术手段在互联网上实现。

### 7.2.2 网络银行的特点

近年来,网络银行的快速发展与其特点息息相关。一般说来,网络银行具有以下特点:

(1) 全面实现无纸化交易。以前使用的票据和单据大部分被电子支票、电子汇票和电子收据所代替;原有的纸币被电子货币,即电子现金、电子钱包、电子信用卡所代替;原有的纸质文件的邮寄变为通过数据通信网进行传送。

(2) 服务方便、快捷、高效、可靠。通过网上银行,用户可以享受到方便、快捷、高效和可靠的全方位服务。上网客户可以在家里开立账户,进行交易。网上银行实行全天24小时、一年365天不间断营业。客户可以在任何地方、任何需要的时候使用网上银行的服务,不受时间、地域的限制,即实现3A服务(anywhere, anyplace, anytime)。银行业务的电子化大大缩短了资金在途时间,提高了资金的利用率和整个社会的经济效益。

(3) 经营成本低廉。美国网上银行运作报告表明,因特网银行经营成本只相当于经营收入的15%~20%。而普通银行的经营成本占收入的60%,开办一个网络银行所需的成本只需100万美元。在因特网上进行金融业务的每笔成本不超过13美分,而在银行自有的个人电脑软件上处理一笔交易的成本则达到27美分,电话银行服务的每笔交易成本为54美分,而传统银行分理机构的处理成本更高达1.08美元。网络银行业务成本优势显而易见。而且,网络银行通过利用电子邮件、讨论组等技术,还可提供一种全新的、真正的双向交流方式。由于采用了虚拟现实信息处理技术,网上银行可以在保证原有业务量不降低的前提下,减少营业点的数量。

(4) 简单易用。使用网上银行的服务不需要特别的软件,甚至不需要任何专门的培训,只需要有一台电脑并且能够连接到因特网。上网后,即可根据网络银行网页的显示,按照提示进入自己所需的业务项目。简捷明快的用户指南,使一般具有因特网基本知识的网民都可以很快掌握网上银行的操作方法。网上通信方式也非常灵活方便,便于客户与银行之间以及银行内部之间的沟通。

### 7.2.3 网络银行的主要功能

在激烈的竞争中,各家银行的网络银行业务不断推陈出新,使得网络银行的业务日益丰富,比较常见的业务有以下六类:

(1) 公共信息服务,包括银行简介;银行网点、ATM、特约商户介绍;银行业务、服务项目介绍;存款、带款利率查询;外汇牌价查询;国债行情查询;各类申请资料(贷款、信用卡申请);投资、理财咨询使用说明。

(2) 客户交流服务,包括客户意见反馈;客户投诉处理;客户投诉问题解答。

(3) 账务查询服务,包括企业集团对公业务查询服务;支票、汇票查询;个人卡业务查询服务;个人储蓄业务查询。

(4) 银行交易服务,包括企业集团转账业务;个人理财业务;卡转账业务;外汇交易业务;个人小额抵押贷款;汇票业务等。

(5) 代收费业务,包括水电费、电话费等。

(6) 账务管理服务,包括修改密码;挂失银行卡、存折;挂失支票等。

## 7.3 网络银行的两种模式

网络银行主要有纯虚拟网络银行和传统银行的网银两种模式。

### 7.3.1 纯虚拟网络银行

纯虚拟网络银行是指完全依赖于 Internet 的全新电子银行,这类银行几乎所有银行业务交易都依靠互联网进行。

1. SFNB

1995 年 10 月,全球第一家网络银行"安全第一网络银行"在美国诞生,总部设在亚特兰大市。这家银行没有总部大楼,没有营业部,只有网址,员工也只有 10 人。营业厅就是电脑画面,所有交易都是通过网络进行的。在 SFNB 开业的短短几个月内,就有近千万人次上网浏览,虽然其存款额在全美银行界还是微不足道的,但它的存在却证明了一种理想的实现,给世界金融界带来了极大的震撼,如图 7.2 所示。

2. 耐特银行

耐特银行(Net. B@nt)是仅次于安全第一网络银行的纯网络银行,在 1999 年一季度末,其存款已经达到 3327 亿美元,在后者被收购以后,它成为纯网络银行业的领头羊。耐特银行服务的特色在于以较高的利息吸引更多的客户。最高执行官葛利姆斯

(G. R. Grimes)认为，每一个纯网络银行的客户都是从其他银行吸引过来的，所以吸引客户在纯网络银行的战略中应是第一位的，而利息则是吸引客户的最佳手段。

图7.2　安全第一网络银行首页

### 3. 乐天银行

日本第一网络银行——乐天银行。2009年2月乐天收购了日本第二个诞生的网络银行eBANKCorporation，2010年5月将其更名为乐天银行，目前乐天银行是日本最大的网络银行。

eBANKCorporation于2000年1月成立，2001年7月取得银行牌照，核心业务是互联网结算，当时没有融资业务。2005年11月开始涉足投资信托业务，2006年12月开展外币普通存款业务，汇兑等手续费业界最低，网络银行的低成本为其带来了竞争力。2006年eBANK开始发行借记卡。

2009年eBANK被乐天收购。乐天收购eBANK首先是看中其业界领先的支付结算能力，可为乐天数千万会员带来更为便利的支付结算体验；其次是可以充分利用乐天庞大的消费者群体，开发个人贷款、住宅贷款、电子货币等金融产品。依靠乐天庞大的用户优势，eBANK纳入乐天旗下一年便成功扭亏为盈。

目前乐天银行业务账户分为个人、个体业者、企业三类，业务涉及借记卡发行、境内外转账、支付、日元存款、外币存款、发卡、存取款、汇兑业务、个人贷款、住宅贷款等众多领域。乐天银行自己并没有设置ATM，但其发行的借记卡可以在日本全国大约60000台ATM上取款，且无需手续费。对于在乐天开店的店铺来讲，在乐天银行开户最大的好处就是可以每天收到乐天的结算款项，资金周转迅速。

### 4. 浙江网商银行

浙江网商银行是由蚂蚁金服作为大股东发起设立的中国第一家核心系统基于云计算

架构的商业银行，纯互联网运营。它作为银监会批准的中国首批5家民营银行之一，于2015年6月25日正式开业。浙江网商银行首页如图7.3所示。

图7.3　浙江网商银行首页

网商银行以服务小微企业、支持实体经济、践行普惠金融为使命，希望做互联网银行的探索者和普惠金融的实践者，为小微企业、个人创业者提供高效、便捷的金融服务。目前，网商银行的业务范围包括：吸收公众存款；发放贷款；办理国内外结算；办理票据承兑与贴现；发行金融债券；代理发行、代理兑付、承销政府债券；买卖政府债券、金融债券；从事同业拆借；买卖、代理买卖外汇；提供担保；代理收付款项及代理保险业务；经国务院银行业监督管理机构批准的其他业务。

【拓展阅读】

### 香港虚拟银行的发展历程

自20世纪90年代，国际上出现虚拟银行以来，作为三大国际金融中心之一的香港，就一直跃跃欲试。

2000年5月，香港金融管理局首次发出了《虚拟银行的认可》指引，对于虚拟银行的准入条件。该指引设计的一个条件是有关申请机构必须符合适用于传统银行的相同的审慎准则。

不过，此后，香港虚拟银行再无动静。直到2012年，香港金管局对上述指引进行更新，对是否发牌与虚拟银行在香港经营的原则进行再度阐释。在此之后，虚拟银行又石沉大海没了消息。

到了2018年，香港金管局突然开始重视起发展虚拟银行这件事；当年2月，香港金管局对《虚拟银行的认可》指引进行修订，并于5月30日正式发布。

到2018年8月31日截止申请日期之前，一共有30多家企业向香港金管局申请了虚拟银行牌照。

2019年5月9日，香港金管局一口气为八家虚拟银行颁发牌照，它们是Livi VB Limited、SC Digital Solutions Limited、众安虚拟金融、Welab Digital Limited、蚂蚁商家服务（香港）、贻丰、洞见金融科技、平安壹账通。其中，Livi VB Limited为京东数科全资公司参股的一家公司。同年12月18日，众安银行有限公司（"ZA Bank"）宣布启动试营业，是上半年香港首批8张虚拟银行牌照获批以来，首家试营业的虚拟银行。标志着香港银行业迈进一个新的里程。

从ZA Bank公布的信息来看，这家虚拟银行将透过一站式手机应用程序完成开户、存款、转账等服务，省却到分行办理手续的麻烦。另外，用户只需凭香港身份证，便能最快于5分钟内完成开户。此外，ZA Bank将支持转数快跨平台转账，并推出崭新的"5秒转账缓冲""人脸识别认证"等功能。

2020年12月，伴随腾讯旗下的虚拟银行——富融银行（原名贻丰）的正式开业，首批通过的八家银行全部开业运营。各虚拟银行利用各自股东资源，经营侧重点各不相同。比如，平安壹账通银行主打中小企贷款产品、蚂蚁银行（香港）主打3分钟开户和存款宝、Livi Bank则主打支付。多家虚拟银行的开业不仅意味着香港银行客户即将体验到更多创新的银行服务，也标志着香港银行业迈进一个新的里程。

## 7.3.2 传统银行的网银

近年来，传统银行也开始运用Internet开展传统银行业务，通过它发展家庭银行、企业银行等，使用用户可以通过WWW查看自己的账户信息、办理转账以及各种增值业务。这种形式的网络银行占了网络银行总数的90%以上，是我国直销银行最重要的组成部分。

直销银行：传统商业银行不以实体网点和物理柜台为基础，主要通过ATM、互联网、电话等远程通信渠道为客户提供银行产品和服务。目前国内的直销银行多数为银行下属部门，没有独立经营牌照（百信银行等少数银行除外）。典型的代表有美洲银行、中国工商银行等。

1. 美洲银行

美洲银行公司是加利福尼亚财团控制的一家单一银行持股公司，创建于1968年10月7日，总部设在旧金山。1969年4月1日，美洲银行成为美洲银行公司的附属机构，全部股权为该公司所控制。

美洲银行的网上银行是在线金融服务的领先者，其网上银行业务获得了全球范围内的认可。美洲银行拥有世界上众多的在线注册用户，并获得了各顶尖财经杂志所给予的诸多殊荣，如图7.4所示。

美洲银行网上银行提供的服务栏目相当丰富，每个栏目下的分支栏目也非常详细。

网上银行服务主要包括个人金融服务、小企业金融服务和公司及机构金融服务等。在个人金融服务方面，美洲银行提供的在线金融产品基本包括了传统个人金融业务的大部分业务，实际就是其传统业务在互联网上的延伸。

图 7.4　美洲银行网银

2. 中国工商银行

中国工商银行成立于 1984 年 1 月 1 日，向全球 578.4 万公司客户和 5.3 亿个人客户提供广泛的金融产品和服务，是中国最大的商业银行。连续三年在《银行家》全球 1000 家大银行和美国《福布斯》全球企业 2000 强中取得佳绩。目前，中国工商银行的网络银行是中国市场份额最大的网络银行，如图 7.5 所示。

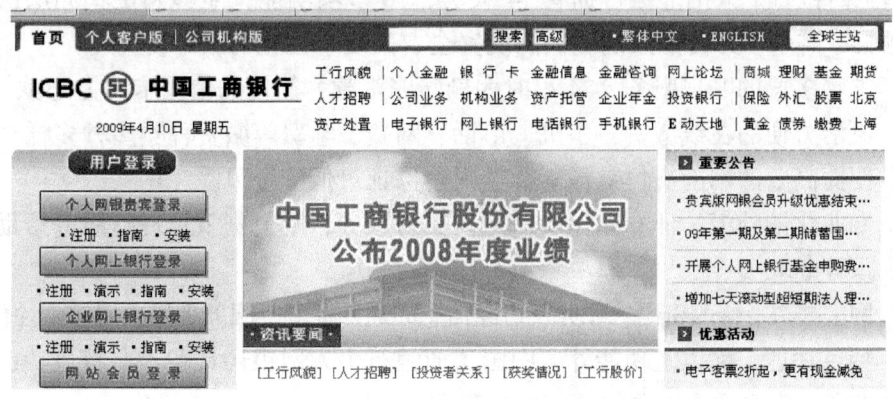

图 7.5　中国工商银行网银首页

## 7.4 个人网银与企业网银

大部分的网络银行根据服务对象的不同,将网银划分为个人网络银行与企业网络银行两个部分。下面,以中国工商银行为例,对个人网银与企业网银的常见业务进行一个简单介绍。

### 7.4.1 个人网络银行

中国工商银行个人网上银行是指通过互联网,为工行个人客户提供账户查询、转账汇款、投资理财、在线支付等金融服务的网上银行渠道。凡在工行开立本地工银财富卡、理财金账户、工银灵通卡、牡丹信用卡、活期存折等账户且信誉良好的个人客户,均可申请成为个人网上银行注册客户,如图7.6所示。

图7.6 中国工商银行个人网银首页

中国工商银行个人网上银行拥有14大类、70多项功能,能够满足不同层次客户的各种金融服务需求,并可为人们提供高度安全、高度个性化的服务。

(1) 丰富多彩的账户服务,24小时大额转账汇款,简便的信用卡网上还款。

(2) 灵活方便的在线缴费,手机、市话、网费、学费等缴费种类多种多样。

(3) 便捷高效的网上支付,最高金额限制保证最低资金风险。

(4) 专业化的外汇、证券和保险信息及交易服务,网上贷款及理财服务帮助人们随时随地掌握财富。

(5) 网上挂失、修改密码、账务及财经信息的通知提醒等服务满足人们的个性化需求。

(6) 特色功能。除以上功能外,中国工商银行个人网银还具备一些特色功能如下:

①更优惠,为客户提供更加超值的优惠服务。

a. 转账汇款更实惠。5万元以下境内人民币网上银行汇款实时到账,且针对5000元以下的境内人民币网上银行转账汇款免收手续费,以降低费用支出。

b. 生活服务更优惠。为客户提供手机充值、机票酒店、生活娱乐等涵盖各种生活场景服务，专属"象"惠星期四品牌活动，以优惠幅度更大的方式于每周四固定推出优惠活动，日常优惠不打烊，精彩活动不断档，如图7.7所示。

图 7.7　中国工商银行"惠生活"界面

c. 购物消费更实惠。与融 e 购商城无缝融合，客户可通过网银直接购买融 e 购商品，积分可抵现、购物可贷款、购物更轻松，更真更值更有品质，如图 7.8 所示。

图 7.8　中国工商银行"融 e 购商城"界面

②更开放，为客户提供更加全面便利服务。

a. 业务开放。采取全新的电商化界面设计，客户无需登录网银即可浏览工行全部金融产品或办理业务，真正做到先体验，交易过程中再登录。

b. 客户开放。他行客户可注册，依托电子账户体验，实现非工行客户也可以使用工行网银，甚至还可以购买工行众多的投资理财产品。

c. 平台开放。开放式平台管理，开放共享平台资源，吸引各方资源参与平台应用场景建设，基金公司或者保险公司等金融同业均可与融 e 行实现系统对接，为客户联合打造互利共赢金融生态圈。

③更安全,"大额交易重安全,小额交易重便利",大额交易时可选择工行首创的大额交易高级别安全工具通用U盾,具有1024位高强度信息加密、数字认证和数字签名技术,能杜绝私密信息被复制。小额交易时可选择小额快捷支付工银e支付,安全便捷两不误。

U盾,是工行推出并获得国家专利的客户证书USBkey,是工行为客户提供的电子银行业务高级别安全工具。U盾内置微型智能卡处理器,通过数字证书对电子银行交易数据进行加密、解密和数字签名,确保电子银行交易保密和不可篡改,以及身份认证的唯一性。U盾可通过USB接口与电脑相连,其中通用U盾还可通过音频接口与手机等移动设备相连。

对于安全级别要求较高的电子银行客户,推荐使用U盾。如果需要在手机等移动设备上使用U盾,客户需要申领通用U盾。

### 7.4.2 企业网络银行

中国工商银行企业网上银行是指通过互联网或专线网络,为企业客户提供账户查询、转账结算、在线支付等金融服务的渠道。根据功能、介质和服务对象的不同可分为普及版、标准版和中小企业版。在工行开立账户、信誉良好的企业客户,包括企业、行政事业单位、社会团体等均可开通企业网上银行。

企业网上银行业务功能分为基本功能和特定功能。基本功能包括账户管理、网上汇款、在线支付等功能;特定功能包括贵宾室、网上支付结算代理、网上收款、网上信用证、网上票据和账户高级管理等业务功能。

1. 账户管理

账户管理是指客户通过网上银行进行账户信息查询、下载、维护等一系列账户服务。无论是集团企业还是中小企业,都可以随时查看总(母)公司及分(子)公司的各类账户的余额及明细,实时掌握和监控企业内部资金情况;还可以通过"电子回单"功能在线自助查询或打印往来户的电子补充回单。账户管理为实现集约化、现代化管理提供了有力保障。

2. 收款业务

收款业务是收费企业客户通过工行网上银行以批量方式主动收取签约个人或者其他已授权企业用户各类应缴费用的一项精品业务。它申办手续简便,收费方式灵活,可进行异地收款,为收费客户提供了一条及时、快捷、高效的收费"通道",解决了一直困扰收费客户的"收费难"问题,缩短了资金周转周期,加快了资金的迅速回笼。

收款业务由批量扣企业和批量扣个人两部分组成,收费企业要对缴费企业(个人)进行扣款,必须先由银行、收费企业、缴费企业(个人)共同签订一个三方协议并建立扣款对应关系。建立对应关系的方法一般是由收费企业向银行提供,并且由银行通过内部管理系统手工建立。对于个人客户,还可以通过登录工商银行个人网上银行,由个人客户自助签订协议。

3. 付款业务

付款业务包括网上汇款、证券登记公司资金清算、电子商务和外汇汇款四大业务,是传统商务模式与现代电子商务模式相结合的产物,是工行为满足各类企业客户的付款需求而精心设计的全套付款解决方案。

4. 集团理财与票据托管

集团企业总(母)公司可直接从注册的所有分(子)公司账户主动将资金上收或下拨到集团企业任一注册账户中,而不必事先通知其分(子)公司。定向汇款功能可以使企业在不开通对外转账权限时实现对特定账户之间的转账功能。

票据托管是指工行为客户代为登记、保管票据,并依据客户的业务申请提供托管票据的贴现、质押、委托收款、提回等服务的业务。

网上票据托管业务包括网上票据信息管理和票据托管两部分功能,可以实现集团公司对总部和分支机构所持票据的信息录入、查询,以及票据贴现、质押、转让、托收等功能。

5. 信用证业务

信用证是指银行有条件的付款承诺,即开证银行依照开证申请人的要求和指示,承诺在符合信用证条款情况下,凭规定的单据,向第三者(受益人)或其指定人进行付款,或承兑;或授权另一银行进行该项付款,或承兑;或授权另一银行议付。

网上银行信用证业务为开证银行企业网上银行客户提供了快速办理信用证业务的渠道,实现了通过网络向银行提交进口信作证开证申请和修改申请、网上自助打印《不可撤销跟单信用证开证申请书》和《信用证修改申请》、网上查询进出口信用证的功能。网上信用证业务将大大节省人们往来银行的时间与费用,提高了工作效率,同时也为集团总部查询分支机构的信用证业务情况带来了便利,满足了客户财务管理的需求。

中国工商银行网银进口信用证业务介绍见视频7.1。

视频7.1 中国工商银行网银进口信用证业务介绍

6. 贷款业务

贷款业务向企业网上银行注册客户提供贷款查询的功能,包括主账户、利随本清和借据账查询等子功能。通过该业务,足不出户就能准确、及时、全面地了解总的贷款情况,并提供贷款金额、贷款余额、起息日期、到期日期、利息等比较详细的贷款信息,为企业财务预决策提供数据。特别是方便集团企业总(母)公司对注册的所有总(母)公司和分(子)公司的贷款账户的查询。

7. 投资理财

投资理财是工行为满足企业追求资金效益最大化和进行科学的财务管理需求而设计并开发的。投资理财目前包括基金、国债、通知存款及协定存款等四项业务。

8. 贵宾室

贵宾室是专为工行贵宾客户提供的，满足贵宾客户特殊财务需求的一系列功能组合，通过自动收款、预约服务、余额提醒、企业财务室等功能，给予贵宾企业优质、高效、省心的银行服务，从而减轻客户财务工作量，降低资金运营成本，提高资金的使用效益，优化业务操作流程，协助客户形成良好的资金运作模式。

贵宾室服务对象包括在工行企业客户中有一定经营规模、经营效益良好、合作关系密切的所有在网上银行注册的企业客户。一般客户如没有申请贵宾室服务，不能使用此功能。

9. 代理行

依托工行网点众多、资金汇划迅速、服务手段强大等优势，目前工商银行的企业网上银行代理行业务为其客户提供两种代理结算合作方式，即代签汇票与代理汇兑。

10. 企业年金

企业年金业务包括计划信息查询、企业信息管理、员工信息管理、缴费信息管理、投资信息管理、支付信息管理、文件传输服务、受托业务管理、年金信息通道等。

11. 客户服务

客户服务包括首页定制、相关下载、客户资料、证书管理、电子工资单上传、工银信使、账户别名管理、汇款用途维护、功能定制、待处理授权、上门收款身份验证等。

视频7.2 网银特色功能——资金归集

此外，各商业银行还在账户管理、理财、商城等方面都推出了许多特色服务，其中"资金归集"业务的介绍见视频7.2。

【拓展阅读】

2020年第一季度，为防控新型冠状病毒感染肺炎疫情，银保监会发文要求金融机构加强全国范围特别是疫情严重地区的线上服务，引导企业和居民通过互联网、手机APP等线上方式办理金融业务。作为银行零售业务线上服务主阵地的手机银行，成为重要的金融"抗疫"阵地之一，各行手机银行充分利用线上服务优势力推"零接触"服务。

Analysys易观发布的《手机银行服务应用APP季度监测报告2020年第1季度》数据显示，2020年第1季度，手机银行服务应用行业活跃用户规模为42133.5万户，环比增长3.6%。

从具体APP日均活跃用户来看，中国工商银APP、中国建设银行APP、招商银行APP分别以874.1万户、626.6万户、516.7万户位列市场前三位，如图7.9所示。

2020年3月,由于国内疫情好转及复工复产加快,个人客户金融需求回升;同时,手机银行结合市场热点及流量运营加强功能创新,如上线房贷利率LPR转化功能、扩容视频直播等,并且围绕新户有礼、交易促活、推荐有礼、日常消费支付优惠等营销活动也增多,促进3月活跃用户回升明显,如图7.10所示。

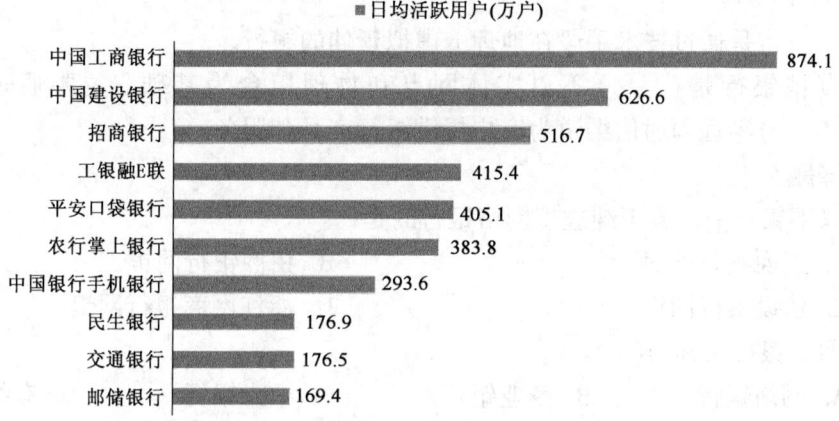

图7.9　2020年第1季度手机银行服务应用APP日均活跃用户

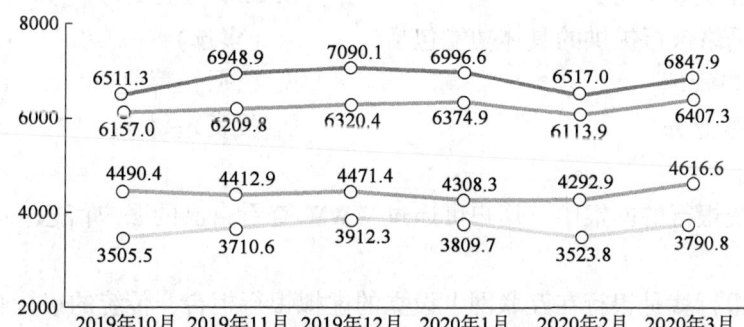

图7.10　2019年10月—2020年3月四家手机银行APP活跃用户(万户)

整体来看,手机银行作为银行服务零售客户的主渠道,此次疫情将进一步提升手机银行渗透率,零售客户更多地使用手机银行来办理金融业务,促进手机银行的普及和功能服务的完善。同时,此次疫情期间,各行手机银行可以持续为用户提供无接触式线上化、数字化金融服务,是银行打造数字化渠道及科技赋能的结果。随着金融科技的快速发展与广泛应用,为用户提供智能化、个性化的产品及服务,是金融科技驱动下手机银行发展方向。

# 习　　题

**1. 填空题。**

(1) 1996年2月,(　　)在互联网上开始建设自己的主页(　　),成为全国第一家在互联网上向全球发布信息的银行。

(2) 纯虚拟网络银行是指完全依赖于(　　)的全新电子银行,这类银行几乎所有银行业务交易都依靠(　　)进行。

(3) 大部分的网络银行根据服务对象的不同,将网银划分为(　　)与(　　)两个部分。

(4) (　　)是通过技术手段在地理上虚拟延伸的银行。

(5) 直销银行是(　　)不以实体网点和物理柜台为基础,主要通过(　　)、(　　)、(　　)等远程通信渠道为客户提供银行产品和服务。

**2. 选择题。**

(1) 以下银行中,属于纯虚拟网络银行的是(　　)。
    A. 工商银行网银　　　　　　　　B. 招商银行网银
    C. 建设银行网银　　　　　　　　D. 浙江网商银行网银

(2) 网上银行又称为(　　)。
    A. 网络银行　　B. 商业银行　　C. 中央银行　　D. 有线银行

(3) 个人网络银行提供的具体功能包括(　　)。(多选)
    A. 账户信息查询　　　　　　　　B. 人民币转账业务
    C. 外汇买卖业务　　　　　　　　D. B2B 网上支付

(4) 企业网络银行提供的具体功能包括(　　)。(多选)
    A. 账户管理　　　　　　　　　　B. 票据托管业务
    C. 收款业务　　　　　　　　　　D. 投资理财

**3. 判断题。**

(1) 在传统银行的网银中,用户可通过WWW查看自己的账户信息、办理转账以及各种增值业务。(　　)

(2) 网络银行就是银行在互联网上设立的虚拟银行柜台,传统的银行服务不再通过物理的银行分支机构来实现,而是借助技术手段在互联网上实现。(　　)

(3) 相较于传统银行,网络银行的成本更高且安全性较低。(　　)

(4) 我国目前还没有纯虚拟的网络银行。(　　)

(5) 网络银行由于无时空限制,故而更适用于展示并销售理财产品。(　　)

(6) 企业网银有利于集团公司更好地掌握和监控其内部资金情况。(　　)

**4. 思考题。**

(1) 试分析网络银行对传统银行业的影响。

(2) 思考网络银行未来的业务创新方向。

(3) 分析"超级网银"系统对网络银行业务的影响。

(4) 思考我国虚拟网络银行未来的发展前景。

# 第8章 移动支付

## 8.1 移动支付概述

### 8.1.1 移动支付的概念与分类

移动支付是指以移动终端，包括手机、个人数字助理（PDA）、平板电脑等在内的移动工具，通过移动通信网络与近场支付等技术，实现资金由支付方转移到受付方的一种支付方式。移动支付的基本结构如图8.1所示。

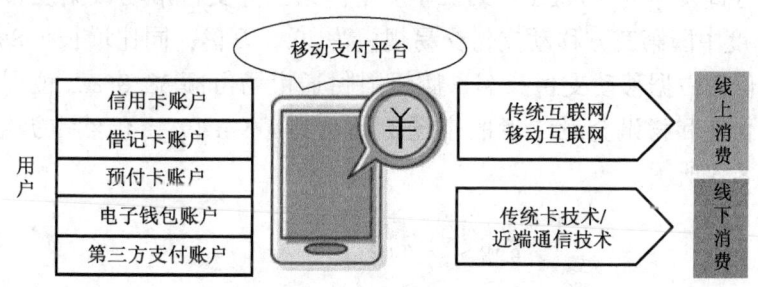

图8.1 移动支付的基本结构图

目前移动支付的分类方式主要包括以下两种：

（1）根据支付金额的大小，可以将移动支付分为小额支付和大额支付。小额支付业务指往往基于某个预存费用的账户或签订小额支付协议；用户通过移动平台发出划账指令代缴费用。大额支付则通常需要绑定用户银行账户，基于银行账户金额进行转账交易。

（2）根据实现方式的不同，可以将移动支付分为远程支付和近场支付。远程支付一般是指用户利用移动终端通过短信、WAP等方式，接入移动支付后台系统，完成支付行为的支付方式。近场支付则是指消费者在购买商品或服务时，支付的处理在现场进行，通常使用RFID、NFC、红外、蓝牙等通道，实现与自动售货机以及POS机的本地通信。

### 8.1.2 我国移动支付的发展现状

伴随智能手机与移动互联网的发展，移动支付快速发展并逐步超过了传统的互联网支付。自2015年起，移动支付就超越了传统互联网支付，成为消费者网络支付的主要渠道。近年来移动支付的快速发展可以归因为以下三点：首先，移动设备的普及和移动互联网技术的提升为第三方移动支付提供了必要的发展环境；其次，现象级产品的出现使得移动支付用户数大幅提升；最后，移动支付对用户生活场景的覆盖度大幅提升使得用户使用频率增加。2011—2019年中国移动支付与互联网支付规模占比如图8.2所示。

此外，移动支付所具有的时空限制小、方便管理、形式丰富等特点，都促使了移动支付行业的快速发展。

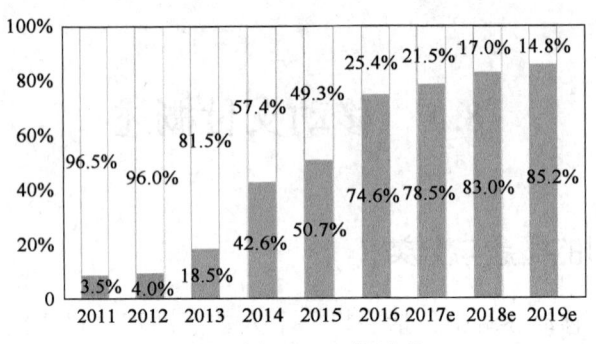

图8.2 移动支付与互联网支付规模占比

根据艾瑞咨询发布的《2020年第二季度中国第三方支付市场数据发布报告》数据，2020年第二季度中国第三方移动支付交易规模为59.8万亿，同比增长8.8%。支付宝以55.6%的市场份额占据移动支付头名，腾讯财付通市场份额38.8%，位列市场第二位。总体上看，支付宝和腾讯金融二者的市场份额达到了94.4%，仍然占据绝对主导的地位，具体如图8.3所示。

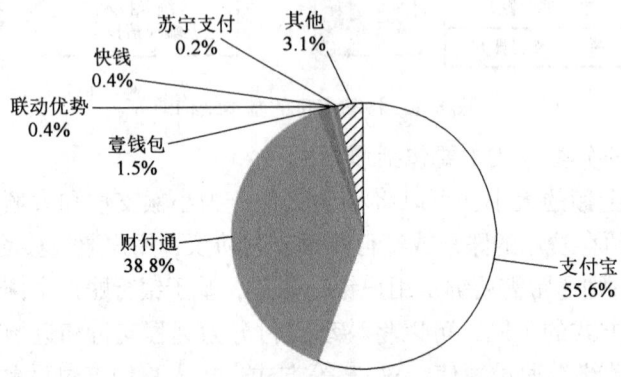

图8.3 2020年第二季度中国第三方移动支付市场规模

## 8.2 国外移动支付的典型模式

### 8.2.1 Paybox

1999年马蒂亚斯·恩德曼辞掉了他的管理咨询师工作，在一个即将毕业和两个已经毕业的大学生的帮助下建立了 Paybox.net。公司致力于为离线和在线交易研制一种安全方便的移动支付服务系统，如图 8.4 所示。

图 8.4 Paybox 网站首页

Paybox 无线支付以手机为工具，取代了传统的信用卡。使用该服务的用户，只要到电信服务商那里进行账号注册并与手机绑定，即将个人识别号码（PIN）和呼叫者的手机 ID（Caller-ID）匹配，在购买商品或需要支付某种服务费时，向商家提供手机号码即可。商家向 Paybox 提出询问，经用户确认后支付，其使用流程如图 8.5 所示。

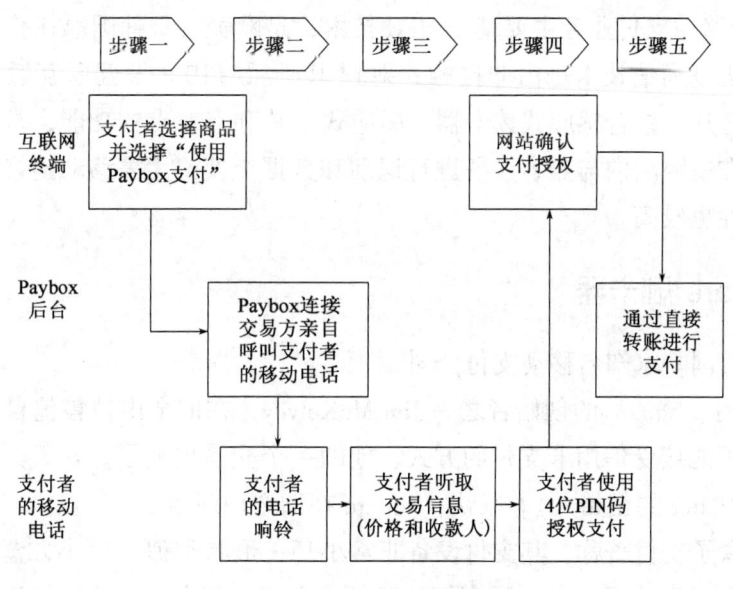

图 8.5 Paybox 支付流程图

## 8.2.2 NTT DoCoMo

日本可以说是移动支付的领头羊，早于 2004 年就由 NTT DoCoMo 推出第一台 FeliCa

支付手机。在2011年就已经有超过33%的日本人使用过手机进行支付，同时间欧美只有不到15%。

NTT DoCoMo是移动支付业务开展得最好的运营商之一。2004年，索尼公司以自己研发的非接触智能卡（简称非接IC卡）Felica与NTT DoCoMo展开合作。2006年5月，植入Felica芯片的NFC手机支付开始在日本全国范围内推广，称为"Osaifu–Keitai"，即使用"钱夹手机"。经过几次升级，Felica手机已被广泛应用于交易、身份识别、门禁管理等方面，如图8.6所示。

图8.6 DoCoMo手机

DoCoMo的移动支付业务主要基于NFC技术，是欧美与日韩国家在移动支付中的主推模式。NFC近场通信技术是由非接触式射频识别（RFID）及互联互通技术整合演变而来，在单一芯片上结合感应式读卡器、感应式卡片和点对点的功能，常嵌于手机等手持设备中，能在短距离内与兼容设备进行识别和数据交换，无需移动网络。虽然其成本较高，但安全性也较高。

### 8.2.3 Square刷卡器

Square是美国一家知名移动支付公司。

2009年2月，Square的创始者之一Jim McKelvey，在旧金山销售他自己制作的玻璃工艺品。由于不能接受信用卡支付的方式，他的一个交易失败了。当天，他就打电话给Jack Dorsey（Twitter的创始人）。很快，Square在旧金山诞生了。

Square以盒子支付著称，其支付设备非常小巧，形状类似一个小方盒，如图8.7所示。Square用户（消费者或商家）利用该移动读卡器，配合智能手机使用，可以在任何3G或WiFi网络状态下，通过应用程序匹配，进行刷卡消费。它使得消费者、商家可以在任何地方进行付款和收款，并保存相应的消费信息，从而大大降低了刷卡消费支付的技术门槛和硬件需求。至2018年，Square已成为美国最主要的移动支付公司之一。

图 8.7 Square 刷卡器

## 8.3 国内移动支付的典型方式

### 8.3.1 手机支付客户端

手机支付客户端主要通过在用户手机安装应用软件来满足用户借助移动互联网完成支付的需求。这种支付方式对于账户型企业而言优势明显，账户型企业积累了庞大的用户规模，培养了用户的在线支付习惯，所以也就便于用户从 PC 端产品向手机端进行转移。

典型代表为支付宝与微信支付等。这类移动支付产品占据了中国移动支付的主要市场份额。

这类第三方 APP 往往功能丰富，应用场景广泛。除账户与卡支付外，其 APP 也可以包含二维码支付、声波支付、人脸支付等其他移动支付方式。

### 8.3.2 条码支付

条码（二维码）支付业务是指会员单位应用条码技术，向客户提供的、通过手机等移动终端实现收付款人之间货币资金转移的行为。

早在 20 世纪 90 年代，二维码支付技术就已经形成，用户可把收付款账号、订单金额等交易信息汇编成一个二维码，并印刷在各种报纸、杂志、广告、图书等载体上发布。近年来条码支付业务快速发展，在小额、便民支付领域显现出门槛低、使用便捷的优势，市场份额持续增长，成为移动支付发展的重要体现形式。

条码支付业务包括付款扫码和收款扫码。

付款扫码，指付款人通过移动终端读取收款人展示的条码完成支付的行为。

收款扫码，指收款人通过读取付款人移动终端展示的条码完成支付的行为。

由于二维码生成方式简单,其内容可能是一段文字,也可能是一个超链接地址。因此,商户与用户侧的系统均可能生成假冒的二维码,而二维码支付发展早期,许多二维码扫码工具并没有具备恶意网址识别与拦截的能力,使得二维码支付风险较高。

近年来,随着《条码支付业务规范》的出台,二维码支付逐渐走上正轨,其内容主要包括业务规范与技术规范。

在业务规范方面,银行业金融机构、非银行支付机构开展条码支付业务涉及跨行交易时,必须通过人民银行清算系统或者合法清算机构处理,支付机构还应符合相应的业务资质要求。为消费者提供条码支付付款服务的,应当立足于小额、便民市场定位,按照风险防范能力等级,对条码支付额度进行分级管理,在风险防范和支付便捷中取得有效平衡。为特约商户提供条码支付收单服务的,应执行银行卡收单业务管理相关要求,切实履行商户管理、交易风险监测等收单主体责任,强化对收单外包机构管理。

在技术规范方面,银行业金融机构、非银行支付机构和清算机构要加强条码支付技术风险防控,合理运用支付标记化、可信执行环境、条码防伪识别等手段,提升条码支付客户端软件安全防护能力,规范条码支付交易报文管理,保障交易信息的真实性、完整性、一致性、可追溯性,构建以受理终端注册、大数据分析为基础的条码支付创新风险管理机制。要加强标准落地实施,强化条码支付产品质量和安全管理,提升条码支付产品的技术标准符合性和安全性,切实保障金融消费者的财产安全和合法权益。

### 8.3.3 NFC 云闪付

借鉴日本成功经验,NFC 技术成为中国银联、手机生产商、我国运营商的发力点。

NFC 通过一个芯片、一根天线和一些软件的组合,能够实现各种设备在几厘米范围内的通信。这使得在支付方式上,银联云闪付与支付宝、微信支付有明显不同。通过在支持 NFC 的手机设备上绑定银联卡,在具有 Quick Pass 标志的 POS 机上轻轻一碰即可完成支付。云闪付的基本流程如图 8.8 所示。但另一方面,NFC 的进入门槛也较高。它既需要用户有支持 NFC 功能的终端,也需要商户配备兼容的设备。

云闪付的使用特点决定了其合作商包括银行、国内外手机厂商与通信运营商等。通过带云闪付芯片的智能手机、设备,消费者可以使用银联卡申请云闪付卡进行支付。云闪付卡是一张存储在手机中的虚拟卡,相当于原银行卡的替身卡并非银行卡的真实卡号,相对较为安全。

视频8.1 HUAWEI Pay 手机闪付

常见的云闪付有 Apple Pay、Samsung Pay、HUAWEI Pay(视频 8.1)与 XIAOMI Pay 等。

### 8.3.4 其他移动支付方式

在移动支付的过程中,有多种感应方式能够帮助智能手机完成相互"识别"进而进行支付。这些技术包括近场通信 NFC,也包括光线感应、陀螺仪、摄像头、加速度感应器和磁场感应器等识别方式。本节将介绍几种其他的移动支付方式。

# 第8章 移动支付

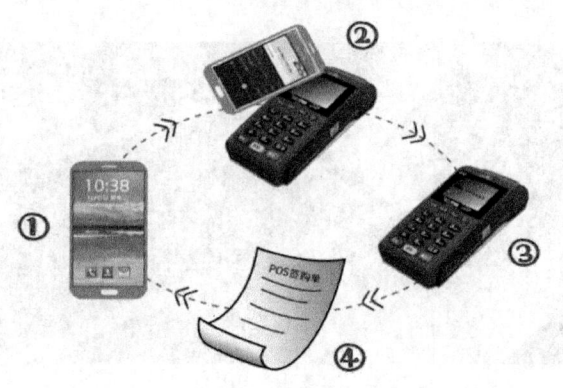

图8.8 云闪付的使用流程

1. 声波支付

"声波支付",是利用声波的传输,完成两个设备的近场识别的支付方式,如图8.9所示。

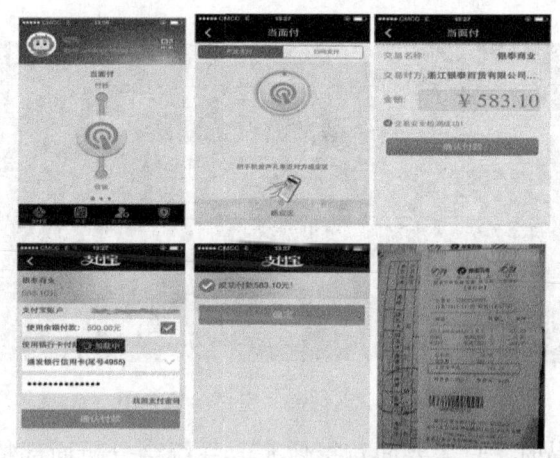

图8.9 声波支付的使用流程

声波支付的具体过程是,在第三方支付产品的手机客户端里,内置有"声波支付"功能。消费者在购物时打开此功能后,用手机麦克风对准收款方的麦克风,手机会播放一段"咻咻咻"的声音。卖方设备接收后,会通过核销系统自动识别信息,此后用户即可拿走相应商品。

2. 光子支付

光子支付是通过一束光来实现授权、识别及信息传递的支付技术,是首个通过国家级安全认证的新兴移动支付方案。

光子支付可以将银行卡信息绑定在一个"光ID"上。在现场实际操作中,用户需打开手机闪光灯对着POS机上的光子支付感应器照一下,以实现支付指令的传递,如图8.10所示。

图 8.10 光子支付

3. 刷脸支付

2014 年 4 月 1 日愚人节,支付宝官方微博爆料,将推出全新的支付方式——支付宝"Kungfu(空付)"。开启了国内刷脸支付的先河,如图 8.11 所示。

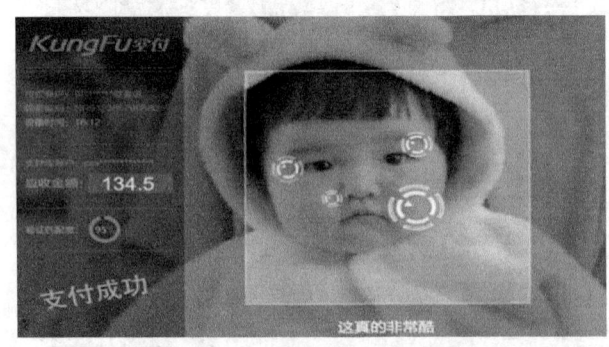

图 8.11 支付宝"空付"概念图

应用刷脸支付交易时,只需要面对摄像头,系统会分析面部特征,连接个人 ID 账户。整个消费过程不需要钱包、手机、银行卡,也不需要密码,人脸就是支付密码。

2015 年,阿里集团向全世界展示了"刷脸"购买邮票。

2017 年 8 月 28 日,苏宁全国首家无人店"苏宁体育 Biu"在南京开业,采用了刷脸支付的技术。消费者在支付时会有摄像头进行人脸识别,并采用智能技术识别所购商品,之后完成支付,款项直接从消费者绑定的苏宁金融账户中扣除。

2017 年 8 月底,京东之家体验店内推出"刷脸支付"功能。使用之前需要用户完成相关的认证,付款时只需要输入手机号码后四位,人脸识别确认后便完成了支付,款项从消费者绑定的京东金融账户中扣除。

刷脸支付的出现以及商用,或许将促进支付行业的再一次变革。相较其他移动支付方式,其主要优势在于:

第一,可以降低商户成本。随着 facepos 和支付宝刷脸的出现,为商超、餐厅、便利店、药店等场所有效缓解了高峰时期结账排队的现象。整个刷脸支付流程只需3~5秒即可完成，收银效率比以前提升了50%以上，商家可以减少用于收银的服务人员。也就是说，有了刷脸支付，既能为商家节省人力成本，还能为商家和顾客节省时间成本；商家成本降下来之后，还可以给消费者带来更多的优惠。

第二，营销功能丰富。消费者刷脸支付后，自动成为商家会员。商家可自己设置广告宣传、优惠活动，带动消费者进店二次消费、带动身边朋友进店消费，迅速为商家积攒人气，为商家拓客、增强客户黏性。

第三，刷脸支付安全系数更高。刷脸支付设备采用的是目前安全系数高的三大技术——虹膜识别技术、卷积神经网络CNN和3D光骨骼识别技术。其采集的是用户独一无二的生物身份信息，并且具备深度学习功能；同时，该身份信息需与实名认证后的支付宝账号相连，进一步确保身份识别的准确度，否则不能实现支付。目前，支付宝的刷脸设备已达到了99.99%的准确度。

第四，让顾客摆脱对手机的依赖。整个刷脸支付流程不需要手机，再也不怕忘带手机、手机没电、信号差、手机卡顿等带来的困扰，真正实现了人与钱包或银行卡的"合二为一"，用户方便省心。

第五，各种收款方式全覆盖。刷脸设备不但可以刷脸支付，也支持微信、支付宝付款码支付，充分考虑市场对高新科技进步带来改变的接受过程，支持支付市场的逐步升级。

第六，优化商家管理。在过去传统的会员录入过程当中，烦琐的流程是造成很多顾客流失的一大因素。而通过刷脸支付，用户可以快速完成会员录入注册，领取会员权益、会员充值、积分兑换、卡券营销等，会员录入效率提升6倍，同时会员化率也超过20%。此外，刷脸支付可以帮助商家以详细精准的经营数据分析为依据，提升经营管理水准和效率。

【拓展阅读】

## 中国移动支付正在影响全球

过去，短期访问的外国游客因为没有国内银行卡或手机号码等，往往无法注册使用中国移动支付。而近期，支付宝、微信纷纷开通支持海外银行卡绑定，为移动支付的中国体验打开"方便之门"。即便是短期来华游客，也将可以"一码"行遍中国。微信支付已支持英镑、港币、美元、日元、加拿大元、澳大利亚元、欧元、新西兰元、韩元和泰铢等16个币种的交易，其跨境支付业务在2019年4个季度迎来了近200%的增长。以日本为例，到2019年6月，微信支付在日本接入门店数量同比增长665%，覆盖了日本市场主流药妆店、便利店和众多餐饮连锁。

在过去的香港，出租车司机每天随车携带数百元人民币，因为支付车费以及找零都是使用现金。所以劫匪喜欢把出租车司机作为目标。如今有了移动支付，大部分乘客通过手机支付车费，出租车司机就不必带大量的现金在车上，这在很大程度上保护了出租车司机的安全。

此外,在境外,移动支付也在增长。越来越多的韩国和日本商家期待利用中国游客的无现金支付习惯赚钱。据《华尔街日报》报道,传统纸币始终在日本占据着主导地位,但由于大批中国游客希望能像在国内那样使用手机进行移动支付,这种情况开始发生变化。为了鼓励采用移动支付模式,日本互联网公司正在与主导中国数字支付系统的公司合作,其中包括阿里巴巴旗下的支付宝和腾讯的微信支付。这表明,中国不断增长的经济实力正在通过榜样的力量影响邻国。

## 苏宁智慧无人店

2019年,在苏宁818期间,一间60余平方米的全新智慧无人便利店终结了排队等待的痛苦,"即拿即走"的购物体验让很多消费者为之倾倒。

8月16日,苏宁第四代智慧无人店在南京苏宁总部正式开业,鲜食、日用品、咖啡、水、酒、休闲零食等日常商品应有尽有,另外,门店内还增加了网红冰淇淋、进口酒水、苏宁极物等个性化的高端选品。一个无人便利店,却涵盖了不同层次、不同类别的高品质商品,真正帮助顾客实现了消费升级,优化用户服务体验。

消费者只需在苏宁APP上开通免密支付功能,然后将自己的面部生物信息与会员码绑定,就能见证神奇的一幕了:刷会员码或刷脸进店,在货架上选购自己想要的商品,从货架取下的商品自动加入虚拟购物车,将商品放回货架时购物车自动清除;选购结束后,不需要排队,直接刷脸通过付款闸道就可以完成结算,全程无阻,购买一瓶矿泉水最快仅需1秒钟。苏宁智慧无人店能实现如此让人惊艳的便捷体验,与其背后的科技创新是分不开的。依托全球最新无人科技技术,门店不再使用成本高、错误率高的RFID标签来判断商品的身份,而是通过遍布门店各个角落的摄像头和重力感应货架构成了一张无处不在的视觉网络。这双"眼睛"可以"看到"消费者的每一个动作,不管是拿到放错位置的商品还是把商品偷偷放在自己的包里面企图蒙混过关,都逃不过门店的"法眼"。另外,门店还采用了AI人脸识别技术,结合苏宁金融支付和风控平台,形成了更加高效的结算模式。消费者出店时闸机自动开门放行,同时将消费者的购物车商品自动结算,节约消费者结算的同时,极大地释放了管理者和门店运营者的工作压力。

"扫脸入店"和"即拿即走"在极大提升店面运营和管理效率的同时,为无人零售革命的探索指明了方向。

## 习 题

**1. 填空题。**

(1)移动支付是指以移动终端,通过(  )等技术,实现资金由支付方转移到受付方的一种支付方式。

（2）国内移动支付的典型支付方式有手机支付客户端、（　　）和 NFC 云闪付。

（3）DoCoMo 的移动支付业务主要基于（　　），是欧美与日韩国家在移动支付中的主推模式。

（4）手机支付客户端主要通过在用户手机（　　）来满足用户借助移动互联网完成支付的需求。

（5）（　　）的进入门槛高，它既需要用户有支持（　　）功能的终端，也需要商户配备兼容的设备。

2. 选择题。

（1）下列没有运用 NFC 技术的支付方式是（　　）。

　　A. DoCoMo　　　　B. HUAWEI Pay　　　C. Square　　　　D. 云闪付

（2）（　　）开启了国内刷脸支付时代。

　　A. 微信　　　　　B. 云闪付　　　　　C. 支付宝　　　　D. 银联

（3）移动支付业务中，银联借鉴日本 NFC 技术推动的业务是（　　）。

　　A. 手机刷卡器　　　　　　　　　　　B. 云闪付
　　C. 刷脸支付　　　　　　　　　　　　D. 二维码支付

（4）以下支付类型中，成本较低，可以通过印制在纸张上来实现收付款的是（　　）。

　　A. 手机刷卡器　　　　　　　　　　　B. 云闪付
　　C. 刷脸支付　　　　　　　　　　　　D. 二维码支付

（5）移动支付根据实现方式的不同，分可分为（　　）。（多选）

　　A. 现场支付　　　　　　　　　　　　B. 远程支付
　　C. 宏支付　　　　　　　　　　　　　D. 微支付

3. 判断题。

（1）使用 Paybox 服务的用户，可以到电信服务商那里进行注册账号并与手机绑定，以实现在购买商品或需要支付某种服务费时，通过手机号码来完成支付。（　　）

（2）云闪付卡是一张存储在手机中的虚拟卡，相当于原银行卡的真实卡号，相对较为安全。（　　）

（3）Square 用户利用移动读卡器，配合智能手机使用，可以在任何 3G 或 WiFi 网络状态下，通过应用程序匹配刷卡消费。（　　）

（4）条码支付业务包括付款扫码和收款扫码。（　　）

（5）"声波支付"，是利用声波的传输，完成两个设备的近场识别的支付方式。（　　）

（6）二维码背后对应的信息一定是一个支付指令。（　　）

（7）根据央行规定，非银行支付机构开展条码支付业务涉及跨行交易时，必须通过人民银行清算系统或者合法清算机构处理，支付机构还应符合相应的业务资质要求。（　　）

**4. 思考题。**

（1）思考云闪付在我国的发展前景。

（2）思考手机刷卡器在我国的发展前景。

（3）对比分析二维码支付与 NFC 支付的优劣。

（4）思考移动支付行业的未来发展方向。

# 第9章 互联网金融

## 9.1 互联网金融概述

### 9.1.1 互联网金融的概念

近年来,互联网金融受到了社会的广泛关注。它将互联网技术、互联网精神与金融的核心功能结合,大幅降低成本,减少信息不对称,从而使得包括普通个人和企业在内的消费者,享受到更好的普惠金融服务。

作为一个新生的概念,互联网金融目前还没有权威定义。互联网金融又被称为电子金融。从广义上讲,所有与互联网相关的金融行为和产品都可归为互联网金融范畴。从狭义上讲,在互联网上开展的金融业务,主要是指网络银行、网络证券与网络保险等。

从本质上讲,互联网金融是以新的形式与内涵满足了用户的金融需求。一般来讲,用户的基本金融需求包括支付、投资、融资与风险管理。其中,支付是金钱的流动;投资是资金充裕的人想让钱生钱(存款也是投资的一种);融资则是缺乏资金的人需要钱。融资则要付出成本(如借贷的利息和手续费),也就是用钱买钱;风险管理则是通过信息或者手段识别、降低和转移风险。

人们现在看到的各种互联网金融业态都是在这四个需求的基础上衍生出来的。

### 9.1.2 互联网金融的分类

从用户需求出发,互联网金融行业包括网络银行、第三方支付、网络基金、网络证券、网络保险、网络微贷、P2P、众筹等十几个细分行业,具体见表9.1。

用户的金融服务需求主要是支付、融资、投资和风险管理。同一种需求往往包括多个细分领域,如投资理财之下有网络基金、网络券商、P2P理财、众筹理财等;同一家机构亦可同时满足多种需求,如P2P既满足借款人融资需求,也满足出借人理财需求;多种业务也是可以交叉融合的,如余额宝既可作为货币市场基金满足理财需求,也可用于购物支付。

表9.1 互联网金融行业分类表

| 支付 | 融资 | 投资 | 风险管理 | 其他 |
|---|---|---|---|---|
| 第三方支付 | 网络银行 | | | 金融产品搜索引擎 |
| | P2P借贷平台 | | 网络保险 | |
| | 众筹平台 | | | |
| | 网络资产交易平台 | | | 虚拟货币 |
| | 网络微贷 | 网络基金 | | |
| | | 网络证券 | 网络征信 | 金融云 |
| | | 其他网络理财 | | |
| | | 财富管理 | | 其他 |

本章将对互联网金融中的网络证券、网络保险以及近年来互联网金融中的热点领域进行介绍。

# 9.2 网络证券

## 9.2.1 网络证券的概念与内涵

根据证券公司经营的项目分类，证券公司可被划分为四类：

第一，证券经纪商，也就是居间帮投资人买卖股票的证券公司。

第二，证券承销商，帮助企业上市发行股票，如果投资人要买公司发行的新股票时，就必须找这种类型的证券公司。

第三，证券自营商，他们如同一般投资人一样，也是股票的买卖者。一般称为法人，其中一类就是证券自营商。

第四，综合类证券商，就是同时经营以上三种业务的证券公司。

因此，网络证券是指证券市场的组成主体、发行主体、中介机构和投资主体及其他相关主体以互联网为手段进行的与证券交易相关的活动。这些活动通常包括证券的网上发行，证券信息发布和查询，网上理财经纪服务和网上委托交易等，是互联网上所进行的各种证券发行、交易、结算活动的总称。

与传统证券相比，网络证券在经纪业务、发行业务、推介方式、支付方式等方面均有一定的区别，具体见表9.2。

网络证券目前已替代传统证券成为主流，其主要优势包括：

(1) 信息优势。证券公司通过在网上发布信息和电子邮件发送信息，可以在极短的时间内向所有客户传递几乎没有数量限制的信息。通过网上设置的数据库，客户随时可以便捷地查询有关宏观经济、证券市场、板块、个股等所有信息，掌握全面的背景资料。这是其他交易方式所无法比拟的。

表 9.2  网络证券与传统证券的区别

| 项　目 | 传统证券业务 | 网络证券业务 |
|---|---|---|
| 经纪业务 | 柜台委托、自助委托 | 网络证券交易 |
| 发行业务 | 认购证方式、储蓄存单方式、全额预缴比例配售、在交易所内部网上定价、竞价方式 | 网络证券发行 |
| 推销介方式 | 现场推介会 | 网上路演 |
| 支付方式 | 银行存取款、现金支付 | 网上支付/银证转账/银证通 |
| 信息服务方式 | 传真、电话、股评报告会、报纸 | 网上信息服务 |

（2）成本优势。传统的营业部一次性投资至少在 500 万元左右，一些豪华的营业部甚至投资高达数千万元，月均营业费用也在几十万元以上。证券公司开展网上交易，所有的营业部都可以利用该网站，网上交易的佣金可以大幅度降低。而且通过网络进行证券交易可以减少手工操作失误以及人为违规，从另一个角度进一步降低了交易成本。

（3）时空优势。投资者可以不受空间、时间的限制，只需开户一次即可长期操作。目前，券商营业部的客户大多受地域限制，而互联网最大的特点就在于开放性，网上交易不再受制于固定的营业场所或渠道。投资者可以在全球范围内任何能上网的地方完成交易，任何能上网的投资者都可以成为潜在客户。

（4）无限扩张优势。只要保持对网站硬件的及时升级、维护，网站的容纳量几乎没有限制，投资者的数量可以无限制扩张。对于券商而言，开展网上交易可以打破时空界限，无限度地扩大客户源，同时可以大幅降低经营成本，并满足投资者不同的信息需求，因此发展潜力巨大。

## 9.2.2　国外网络证券的典型模式

网络证券交易起源于美国，网上交易及其相关业务主要包括：查询上市公司历史资料、查询证券公司提供的咨询信息、查询证券交易所公告、进行资金划转、网上实时委托下单、电子邮件委托下单、电子邮件对账单、公告板、电子讨论、双向交流等。目前，投资者可以使用手机、电脑、机顶盒、手提式电子设备等种种信息终端进行网络证券交易。

美国网络证券有三类典型模式：E–trade、嘉信理财、美林模式。

### 1. E-trade

E-trade 公司是全球最先开展网络证券交易业务的站点。1992 年，E-trade 公司开始通过美国在线向投资者提供一些网络证券服务，1996 年建立了 www.etrade.com 网络证券交易站点，开始了证券交易的电子化革命。

这是一种完全以 WEB 方式提供纯虚拟投资与服务的模式。交易完全在网上进行，公司没有有形的营业网点。这类公司的营业成本低，价格低就是这些公司的优势。在美国，绝大多数投资者都是大笔交易，因此通过传统方式买卖股票的平均成本只有每股 1~2 美分，而网上股票交易的平均成本则更低，约为每股 0.15 美分。至 2012 年，公司已经拥有超过 300 万的有效账号（是 1999 年的 2 倍），每天完成超过 17 万笔交易。2013 年，E-trade 收入为 17.23 亿美元，营业收入为 3.04961 亿美元，净利润 8601.2 万美元。2020 年 2 月，摩根士丹利以 130 亿美元收购了 E-trade。

2. 嘉信理财

嘉信理财（www.schwab.com）是美国第四大金融服务商，美国最大的网络证券商。该公司已有 20 余年发展历史，其业务量占了美国全部折扣证券商业务量的 52%，网上的证券交易额占全美日交易量的 30%。嘉信理财从 1996 年中旬开始推出网上交易，当时的市场目标是 1 年 2.5 万个客户；2000 年巅峰时期嘉信在全美拥有 362 家分行，710 万投资账户，客户资产达 8650 亿美元。2020 年第一季度营收入为 26.17 亿美元，净利润 7.95 亿美元。2020 年 2 月，2020 年度"全球银行品牌价值 500 强排行榜"发布，嘉信理财排名第 77 位。

嘉信理财同时为投资者提供网上交易、电话交易及柜台交易等多种交易手段，投资者可自己选择所需要的服务形式。嘉信理财降低服务价格，但并不会牺牲服务质量。采取嘉信理财这种模式的主要是已有一定经纪基础的折扣券商。

3. 美林模式

美林证券是世界领先的财务管理和顾问公司之一，总部位于美国纽约。公司创办于 1914 年 1 月 7 日，作为世界最大的金融管理咨询公司之一，全球领先的财富管理、资本市场及顾问公司，其分公司及代表处遍及全球六大洲 37 个国家与地区，雇员达 60000 人。但在 2008 年，受次贷危机影响亏损严重，被美国银行收购。

美林模式，通常是指传统的老牌大券商，他们因不愿自食已有的业务来发展网上交易而陷入极为被动的境地，在客户大量流失之后才宣布全面进入网上交易。

## 9.2.3 国内网络证券的发展现状

国内几乎所有较大的经纪券商都开办了独立的证券交易网站，个别券商下属营业部也有自己的网站，如中信证券、海通证券、国泰君安、广发证券、华泰证券、招商证券等。

自 2014 年国金证券与腾讯合作推出"佣金宝"开始，我国网络证券行业的互联网创新进一步加速。目前，大部分网络证券业务如网络开户、网络交易等均可通过网络进行。

下面，简单介绍一下国金证券腾讯联手推出的"佣金宝"业务。

佣金宝是国金证券与腾讯战略合作之后，推出的证券行业首个"1+1+1"互联网证券服务产品。其通过个人电脑终端及手机终端为投资者提供 7×24 小时网上开户，落地国金证券上海西藏中路营业部（佣金宝客户业务可在全国营业部办理）。成功开户后，用户可享受"万分之二点五"（含股票交易规费）沪深 A 股、基金交易佣金率；佣金宝为投资者的股票账户保证金余额提供理财服务；同时为佣金宝客户打造高价值咨询产品，提供股票等产品的投资建议，帮助客户在股市获取投资收益。

国金证券佣金宝依托快速响应市场需求的"1+1+1"模式，实现了市场份额和行业排名双提升，如图 9.1 所示。

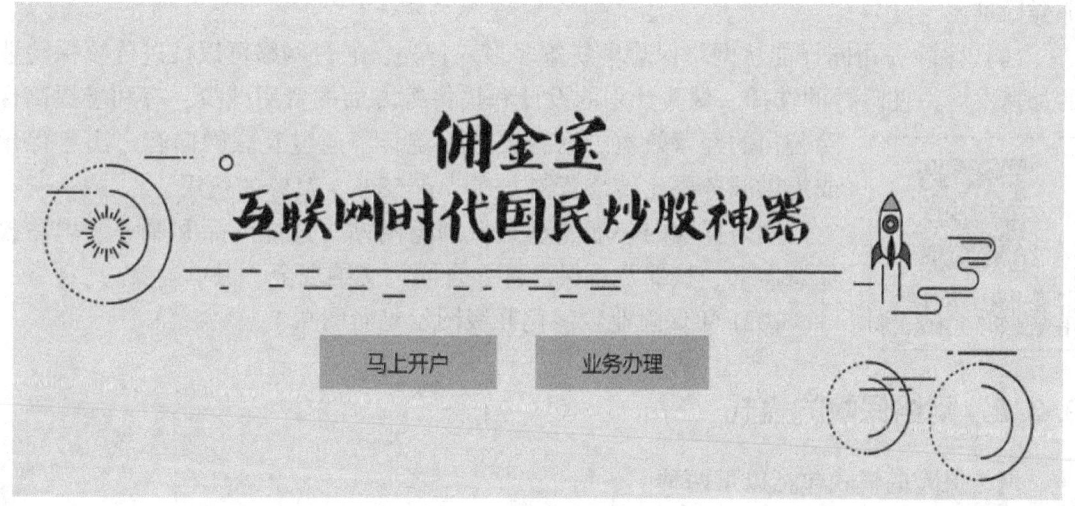

图 9.1 佣金宝网站首页

## 9.3 网络保险

### 9.3.1 网络保险的概念与内涵

保险，是指投保人根据合同约定，向保险人支付保险费，保险人对于合同约定的可能发生的事故因其发生所造成的财产损失承担赔偿保险金责任，或者被保险人死亡、伤残、疾病或者达到合同约定的年龄、期限等条件时承担给付保险金责任的商业保险行为。

网络保险通过互联网进行网络保险经营活动。狭义的保险电子商务是实现保险信息咨询、保险计划书设计、投保、缴费、核保、承保、保单信息查询、理赔和给付等保险全过程的网络化,即保险电子商务是要通过网络实现投保、核保、理赔、给付的全过程,完全免除传统的人工程序。广义的保险电子商务,则是利用互联网等电子手段作为保险公司日常经营和管理的后台支持,从而达到降低成本和提升效率的营销方式总和。

网络保险的优势在于:

(1) 相比传统保险推销的方式,网络保险让客户能自主选择产品。客户可以在线比较多家保险公司的产品,保费透明,保障权益也清晰明了。这种方式可让传统保险销售的退保率大大降低。

(2) 服务方面更便捷。网上在线产品咨询、电子保单发送到邮箱等等都可以通过轻点鼠标来完成。

(3) 理赔更轻松。互联网让投保更简单,信息流通更快,也让客户理赔不再像以前那样困难。

(4) 保险公司同样能从网络保险中获益多多。首先,通过网络可以推进传统保险业的加速发展,使险种的选择、保险计划的设计和销售等方面的费用减少,有利于提高保险公司的经营效益。据有关数据统计,通过互联网向客户出售保单或提供服务要比传统营销方式节省58%~71%的费用。

彩图9.1 2021年保险业数字化升级图示

网络保险的一般过程是:浏览网站、选择产品和服务、填写投保意向书、核保及承保、订立合同、交纳现金、保单生效。

2021年保险业数字化升级图示见彩图9.1。

## 9.3.2 网络保险的模式

网络保险的模式包括以下两种。

1. 完全基于网络的全新的保险企业——虚拟保险公司

虚拟保险公司典型的代表有 E Coverage 与众安保险。

E Coverage 公司是第一家通过互联网向客户提供从报价到赔偿服务的公司。他们的任务就是彻底简化整个保险操作。在该公司的 Web 网站上,客户可以花费比过去短的时间获得报价、购买方针以及文件赔偿等。E Coverage 不但从流程中去掉了喋喋不休的保险推销员,而且还能向客户提供24小时的服务,如图9.2所示。

众安在线财产保险股份有限公司(简称"众安保险"),是国内首家互联网保险公司。由蚂蚁金服、腾讯、中国平安等国内知名企业,基于保障和促进整个互联网生态发展的初衷发起设立,并于2013年9月29日获中国保监会同意开业批复。众安保险业务流程全程在线,全国均不设任何分支机构,完全通过互联网进行承保和理赔服务,如图9.3所示。

众安保险的业务主要涉及:与互联网交易直接相关的企业/家庭财产保险、货运保险、责任保险、信用保证保险;机动车保险,包括机动车交通事故责任强制保险和机动车商业保险等。

图 9.2　E Coverage 网站首页

图 9.3　众安保险网站首页

**2. 传统保险公司通过网络开展业务**

网络保险在保险业发达的欧美国家十分盛行，美国几乎所有的保险公司都已上网经营。早在 1998 年美国就有 86% 的保险公司在网上发布产品资料信息。英国汽车保险公司领军人物 Direct Line 公司大部分的新合同都是在网上完成的，而其报价也是在网上进行的，如图 9.4 所示。美国专业机构的调查显示：在世界保险业务中，旅游险、短期意外险、车险以及信用险尤其适合开展电子商务。

## 9.3.3　网络互助

伴随"互联网＋"时代的来临，网络互助平台作为一种以网络为运营基础，提供疾病互助计划的小额健康保障互助机构得到快速发展。

2011 年，我国首个网络互助"抗癌公社"（现已改名为"康爱公社"）成立并于 2014 年开始团队化运营。2018 年 10 月，蚂蚁金服联合信美人寿推出了相互保（后改名

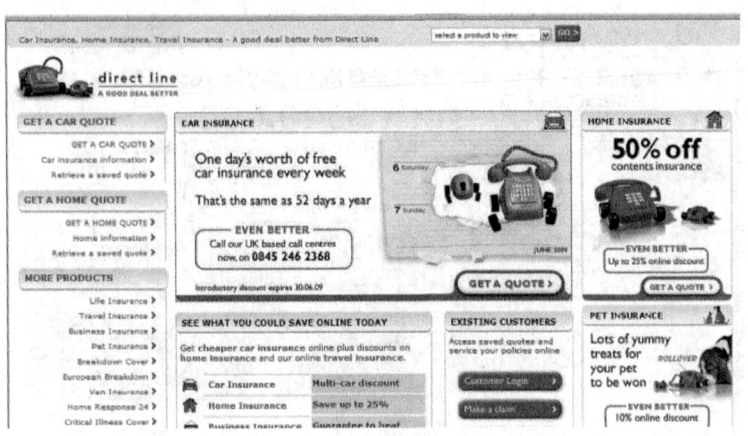

图 9.4　Direct Line 网站首页

相互宝），上线 3 天，用户突破 330 万，9 天突破 1000 万；同年 11 月，京东上线京东互保（上线一天遭监管下架）；同年 12 月，滴滴推出点滴相互。2019 年，美团、360、苏宁、新浪、百度也纷纷推出自己的网络互助平台。

发展至今，网络互助并没有规范的定义。一般而言，网络互助是在吸纳了民间互助共济行为、原始保险形态、网络服务技术等诸多理念和运行模式后，产生的新类型互助性经济组织。会员与平台之间以及会员与会员之间构成新型的网络服务合同关系。

网络互助业务的基本模式如图 9.5 所示。

图 9.5　网络互助基本模式图

以相互宝为例，网络互助的业务流程为：普通用户通过互助签约成为互助成员，发生互助事件后向互助计划管理人提交互助申请；互助计划管理人审核通过互助申请后，可委托调查机构对互助申请人进行调查，确认其是否满足协议约定的互助情况；互助计划管理人向互助成员公示调查结果后，由互助成员分摊费用并向互助申请人支付互助金。最终实现"一人患病，众人均摊"的结果。

艾瑞咨询数据显示，截至 2019 年年底，中国网络互助覆盖人数达 1.5 亿人，预计 2020 年中国网络互助覆盖率达 17.8%，2022 年网络互助覆盖人数将达 3.9 亿人，覆盖率为 27.8%。凭借低门槛、便利性、普惠性与巨大流量等优势，网络互助快速发展。但另一方面，网络互助一直存在着合规性的问题。同时，其涉众风险不容忽视，部分前置收费模式平台形成的沉淀资金也存在跑路风险，如果处理不当、管理不到位还可能引发社会风险。此外，就网络互助业务本身而言，其业务模式要求用户持续付费，用户留存率即网络互助平台有效活跃用户规模的维持将会是当前网络互助行业的一大挑战。

【拓展阅读】

### 华泰财险的保险电子商务

华泰财险紧跟互联网迅猛发展之势，将电子商务确立为个险的主渠道，专注于电子化保险业务发展，其主要产品包括：

(1) 网络购物运费损失保险；
(2) 酒店取消险；
(3) 票务取消险；
(4) 品牌笔记本上门服务；
(5) 个人账户安全保障保险。

## 9.4 网络基金

### 9.4.1 网络基金概述

从广义上说，基金（Fund）是指为了某种目的而设立的具有一定数量的资金。人们现在提到的基金主要是指证券投资基金，根据投资对象的不同，可分为股票基金、债券基金、货币市场基金、期货基金等。

基金公司是最先受益于互联网理财大发展的传统金融机构。以现在互联网理财市场上最主流的货币基金产品为例：据 Wind 的数据，截至 2020 年 6 月末，余额宝平台上出售的 29 只货币基金总规模约为 2.54 万亿元，与去年同期相比增长约 16.47%。这也表明，小额、分散、灵活、便利的余额宝仍是用户零钱管理的首选。

互联网基金除了具备传统基金高流动性、高安全性和较高收益性的特征外，又具有区别于传统基金模式的特点，具体包括：

首先，互联网基金依靠大数据、社交网络、移动支付等现代信息技术，实现了交易场所的虚拟化。相比于传统基金理财模式，不但便捷了基金的业务操作，降低了运营成本，而且大大提高了业务效率。

其次，可以实现基金产品和客户投资需求的高效匹配。在互联网基金理财模式下，投资者可以通过网络平台掌握更多有利于自身投资的信息并能轻松完成对各种基金产品的比对，从而筛选出适合自己的优质投资标的。更为重要的是，互联网基金理财作为互联网金融模式的重要内容，使绝大多数人（尤其是低收入阶层）都能够参与到这种金融创新活动中来，有效地缓解了金融排斥，很好地诠释了普惠金融的内涵。

互联网与基金的结合使得基金的销售渠道和模式都产生了变化。这也使得基金公司品牌影响力的作用有一定程度的降低，部分基金公司甚至有逐步沦为互联网基金产品销售渠道的"代工工厂"的趋势。有实力的基金公司也陆续开始在网络上做强自己的品牌，并将投资者的关注焦点提升到股票型基金、债券型基金、混合型基金等更复杂的基金产品上来。

## 9.4.2 余额宝

余额宝是蚂蚁金服旗下的余额增值服务和活期资金管理服务产品，于2013年6月推出。至2020年，余额宝已为超7亿用户提供服务，平均每天为用户赚取1亿元。

余额宝推出初期，是对接天弘基金旗下的余额宝货币基金。货币基金是所有基金产品中风险比较低的一类产品，一般用于投资国债、银行存款等安全性高、收益稳定的金融工具。国内货币基金的年化收益率普遍在3%，而一年期存款的年收益率只有1.5%。

天弘基金在与支付宝合作推出余额宝之前，从总体规模上来看只属于中小型基金公司。合作之后，天弘基金一跃成为国内最大的基金公司。2018年5月，余额宝正式宣布开放，改变了天弘基金一家独大的局面。截至2020年，包括天弘基金在内，余额宝平台已接入博时基金、中欧基金、华安基金、国泰基金等24家基金公司的29只货币基金。

总体来说，余额宝操作简便、低门槛、零手续费、可随取随用，除理财外还可直接用于购物、转账、缴费、还款等消费支付，是移动互联网时代的现金管理工具。

【拓展阅读】

### 互联网基金的影响

1. 对投资者的影响

节省了投资者前往银行、营业部的时间、交通成本，使投资者能享受更方便、快捷的服务，而且投资者利用互联网获取信息的成本也大大降低。可以保证投资者在任何时间、任何地点进行投资，投资者的行为不再受时空和最低资金要求的限制，提高了投资者的自由度，金融理财投资更加趋于民主化和大众化。

2. 对商业银行的影响

互联网提供个人理财服务，减少了信息不对称程度和交易成本，在一定程度上争夺了银行原有的客户。一方面，购买这类网上基金产品的资金积累得越多，给银行带来的协议存款成本就越大。另一方面，在互联网基金产品没有出现之前，客户投资基金产品的渠道大多是通过商业银行的代销。商业银行代理基金业务的收入也随着互联网基金的盛行而大幅缩水。以上两个方面都对商业银行的盈利能力带来了不小的冲击，一定程度上损害了银行的利益，但是，从打破银行业的垄断地位，倒逼商业银行应对挑战改革经营模式的层面来讲是具有积极意义的。

## 9.5 网络小贷与网络征信

### 9.5.1 网络小贷与网络征信概述

网络小额贷款是指小额贷款公司利用大数据、云计算、移动互联网等技术手段，运用互联网平台积累的客户经营、网络消费、网络交易等内生数据信息以及通过合法渠道获取的其他数据信息，分析评定借款客户信用风险，确定贷款方式和额度，并在线上完成贷款申请、风险审核、贷款审批、贷款发放和贷款回收等流程的小额贷款业务。典型案例是蚂蚁花呗、京小贷、京东白条与网商贷等。

征信机构是指专门从事信用信息采集、处理、评价、传播业务的以营利为目标的信息服务专业机构。伴随互联网业务的发展，部分企业对个人的信贷、购物、社交、网络等数据综合评价，提供用户的信用评估，于是产生了一批网络征信机构。典型的代表包括芝麻信用、腾讯征信与京东蓝鲸等。

伴随着云计算、大数据、人工智能等金融科技的普及，网络小额贷款以及为网络小贷业务提供助力的网络征信机构业务都得到了迅猛发展，在满足居民和小微企业融资需求的同时，也有助于提高金融便利度和普惠业务覆盖。

由于网络小贷"秒级放贷"的特点，以及与消费者购物、娱乐与出行等消费场景的结合度高，网络小贷已成为消费金融中较为普及的产品。目前，几乎所有大型流量平台尤其是电商平台都会推出自己的网络小贷产品。但值得注意的是，并非所有网络小贷都与网络征信机构存在紧密合作，同时也存在着没有消费场景的现金贷，比如借呗、微粒贷、360金融、趣店等为主，其年化率普遍较高。相关数据显示，网络现金贷的年化率约在15%~35%之间。这类产品也存在着较大的法律风险。

### 9.5.2 花呗

花呗是蚂蚁金服推出的一款消费信贷产品，申请开通后，将获得金额不等的消费额度。用户在消费时，可以预支蚂蚁花呗的额度，享受"先消费，后付款"的购物体验。

当消费者通过花呗购买商品时，其资金由重庆市阿里巴巴小贷公司垫付。该公司的资金来源主要由自有资金、银行借款和资产证券化（ABS）三部分组成。2016年8月4日，花呗消费信贷资产支持证券项目在上海证券交易所挂牌，这也是上交所首单互联网消费金融ABS（视频9.1）。

目前，花呗完成了对支付宝用户较为全面的覆盖，通过支付宝生态体系内的芝麻信用分，评估用户的综合资质，并结合用户日常的消费情况，为用户匹配合理的额度。随着使用花呗支付的用户数量不断增长，支付宝也在用红包活动进一步培养用户习惯，从而使花呗成为支付宝用户的首选支付方式。

彩图9.1 什么是ABS

花呗的盈利来源为消费者支付的利息与费用。据"支付百科"了解，支付宝用户使用花呗账单分期时，可以分3、6、9、12期，对应的费率分别为2.5%、4.5%、6.5%、8.8%，高于银行信用卡利率。以工商银行信用卡为例，账单分期3期、6期、9期、12期，对应的手续费分别为1.65%、3.6%、5.4%、7.2%。

总体来说，花呗的运作模式如图9.6所示。

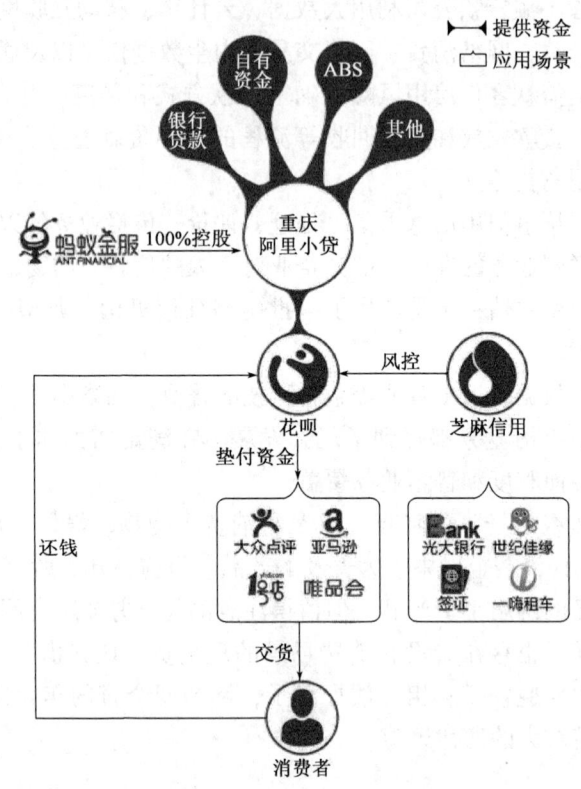

图9.6 花呗的运作模式（艾瑞咨询）

## 9.5.3 芝麻信用

花呗和白条等消费金融业务得以正常运转，有一点极为关键：那就是花呗（白条）借出去的钱得收得回来才行，这时候征信业务就出场了。

芝麻信用，是蚂蚁金服旗下独立的第三方征信机构，通过云计算、机器学习等技术客观呈现个人的信用状况，已经在信用卡、消费金融、融资租赁、酒店、租房、出行、婚恋、分类信息、学生服务、公共事业服务等上百个场景为用户、商户提供信用服务。

芝麻信用分值范围在350~950。持续的数据跟踪表明，芝麻分越高代表信用水平越好，在金融借贷、生活服务等场景中都表现出了越低的违约概率，较高的芝麻分可以帮助个人获得更高效、更优质的服务。

芝麻信用的评分主要包含以下五个部分：

(1) 信用历史，过往信用账户还款记录及信用账户历史；

(2) 行为偏好，在购物、缴费、转账、理财等活动中的偏好及稳定性；

(3) 履约能力，稳定的经济来源和个人资产；

(4) 身份特质，在使用相关服务过程中留下的足够丰富和可靠的个人基本信息；

(5) 人脉关系，好友的身份特征以及跟好友互动程度。

【拓展阅读】

### 哪些行为会影响"芝麻分"

下列几点为影响"芝麻分"的行为，用户应当尽量避免。

(1) 频繁更换绑定的手机号码，就整体人群而言，手机号码用的时间越长，违约率就越低。

(2) 一般来说，爱发红包的用户通常乐善好施，信用不会太差，从不发红包会影响芝麻分。

(3) 一张信用卡都没有，或不能按时还款。没有信用卡，或者办理了信用卡但不经常在网上消费，以及不按时还款都会降低个人的信用分。

(4) 收货地址不稳定，如果一个用户的收货地址经常变更，会被认为其信用度不如那些有长期稳定收货地址的用户。

(5) 在网上购物，总是等系统默认付款也不是良好的信用习惯，所以要记得收到货物后尽早地主动支付，及时给卖家进行评价。

(6) 打车、租车等应用，如果预约了出租车却最终放了司机的鸽子，或租车没有及时归还，这类行为可能会被认为是履约能力较差的表现，被收录进数据库中。

## 9.5.4 网络小贷的监管

央行发布的2020年第三季度小额贷款公司统计数据报告显示，截至2020年9月末，全国共有小额贷款公司7227家。其中，249家可以开展网络小额贷款业务。随着网络小贷企业数量的提升，网络小额贷款业务也暴露出风险管理不审慎、消费者保护不充分、资金用途监测不到位等问题和风险隐患。为规范小额贷款公司网络小额贷款业务，防范网络小额贷款业务风险，银保监会、人民银行在2020年11月发布《网络小额贷款业务管理暂行办法（征求意见稿）》（以下简称《征求意见稿》），对网络小贷的行业门槛、联合贷款的出资比例、杠杆率以及资金用途等方面都做了进一步的规范，其主要内容包括以下四个方面。

### 1. 准入门槛大幅提高

《征求意见稿》大幅提高了跨省级行政区经营网络小贷业务的资质审批门槛，同时也提高了小贷公司的注册资本要求。

《征求意见稿》第五条规定，小额贷款公司经营网络小额贷款业务，应当经监督管理部门依法批准；监督管理部门拟批准小额贷款公司经营网络小额贷款业务的，应当至少提前60日向国务院银行业监督管理机构备案。其次，如果小额贷款公司要跨省级行政区域经营网络小额贷款业务，还应当经国务院银行业监督管理机构依法批准。

也即是说，小贷公司跨省经营网络小额贷款业务，需要重新得到有关部门批准。监督管理部门应当根据本办法重新审批网络小额贷款业务经营资质。同时对于未经国务院银行业监督管理机构批准、已经跨省级行政区域从事网络小额贷款业务的小额贷款公司，《征求意见稿》要求，应当在本办法规定的过渡期内完全达到本办法各项规定的要求；逾期仍不符合本办法规定的，不得跨省级行政区域开展新的网络小额贷款业务。

除了资质审批，注册资本要求也大幅提高。《征求意见稿》明确，经营网络小额贷款业务的小额贷款公司的注册资本不低于人民币10亿元，且为一次性实缴货币资本；跨省级行政区域经营网络小额贷款业务的小额贷款公司的注册资本不低于人民币50亿元，且为一次性实缴货币资本。

截至2020年11月，蚂蚁小微小贷注册资本金120亿元、重庆度小满小贷注册资本金70亿满足要求；而百度旗下的上海满易小贷以及360旗下的重庆三六零小贷，注册资本金分别为2亿元和5亿元，尚不满足10亿元的最低要求。

此外，《征求意见稿》第二十条规定，同一投资人及其关联方、一致行动人作为主要股东参股跨省级行政区域经营网络小额贷款业务的小额贷款公司的数量不得超过2家，或控股跨省级行政区域经营网络小额贷款业务的小额贷款公司的数量不得超过1家。

多家互联网巨头控股多家网络小贷公司的局面将难以持续。以蚂蚁集团为例，蚂蚁集团在重庆全资控股有两家网络小贷公司——重庆蚂蚁商诚小贷和重庆蚂蚁小微小贷。如果按上述规定，则蚂蚁集团只能保留其中一家。并且，"借呗"背后的小贷公司蚂蚁商诚小贷的注册资本为40亿元人民币，仅按照最低要求也需要补缴注册资本。

2. 约束小贷杠杆率与联合出资比例

除了提高准入门槛和限制参控多家，网络小贷新规也对小贷公司杠杆率和联合贷款出资比例提出了明确要求。

《征求意见稿》第十二条规定，经营网络小额贷款业务的小额贷款公司，通过银行借款、股东借款等非标准化融资形式融入资金的余额不得超过其净资产的1倍；通过发行债券、资产证券化产品等标准化债权类资产形式融入资金的余额不得超过其净资产的4倍。第十五条第三款规定，在单笔联合贷款中，经营网络小额贷款业务的小额贷款公司的出资比例不得低于30%。

以花呗为例，如果按照2020年11月蚂蚁1.8万亿元联合贷款余额和至少30%的出资比例要求，意味着蚂蚁的贷款出资需要达到5400亿元。

3. 支付与信贷业务分离

考虑到互联网企业利用旗下机构将支付业务与信贷等其他金融业务交叉嵌套，形成业务闭环，业务过程难以被穿透监管，极易引发风险跨市场蔓延。在传统的模式中，蚂蚁花呗、京东白条、微信分付、美团月付、滴滴信用付等业务，都是以第三方支付账户为入口，通过互联网小贷公司展开的类信用卡消费分期贷款业务。但其背后提供资金的银行等机构由于并不掌握用户的支付账户，故很难落实风险。

《征求意见稿》第二十二条规定，经营网络小额贷款业务的小额贷款公司应当使用独立的业务系统，该系统应当符合下列条件：一是贷款申请、评估、审批、签约、放款、收贷、咨询和投诉等业务可通过该业务系统实现线上操作；二是具有健全的风险防控体系，包括数据驱动的风控模型、反欺诈系统、风险识别机制、风险监测手段、风险处置措施等，评定和防控客户信用风险主要借助互联网平台内生数据信息；三是符合网络与信息安全管理要求，具有完善的防火墙、入侵检测、数据加密、应急处置预案以及灾难恢复等网络安全设施和管理制度，保障系统安全稳健运行和各类信息安全；四是符合国务院银行业监督管理机构规定的其他条件。

4. 限制借款人额度与资金用途

《征求意见稿》规定，经营网络小额贷款业务的小额贷款公司应当根据借款人收入水平、总体负债、资产状况等因素，合理确定贷款金额和期限，使借款人每期还款额不超过其还款能力。

对自然人的单户网络小额贷款余额原则上不得超过人民币30万元，不得超过其最近3年年均收入的三分之一，该两项金额中的较低者为贷款金额最高限额；对法人或其他组织及其关联方的单户网络小额贷款余额原则上不得超过人民币100万元。

将小额贷款额度上限设置为30万，既能满足各方对消费贷款促消费的诉求，又能有效降低消费贷款资金流入股市楼市的压力，在促进居民消费和控制贷款用途之间取得平衡。对消费类个人信用贷款授信设定限额，不仅有效防范防范居民杠杆率快速上升风险，对过度授信、多头共债、资金用途不合规等问题也有明显遏制。

为了保证贷款资金用途应当明确、合法，《征求意见稿》要求，经营网络小额贷款业务的小额贷款公司加强贷款支付和资金用途管理，精细化受托支付限额管理。

《征求意见稿》规定，小额贷款公司应与借款人明确约定贷款用途，并且按照合同约定监控贷款用途，贷款用途应符合法律法规、国家宏观调控和产业政策。

网络小额贷款不得用于从事债券、股票、金融衍生品、资产管理产品等投资，不得用于购房及偿还住房抵押贷款以及法律法规、国务院银行业监督管理机构和监督管理部门禁止的其他用途。

## 9.6 P2P

### 9.6.1 P2P 概述

P2P 其实是英文 peer to peer lending（或 peer-to-peer）的缩写，意即个人对个人，又称点对点网络借款，是指依托互联网信贷平台开展的消费者点对点信贷。

P2P 是一种将小额资金聚集起来借贷给有资金需求人群的一种民间小额借贷模式，属于民间小额借贷，借助互联网、移动互联网技术的网络信贷平台及相关理财行为、金融服务。

通过线上服务平台，借款人可自行发布借款信息，包括金额、利息、还款方式和时间，实现自助式借款；出借人根据借款人发布的信息，自行决定借出金额，实现自助式借贷。

通过线下服务平台，借款人向平台运营商提交融资申请及相关信息，包括抵押物信息、借款金额、用途、时间、征信报告、现金流水、还款来源等；出借人通过平台运营商提供的信息，自行决定是否出借。

若资金配对成功，平台运营商一般会协助借贷双方签署法务协议及办理相关抵押手续。

P2P 起源于国外，在美国早已发展起了较为成熟的 P2P 企业，包括 Prosper 与 Lending club。2010 年以来，受我国宏观经济下行的影响，传统信贷的收紧为网络借贷发挥长尾优势创造了机遇。个体网络借贷凭借着门槛低、收益高、操作方便、灵活度强等优势迅速在互联网金融市场占据一席之地，成为普惠金融的重要组成部分。总体上，中国 P2P 市场的发展可以分为以下五个阶段：

起步发展期（2007—2012 年）：2007 年，国内首家 P2P 信贷平台"拍拍贷"在上海成立；此阶段从业者较少，用户规模小，社会预期低，以信用贷款形式为主。

快速发展期（2012—2013 年）：2012 年，P2P 信贷平台数量呈爆发式增长，年底大概成立 240 家，成交金额达到 30 亿元；此阶段从业者与用户规模扩大，社会预期有所提高，以地域借款为主。

风险爆发期（2013—2014 年）：2013 年 10 月至 11 月，P2P 信贷平台出现倒闭潮，P2P 贷款行业亟待行业法规监管；从业者与用户规模增长快速，平台倒闭等恶性事件爆发，社会预期趋于理性。

行业调整期（2014—2016 年）：2015 年，国家监管政策出台，P2P 信贷合法化，行业以规范监管为主，社会预期回归理性。

监管整顿期（2016 年至今）：2016 年上半年公布监管细则，行业进行大洗牌，从业者规模和用户规模增速放缓，不规范的 P2P 平台逐渐退出市场。

相关数据显示：2019 年全年我国网贷行业成交量达到了 9649.11 亿元，相比 2018 年全年网贷成交量（17948.01 亿元）减少了 46.24%，2019 年全年成交量创造了近 5 年来的新低。随着成交量逐步下降，网贷行业贷款余额也同步走低。截至 2019 年年底，网贷行业总体贷款余额下降到 4915.91 亿元，同比 2018 年下降了 37.69%。成交量逐步走低与部分大平台逐步转型、监管"三降"、出借人对行业谨慎的态度密不可分。同时，由于 2019 年行业清退力度加大，平台继续按照监管"三降"要求降低贷款余额，此外多家大平台开始业务转型，停止发标导致贷款余额急剧下降，诸多因素的影响使得行业贷款余额在 2019 年出现了明显的下降。

2020 年，大量 P2P 平台开始转型小贷公司或是为有借款需求的借款人匹配适合的持牌金融机构资金。在 2020 年 11 月中旬，国内运营的 P2P 平台已经全数清零。虽然在中国的市场中，P2P 平台存在较大风险而转换了经营模式，但作为一场互联网金融创新，国外成熟 P2P 平台的模式仍值得参考借鉴。

## 9.6.2 Prosper

Prosper，于 2006 年 2 月 5 日上线，是美国第一家 P2P 借贷平台如图 9.7 所示。借款人通过 Prosper 寻求个人贷款，贷款额度为 2000～35000 美元，期限为 3 年或 5 年，贷款利率根据借款人的 Prosper 评级等确定；投资者（包括个人和机构）可以购买贷款关联的票据进行出借，最低出借金额为 25 美元；平台负责借款人的信用审核、贷款资金发放和追讨等，并将借款人还款转给投资者，向借款人一次性收取服务费，向投资者收取管理年费。

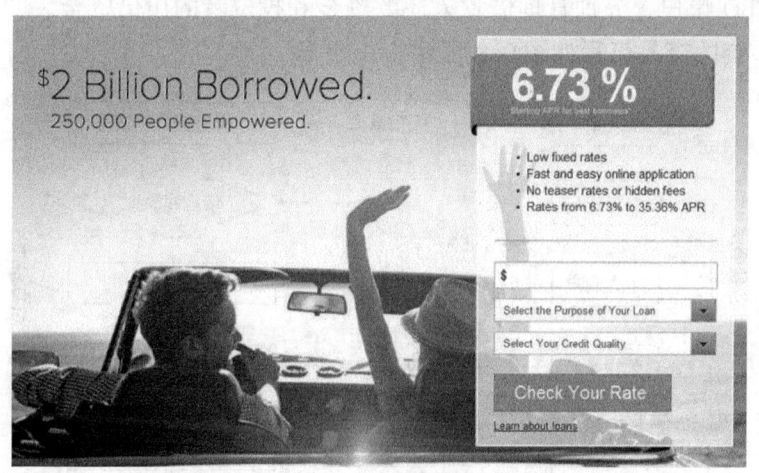

图 9.7 Prosper 网站

Prosper 的借贷业务由多方合作完成，具体合作模型如图 9.8 所示。

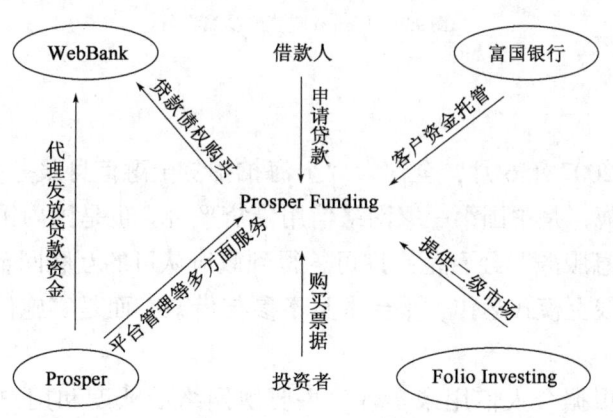

图 9.8 Prosper 借贷合作模型

其中，Prosper Funding 是 PMI 的全资子公司，依赖 PMI 或第三方服务商处理平台的日常操作。

PMI 和 WebBank 签订协议，作为 WebBank 的代理人，管理平台上相关的潜在借款人贷款申请提交、WebBank 对相关贷款的创建和发放；同时 WebBank 将相关贷款的本票出售并转让给 Prosper Funding。

在这种模式下，借款人通过平台申请贷款，获准后，WebBank 通过平台将资金贷款给借款人，而后再将债权出售并转让给 Prosper Funding；投资者通过购买相关票据进行投资。

为了提高流动性，平台与 Folio Investing 合作开发了一个二级市场供票据交易。在二级市场，投资者可以在任何时候买卖票据（Prosper 贷款）。票据由卖出的投资者定价，可以比票面价格更高或更低，但需支付一定的交易费。

此外，平台借贷资金由富国银行进行托管，Prosper Funding 在富国银行开设了"储蓄账户"和 FBO 账户，分别管理借款人还款资金和投资者的出借资金。

Prosper 借贷的交易流程如图 9.9 所示。

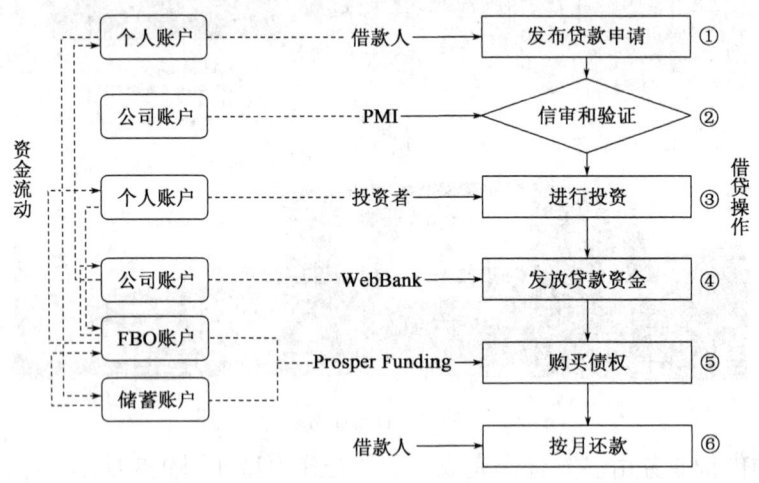

图 9.9 Prosper 借贷交易流程图

### 9.6.3 拍拍贷

拍拍贷成立于 2007 年 6 月，全称为"上海拍拍贷金融信息服务有限公司"，总部位于国际金融中心上海，是中国第一家网络信用借贷平台，也是国内第一家由工商部门特批，获得"金融信息服务"经营范围许可，得到政府认可的互联网金融平台。

拍拍贷采用纯线上模式运作，平台本身不参与借款，而是实施信息匹配、工具支持和服务等功能。

拍拍贷的风控根据个人信用来实现，主要由网络活跃度和用户个人身份、财务能力、银行信用度等构成，其信用审核结果决定了贷款的金额。而借款人的借款利率在最高利率限制下，由自己设定。

拍拍贷 P2P 业务的基本操作流程为：

（1）借款人发布借款信息（借款原因、借款金额、预期年利率、借款期限、最高利率）；

（2）出借人参与竞标；

(3) 利率低者中标。

一般多个出借人出借很小的资金给一个借款人，以分散风险。

拍拍贷的业务流程如图 9.10 所示。从图示流程中，可以看出，拍拍贷的 P2P 业务是纯线上无担保借贷平台。在这种单纯的信息中介平台模式下，平台只起撮合借款人和出借人的作用，本身不为投资者提供任何形式的本息担保，也不会通过第三方融资担保机构或抵押担保方式为投资者提供保障。在众多的 P2P 平台中，拍拍贷由于不设资金池，涉及的风险相对较少。但在 2020 年 9 月，拍拍贷在监管指导下，基于保护出借人和借款人双方利益的原则，完成了存量业务的清零和退出，转型助贷平台，以提供更为安全稳定的服务。

图 9.10 拍拍贷借贷交易流程图

## 9.6.4 我国 P2P 的行业监管

2013 年，网络借贷行业创新、风险与监管之间的矛盾达到空前的高度，一大波 P2P 平台相继倒闭。2014 年起，银监会介入 P2P 行业监管，开始对网络借贷进行政策指导。2015 年，个体网络借贷正式纳入银监会普惠金融工作部的监管范围，进一步明确了监管主体。

目前我国 P2P 行业的监管制度主要包括：2016 年 8 月《网络借贷信息中介机构业务活动管理暂行办法》、2016 年年底《网络借贷信息中介机构备案登记管理指引》、2017 年年初《网络借贷资金存管业务指引》、2017 年下半年《网络借贷信息中介机构业务活动信息披露指引》及《信息披露内容说明》，共同构成了"一个办法三个指引"的制度框架。同年又相继发布《网络借贷信息中介机构业务活动信息披露指引》和《关于做好 P2P 网络借贷风险专项整治整改验收工作的通知》。

在相关制度中，将 P2P 行业明确为网络借贷信息中介机构，即指依法设立，专门从事网络借贷信息中介业务活动的金融信息中介公司。

制度制定了"负面清单"十三条，包括：（1）为自身或变相为自身融资；（2）直接或间接接受、归集出借人的资金；（3）直接或变相向出借人提供担保或者承诺保本息；（4）自行或委托、授权第三方在互联网、固定电话、移动电话等电子渠道以外的物理场所进行宣传或推介融资项目；（5）发放贷款，但法律法规另有规定的除外；（6）将融资项目的期限进行拆分；（7）自行发售理财等金融产品募集资金，代销银行理财、券商资管、基金、保险或信托产品等金融产品；（8）开展类资产证券化业务或实现以打包资产、证券化资产、信托资产、基金份额等形式的债权转让行为；（9）除法律法规和网络借贷有关监管规定允许外，与其他机构投资、代理销售、经纪等业务进行任何形式的混合、捆绑、代理；（10）虚构、夸大融资项目的真实性、收益前景，隐瞒融资项目的瑕疵及风险，以歧义性语言或其他欺骗性手段等进行虚假片面宣传或促销等，捏造、散布虚假信息或不完整信息损害他人商业信誉，误导出借人或借款人；（11）向借款用途为投资股票、场外配资、期货合约、结构化产品及其他衍生品等高风险的融资提供信息中介服务；（12）从事股权众筹等业务；（13）法律法规、网络借贷有关监管规定禁止的其他活动。

随监管政策的落地，资金池、期限错配等隐患模式被禁止，大量不合规平台被淘汰，行业整体由野蛮生长进入规范化阶段。但另一方面，P2P平台的商业价值与市场空间也进一步收窄。2019年11月，互金整治办和网贷整治办印发《关于网络借贷信息中介机构转型为小额贷款公司试点的指导意见》，大量P2P平台开始关停或转型。虽然在中国P2P已落下帷幕，但作为一场轰轰烈烈的"去中介化"金融创新，仍值得反思、借鉴。

【拓展阅读】

## P2P转型网络小贷公司

2020年10月22日，江西省地方金融监督管理局官网发布《关于江西东方融信科技信息服务有限公司（原江西东方融信金融信息服务有限公司）转型为全国经营小额贷款公司试点的批复》，同意原P2P平台易e贷的运营公司江西东方融信科技信息服务有限公司转型为全国经营小额贷款公司试点，同意抚州市新浪网络小额贷款有限公司，该网络小贷公司由北京新浪互联信息服务有限公司（即新浪网）出资比例99%，自然人卢建明出资比例1%。

2018年9月10日，易e贷曾发出《关于易e贷合规升级并结清所有业务的通知》，平台已与国内知名互联网金融公司达成战略合作协议，决定先清偿原模式下的所有贷款，并给出了投资人提现的时间和后续的一些安排。通知称，平台决定于2018年9月10日对未到期的所有标的做提前还款，即日起平台的余额全部清零，出借人到期资金可以正常申请提现。至2020年10月，易e贷也成为又一家P2P平台成功转型网络小贷公司。

自2019年11月，互金整治小组发布《关于网络借贷信息中介机构转型为小额贷款公司试点的指导意见》以来，越来越多的P2P平台转型网络小贷公司。2020年年初，浙江杭州已有两家原网贷平台成功转型为全国展业的网络小贷公司，分别为"浙农金服""金投行"。2020 年 5 月,厦门金融监管局官网公告,称批复两家 P2P 平台转型为小贷公司,两家公司分别为厦门海豚金服网络科技有限公司("海豚金服")和福建禹洲启惠小额贷款股份有限公司("禹顺贷")。

## 9.7 众　　筹

### 9.7.1 众筹的发展与内涵

2009 年,美国众筹平台 Kickstarter 成立。用户在平台上支持项目后,可获得实物或经验奖励。2011 年,与 Kickstarter 模式类似的众筹平台"点名时间"上线。它和随后涌现的众筹网、追梦网等平台,形成中国第一波众筹热潮。但受一系列股灾、熔断事件、P2P 跑路、国家调控政策等事件与政策的影响,互联网众筹行业举步维艰。巨头逐渐调整策略,大量中小型众筹平台关停并转型。

从在运营中平台数量走势来看,2016 年在运营中的众筹平台数量达到顶峰,共有 532 家。从 2017 年开始,各类平台数量开始下降,截至 2019 年 6 月底,在运营中的众筹平台仅有 105 家。

众筹即为大众筹资或群众筹资,指筹资者向投资者募集项目资金的模式,具有低门槛、多样性、依靠大众力量、注重创意的特征。

一般而言众筹业务主要包括三个参与方:筹资人、平台运营方和投资人。其中,筹资人就是项目发起人,在众筹平台上创建项目,介绍自己的产品、创意或需求,设定筹资期限、筹资模式、筹资金额和预期回报率等;平台运营方就是众筹网站,负责审核、展示筹资人创建的项目,提供服务支持;投资人则通过浏览平台上的各种项目,选择适合的投资目标进行投资,其相互关系如图 9.11 所示。

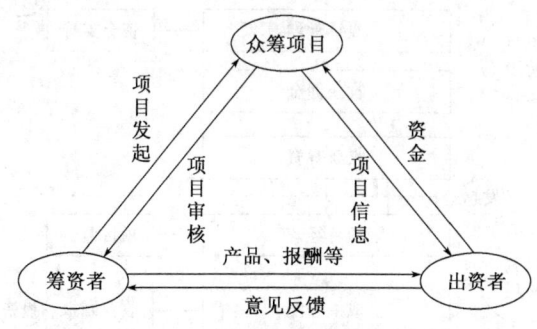

图 9.11 众筹融资模式的参与方

### 9.7.2 众筹的分类与流程

众筹项目按照所涉及的领域进行划分,可以分为科技、文化传媒、传统服务、医疗、设计、互联网+、公益、生活用品、实体场所、农业和其他共 11 类。

众筹项目按照回报方式进行划分,可以分为非公开股权融资型众筹、权益型众筹、公益型众筹和物权型众筹四类。

互联网非公开股权融资型众筹,指融资者通过股权众筹融资互联网平台以非公开发行方式进行的股权融资活动,通常是以项目或公司的股权作为回报,以下简称为股权型众筹。

权益型众筹,指参与众筹的项目或公司以提供产品或服务作为投资回报的众筹模式。此类众筹项目最多,占比最重。

公益型众筹,指参与众筹的项目或公司无偿获得投资者资金上的捐赠,通常是扶贫捐助和爱心救助等项目。

物权型众筹,指筹资者通过互联网的方式,向大众筹集资金,用以收购实物资产,通过资产升值变现获取利润,或通过合理经营实现经营收入,与投资人按比例利润分红的众筹模式,主要体现在汽车众筹和房地产众筹两个领域。

综合型众筹平台,包括以上众筹类型的两类或以上的平台,一般情况下包括股权型众筹项目和权益型众筹项目。

2019年6月底,在全国处于运营的105家众筹平台中,股权型平台数量最多,有39家,占比37%;权益型平台次之,共32家,占比31%;综合型平台14家,占比13%;物权型平台13家,占比12%;公益型平台数量最少,只有7家,仅占比7%。

大部分类型的众筹项目大致遵循如图9.12所示的流程。

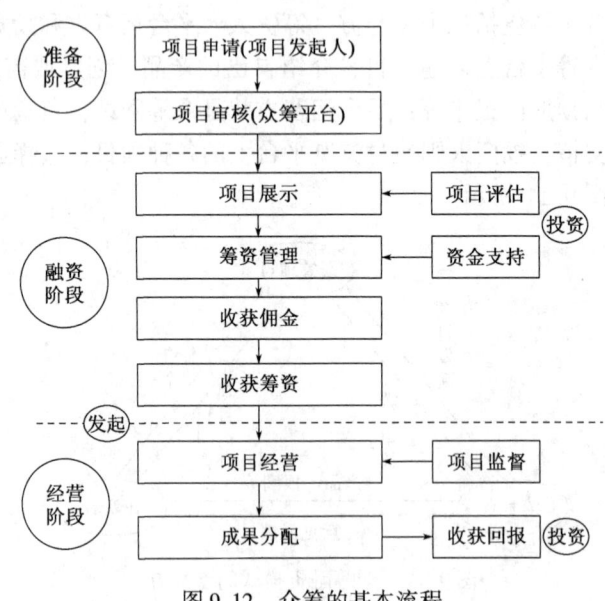

图9.12 众筹的基本流程

### 9.7.3 京东众筹

京东众筹于2014年7月1日正式上线。借助于京东的流量与销售优势,京东众筹主要以权益型的产品众筹为主,是国内最主要的产品众筹渠道之一。京东众筹是京东金融九大金融板块之一,2015年京东众筹其交易额已突破14亿元大关,项目总量超过3000个,千万级项目21个,位列全行业之首,如图9.13所示。京东众筹发展至今,为扶贫事业作出多项贡献,收获央视点赞以及荣获"中国红十字奉献奖章"。

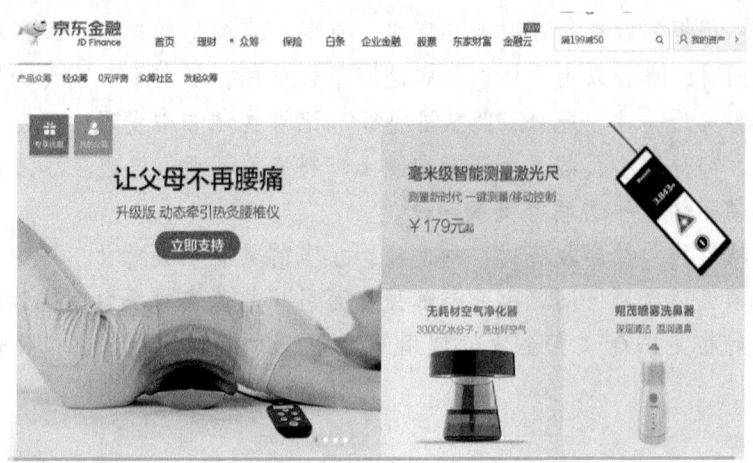

图9.13　京东众筹首页

## 9.7.4　众筹行业的风险与监管

国内众筹行业主要面临两个风险:一是作为连接创业者和投资人之间的中介,容易遭遇信任危机;二是互联网非公开股权融资容易和非法集资、公开募股混淆,经常受到国家的严格监管。只有做好相关的风控措施,众筹平台才能继续合规地开展。

目前,国家各部门出台的相关监管制度中,与众筹行业相关的主要有以下几项:

(1) 2014年12月18日,中国证券业协会起草并下发了《私募股权众筹融资管理办法(征求意见稿)》;

(2) 2015年7月18日,央行等十部委发布《关于促进互联网金融健康发展的指导意见》;

(3) 2015年7月30日,中国证券业协会发布《场外证券业务备案管理办法》及其补充条款;

(4) 2015年8月7日,中国证监会下发《关于对通过互联网开展股权融资活动的机构进行专项检查的通知》;

(5) 2016年10月13日,证监会等15部门联合公布《股权众筹风险专项整治工作实施方案》。

另外,证监会近日印发工作计划,2018年将拟定、修改规章类立法项目32件,其中制定《股权众筹试点管理办法》,是15个"力争年内出台的重点项目"之一。此举将进一步增强资本市场直接融资功能,但互联网股权众筹的风险也随之提高。

【拓展阅读】

## "水滴筹"等网络众筹平台问题不断

以免费大病筹款为名的社交筹款平台"水滴筹"被媒体曝出存在工作人员诱导病患瞒报信息筹款、根据筹款数量领取业务提成、百度一张病历就能用、套用模板博取公众同情等问题。同时,平台以用户协议形式逃避平台责任,削弱平台应尽的审核义务等情况,亦引发社会舆论关注。此外,"中国网事"记者在调查中发现,除已被舆论曝光的线下地推乱象,部分网络众筹平台还存在线上资料把关不严、逃避应尽法律责任和"资金池"管理和使用情况不透明等更多问题。

网络公益项目作为社会救济的一种途径,在当前具有积极意义,不少患病困难家庭正在通过这些项目获益,但同时也需要加强正面引导,落实对平台的监管责任。行业主管部门可出台对相关平台"资金池"使用情况监管的指导意见,让相关资金在阳光下使用。

# 习　题

**1. 填空题。**

(1) 金融服务需求主要是支付、(　　　)、投资和(　　　)。

(2) 相比传统证券,网络证券具有信息优势、(　　)优势、(　　)优势和(　　)优势。

(3) 众筹项目按照回报方式进行划分,可以分为(　　)、(　　)、公益型众筹和物权型众筹四类。

(4) 从狭义上讲,在互联网上开展的金融业务,主要是指(　　)、(　　)与(　　)。

(5) 余额宝对接天弘基金旗下的(　　)基金。

**2. 选择题。**

(1) 以下互联网细分行业中,不属于互联网金融的是(　　)

　　A. 网络众筹　　　B. 网络微贷　　　C. 网络保险　　　D. 网络购物

(2) (　　)是一款网络消费信贷产品。用户在消费时,可以享受"先消费,后付款"的购物体验。

　　A. 余额宝　　　B. 花呗　　　C. 芝麻信用　　　D. 点名时间

(3) 不属于网络征信机构的是(　　)。

　　A. 腾讯征信　　　B. 京东蓝鲸　　　C. 余额宝　　　D. 芝麻信用

(4) 一般而言,众筹不包括(　　)参与方。

　　A. 筹资人　　　B. 平台运营方　　　C. 投资人　　　D. 经纪商

(5) 下列各项中，不能通过网络实现投保、核保、理赔、给付全过程的是（　　）。
　　A. 网购运费险　　　　　　　　B. 票务取消险
　　C. 网络车险　　　　　　　　　D. 酒店取消险
3. 判断题。
（1）网络保险的一般过程是：浏览网站、选择产品和服务、核保及承保、填写投保意向书、订立合同、交纳现金、保单生效。（　　）
（2）拍拍贷是中国第一家网络信用借贷平台，其运作模式是线上与线下相结合模式。
（　　）
（3）物权型众筹是指筹资者通过互联网的方式，向大众筹集资金，用以收购实物资产，通过资产升值变现获取利润，或通过合理经营实现经营收入，与投资人按比例利润分红的众筹模式。（　　）
（4）征信机构是指专门从事信用信息采集、处理、评价、传播业务的以营利为目标的信息服务专业机构。（　　）
（5）花呗的盈利来源包括消费者支付的利息与费用。（　　）
（6）货币基金是所有基金产品中风险比较低的一类产品，一般用于投资国债、银行存款等安全性高、收益稳定的金融工具。（　　）
4. 思考题。
（1）分析互联网对保险行业的影响。
（2）佣金宝打破了证券业的地域限制，请分析其对网络证券经纪业务的影响。
（3）了解网络基金的主要类型。
（4）分析近年来我国 P2P 行业倒闭潮的产生原因。
（5）思考我国众筹行业的未来发展方向。
（6）思考网络小贷监管措施对于行业健康发展的作用。

# 第10章 网络支付系统的安全技术与风险管理

## 10.1 网络支付的主要风险

网络支付的大量支付过程在公开的网络上运作,这使得其相关的支付信息都是在计算机系统中进行存放、传输和处理。随着计算机技术、网络技术的发展,计算机犯罪也在不断发展,由于交易参与主体不是面对面的,且没有国界、没有时间限制,因而这种犯罪会更加隐蔽和难以控制。而网络支付安全也就成为保障支付体系正常运营的重要环节。

支付风险是指在支付交易过程中,由于伪造支付指令、资金头寸不足和支付系统环境失误等原因所造成的支付交易延误和失败。支付系统的常见风险包括以下五类。

### 10.1.1 非法风险

非法风险指人为的非法活动,如假冒、伪造、盗窃等行为所造成的支付风险。

这类支付风险在网结支付中更为典型,在电子商务的发展过程中,出于对支付信息泄露、数据篡改的担心,人们参与网络交易的积极性受到了极大的限制。例如,2016年双十二,苏州发生多起支付宝被盗刷案件。不法分子通过木马、非法 WiFi 等手段盗取用户账号等信息,随后通过支付宝付款码1999元免密机制,在线下进行扫码支付,将资金盗走,对用户使用电子支付的信心产生极大影响。

### 10.1.2 结算与清算资金不足

交易支付过程的最终完成,以交易双方的结算账户包括交易双方所在金融机构清算账户资金的划转而结束。若支付过程中,账户资金不足则支付过程无法完成。这类风险通常包含信用风险与流动性风险。

信用风险是指在支付过程中因一方无法履行债务合同而带来的风险。电子支付拓展金融服务业务的方式与传统金融不同,其虚拟化服务业务形成了突破地理国界限制的无边界金融服务特征,对金融交易的信用结构要求更高、更趋合理,金融机构可能会面临更大的信用风险。只要同电子支付机构交易的另外一方不履行义务,都会给电子支付机构带来信用风险。

流动性风险,是在支付过程中,一方无法如期履行合同所产生的风险。当支付相关机构没有足够的资金满足客户兑现电子货币或结算需求时，就会面临流动性风险。流动性风险与信用风险相比，形成的原因更加复杂和广泛，通常被视为一种综合性风险。流动性风险的产生除了因为商业银行的流动性计划可能不完善之外，其他风险领域的管理缺陷同样会导致银行或其他支付服务机构的流动性不足，甚至引发风险扩散，造成整个金融系统出现流动性困难。因此，流动性风险管理除了应当做好流动性安排之外，还应当有效管理其他各类主要风险。从这个角度说，流动性风险水平体现了支付机构的整体经营状况。

## 10.1.3 系统风险

系统风险指参与支付过程的一方因自身风险而导致其他参与者陷入困境。电子支付系统面临着与传统金融活动同样的经济周期性波动的风险，同时由于它具有信息化、国际化、网络化、无形化的特点，电子支付所面临的风险扩散更快、危害性更大。一旦金融机构出现风险，很容易通过网络迅速在整个金融体系中引起连锁反应，引发全局性、系统性的金融风险，从而导致经济秩序的混乱，甚至引发严重的经济危机。在所有的系统风险中，最具有技术性的系统风险是电子支付信息技术选择的失误，当各种网上业务的解决方案层出不穷，不同的信息技术公司大力推举各自的方案，系统兼容性可能出现问题的情况下，选择错误将不利于系统与网络的有效连接，还会造成巨大的技术机会损失，甚至蒙受巨大的商业机会损失。

## 10.1.4 法律风险

法律风险是指由于缺乏支付相关法律或由于法律的不完善，造成支付各方的权力与责任的不确定性，从而妨碍网络支付相关功能正常发挥而产生的风险。

目前，随着互联网的飞速发展，我国网络支付运用越来越广泛。但因相关法律制度建设相对滞后，一些网络支付行为游离于国家法律监管之外，处于无序发展状态，并由此产生各种风险。常见的风险有主体资格和经营范围风险、资金安全风险、洗钱风险、套现风险、连带责任风险等。

## 10.1.5 操作风险

操作风险指在现代支付系统中，所运用的电子数据处理设备及通信系统出现技术性故障而使整个支付系统运行陷入瘫痪的潜在风险。巴塞尔委员会认为，操作风险来源于系统在可靠性和完整性方面的重大缺陷带来的潜在损失。电子支付机构在系统设计、实施和维护等方面的缺陷都能带来操作风险。另一方面，由于技术更新很快，内部雇员和管理人员可能不熟网络支付的新技术，不能很有效地使用网络支付业务系统，或者客户操作不当都会带来操作风险。

【拓展阅读】

### 刷脸支付风险有多高?

脱下帽子、整理头发、看向摄像头,"滴!支付成功"。近年来,刷脸支付在各大商店、餐馆逐渐铺开,用户付款时,不用打开手机二维码,只是看一眼支付设备,就能轻松完成付款。

对于刷脸支付风险,北京一家数据科技公司的总裁张迎辉表示,刷脸支付相较于二维码,优势在于去掉了手机这一介质,但介质的缺失,也意味着人脸信息的泄露变得更加容易:"如果云端生物数据库发生信息泄露,那对账户的安全也会带来一定的风险,所以说个人信息的外泄,是人脸支付可能面临的比较大的风险。"

目前在刷脸支付上进行交叉认证、多重认证的理念已是业内共识,而生物识别只是多层级安全体系中的一部分。支付宝方面也表示,支付宝APP的刷脸登录和刷脸支付,只能在密码登录和支付过的手机上才能开启。如果一台手机从未用密码登录过,则不可能仅通过刷脸就完成登录或支付。

作为用户,为了确保手机支付安全,应尽量使用多层级安全验证。在设置生物识别的同时,叠加其他认证方式,可以有效降低安全风险。丢失手机后要第一时间远程抹除手机数据,或使用设备锁等手机APP提供的安全功能阻止其他用户登录自己的一些重要APP。

## 10.2 网络支付的信息安全技术

基于网络的支付信息传递与储存对支付的信息安全提出了前所未有的要求,截获支付信息、篡改支付信息、假冒他人身份、抵赖已经做过的交易、挪用结算资金、拖延结算时间等都会对电子支付体系的安全产生危害。网络支付的信息安全主要是指通信安全与计算机安全。通信安全能对从一个系统传送到另一个系统的信息进行保护。计算机安全是对计算机系统中的信息进行保护。衡量这两大类的安全性常常要考察下述几个方面:

(1) 不可抵赖性。信息的不可抵赖性是指支付信息的发送方不能否认已发送的信息,接收方不能否认已收到的信息。

(2) 保密性。支付信息的保密性是指信息在传输过程或存储中不被他人窃取。例如,信用卡号和密码在网上传输时,应对相关信息进行保密处理,避免非持卡人从网上拦截并获取相关号码。

(3) 身份的真实性。身份的真实性是指支付双方是确实存在且身份信息准确的。网上交易的双方相隔很远,互不了解,要使交易成功,必须互相信任,确认对方身份的真实性。

(4) 信息的完整性。支付信息的完整性是从信息传输和存储两个方面来看的。在存储时，要防止非法窜改和破坏支付中的账号、金额、时间等关键信息。在传输过程中，也要保证接收端收到的信息与发送的信息完全一样，防止支付信息在传输过程中不被修改。例如，如果发送的支付金额是 5000 元，接收端收到的却是 50000 元，这样，信息的完整性就遭到了破坏。

（5）存储信息的安全性。常见的信息存储方式都存在安全风险，特别是连接到互联网的存储设备，通过互联网，不法分子可以悄声无息地窃取存储设备中的数据。相比信息传输安全，信息存储安全一旦受到威胁，会导致当前和过往的信息均被泄漏，造成的危害更大。因此，支付相关信息存储的部门与企业应规范内部管理，使用访问控制权限以及对敏感信息的加密存储等。当使用 WWW 服务器支持电子支付活动时，应注意数据的备份和恢复，并采用防火墙技术保护内部网络的安全性。

## 10.2.1 防火墙技术

### 1. 防火墙的概念

防火墙是指一种将内部网络和外部网络分开的方法，实际上是一种隔离控制技术。它在某个机构的网络和不安全的网络之间设置障碍，阻止对信息资源的非法访问，同时也可以阻止保密信息从受保护网络上被非法输出，通过限制与网络或某一特定区域的通信，以达到防止非法用户侵犯受保护网络的目的。通常情况下，防火墙是在两个网络通信时执行的一种访问控制尺度，它对两个网络之间传输的数据包和连接方式按照一定的安全策略对其进行检查，以决定网络之间的通信是否被允许；其中被保护的网络称为内部网络，未保护的网络称为外部网络或公用网络。

值得注意的是，防火墙不是一个单独的计算机程序或设备。在理论上，防火墙是由软件和硬件两部分组成，用来阻止所有网络间不受欢迎的信息交换，而允许那些可接受的通信。从逻辑上讲，防火墙是分离器、限制器、分析器；从物理上讲，防火墙由一组硬件设备（路由器、主计算机或者路由器、主计算机、配有适当软件的网络的多种组合）和适当的软件组成。

### 2. 防火墙的功能

防火墙是指设置在不同网络或网络安全域之间的一系列部件的组合。它是不同网络或网络安全域之间信息的唯一出入口，能根据安全政策控制（允许、拒绝、监测）出入网络的信息流且本身具有较强的抗攻击能力。防火墙的功能包括以下三个方面：

（1）防火墙是网络安全的屏障。一个防火墙能极大地提高一个内部网络的安全性，并通过过滤不安全的服务而降低风险。由于只有经过精心选择的应用协议才能通过防火墙，所以网络环境变得更安全。

（2）防火墙可以强化网络安全策略。通过以防火墙为中心的安全方案配置，能将所有安全软件口令、加密、身份认证、审计等配置在防火墙上。跟将网络安全问题分散到各个主机上相比，防火墙的集中安全管理更经济。

（3）防止内部信息的外泄。利用防火墙对内部网络的划分，可实现内部网重点网段的隔离，从而限制了局部重点或敏感网络安全问题对全局网络造成的影响。

3. 防火墙的分类

（1）包过滤防火墙。包过滤防火墙工作在网络层，对数据包的源及目的 IP 具有识别和控制作用，对于传输层，也能识别数据包是 TCP 还是 UDP 及所用的端口信息。现在的路由器、具有路由功能的交换机以及有些操作系统已经具有用包过滤控制的能力。由于只对数据包的 IP 地址、TCP/UDP 协议和端口进行分析，包过滤防火墙的处理速度较快，并且易于配置。但包过滤防火墙不能防范黑客攻击，不支持应用层协议，不能处理新的安全威胁。

（2）应用代理网关防火墙。应用代理网关防火墙彻底隔断了内网与外网的直接通信。内网用户对外网的访问会变成防火墙对外网的访问，然后再由防火墙转发给内网用户。所有通信都必须经应用层代理软件转发，访问者任何时候都不能与服务器建立直接的 TCP 连接，应用层的协议会话过程必须符合代理的安全策略要求。应用代理网关的优点是可以检查应用层、传输层和网络层的协议特征，对数据包的检测能力比较强。

（3）状态检测防火墙。状态检测防火墙摒弃了包过滤防火墙仅考查数据包的 IP 地址等几个参数，而不关心数据包连接状态变化的缺点，在防火墙的核心部分建立状态连接表，并将进出网络的数据当成一个个的会话，利用状态表跟踪每一个会话状态。状态监测对每一个包的检查不仅根据规则表，更考虑了数据包是否符合会话所处的状态，因此提供了完整的对传输层的控制能力。

网关防火墙的一个挑战就是能处理的流量，状态检测技术在大幅提高安全防范能力的同时也改进了流量处理速度。任何一款高性能的防火墙都会采用状态检测技术。

## 10.2.2 数据机密性技术

数据机密性技术是保障支付信息安全的核心技术。由于数据在传输过程中有可能遭到侵犯者的窃听而失去保密信息，因此保证网络支付安全最重要的一点就是使用加密技术对敏感的信息进行加密。具体来说，加密解密技术就是利用技术手段把有序的信息变成"乱码"传送，到达目的地后再用相同或不同的手段还原（解密）。攻击者即便窃取到经过加密的信息，也无法辨识原文。

网络支付常用的机密技术有对称密钥加密法、非对称密钥加密法与数字信封。

1. 对称密钥加密法

对称加密又称私有密钥加密，它只用一个密钥对信息进行加密和解密。当发送者给对方发信息时，用自己的加密密钥进行加密，而在接收方收到数据后，用对方所给的密钥进行解密。故此技术也称为秘密密匙加密法。用对称加密对信息编码和解码的速度很快，效率也很高，但由于加密和解密用的是同一密钥，所以发送者和接收者都需要细心保存密钥。如果密钥泄露，以前的所有信息都失去了保密性，以后发送者和接收者进行通信时必须使用新的密钥。

实现对称式密钥加密技术的加密算法主要有 DES、IDEA 与 AES 加密算法。其中，AES 加密算法是美国联邦政府采用的区块加密标准，采用的是对称分组密码体制，密钥长度的最少支持为 128。目前，AES 已经被多方分析且广为全世界使用。值得注意的是：加密的安全性依赖于密钥的秘密性，而不是算法的秘密性。因此，没有必要确保算法的秘密性，而需要保证密钥的秘密性。

对称密钥加密技术的优点在于其算法公开、计算量小、加密速度快、加密效率高。但另一方面，对称加密系统也存在密钥的分发和管理问题。比如对于具有 $n$ 个用户的网络，需要 $n(n-1)/2$ 个密钥，在用户群不是很大的情况下，对称加密系统是有效的，但是对于大型网络，用户群很大而且分布很广时，密钥的分配和保存就成了大问题，同时也就增加了系统的开销。

2. 非对称密钥加密法

在非对称密钥加密法中，每个用户都有一对密钥。一个私钥（private key）由所有者秘密持有，一个公钥（public key）由所有者公开。若以公钥作为加密密钥，以用户私钥作为解密密钥，则可实现多个用户加密的消息只能由一个用户解读。若以用户私钥作为加密密钥而以公钥作为解密密钥，则可实现由一个用户加密的消息使多个用户解读。

实现非对称密钥加密技术的加密算法主要有 RSA、Elgamal、背包算法、Rabin、D–H、ECC 算法等。其中，使用最广泛的是 RSA 算法。

非对称加密体系不要求通信双方事先传递密钥或有任何约定就能完成保密通信，并且密钥管理方便，可实现防止假冒和抵赖，因此，很适合网络支付中的保密通信要求。但同时，公开密钥加密系统也有若干缺点，最主要的缺点在于其加密解密速度比对称密钥加密系统要慢得多，不利于网络交易的时效性。在大量实际应用中，非对称加密算法与对称加密算法往往是结合使用的。

3. 数字信封

数字信封是综合利用了对称加密技术和非对称加密技术两者的优点进行信息安全传输的一种技术。数字信封既发挥了对称加密算法速度快、安全性好的优点，又发挥了非对称加密算法密钥管理方便的优点。

具体来说，信息发送者首先利用随机产生的对称密码加密信息，再利用接收方的公钥加密对称密码，被公钥加密后的对称密码被称为数字信封。在传递信息时，信息接收方若要解密信息，必须先用自己的私钥解密数字信封，得到对称密码，才能利用对称密码解密所得到的信息。这样就保证了数据传输的真实性和机密性（视频 10.1）。

## 10.2.3 数据完整性技术

1. 数字摘要技术

数字摘要实质是一种单向加密算法，是一种用来保证信息完整性的技术。该方法采用单向 Hash 函数将需加密的明文"摘要"成一串固定长度的密文。这个固定长度的输出就称为数字摘要。

数字摘要的特点是：不同的明文摘要成密文，其结果总是不同的；而同样的明文其摘要必定一致；并且得到了摘要也不能反推出明文。现在互联网上广泛使用的 Hash 算法有 MD5 或 SHA-1 及其变种。

2. 数字签名技术

数字签名解决了在网络中传送的报文的签名盖章问题。

具体来说，数字签名是指用户用自己的私钥对原始数据的哈希摘要进行加密所得的数据。信息接收者使用信息发送者的公钥对附在原始信息后的数字签名进行解密后获得哈希摘要，并通过与自己用收到的原始数据产生的哈希摘要进行对照，便可确信原始信息是否被篡改。

数字签名具有两种主要作用：一是能确定消息确实是由发送方签名并发出来的，因为别人假冒不了发送方的签名；二是数字签名能确定消息的完整性。

3. 双重签名

双重签名是 SET 协议中引入的一个重要的创新。它可以巧妙地把发送给不同接收者的两条消息联系起来，同时又很好地保护参与方各自的隐私。

在网络支付系统中，存在着客户、商家和银行三者之间交易信息的传递，其中包括只能让商家看到的订购信息和只能让银行看到的支付信息。因为银行需要了解的支付信息是客户通过商家传递给银行的，所以，双重签名的目的就是在交易的过程中，在客户把订购信息和支付信息传递给商家时，订购信息和支付信息相互隔离开；商家只能看到订购信息，且不能看到支付信息，并把支付信息无改变地传递给银行；同时，商家和银行可以验证订购信息与支付信息的一致性，以此来判断订购信息和支付信息在传输过程中是否被修改。

双重数字签名的生成与验证步骤如下：

（1）消费者（C）通过 Hash 算法分别生成订单信息（O）和支付信息（P）的消息摘要 H（O）和 H（P）。

（2）把消息摘要 H（O）与 H（P）合并为 OP，再通过 Hash 算法生成合并摘要的消息摘要 H（OP）。

（3）消费者（C）使用自己的私钥对 H（OP）签名得到双重数字签名 Sign（H（OP））。

（4）消费者（C）将消息（O，H（P）、Sign（H（OP）））用商家的公钥加密后发送给商家，将消息（P，H（O）、Sign（H（OP）））用银行的公钥加密后发送给银行。

（5）商家将收到的消息用自己的私钥解密后，将消息 O 生成消息摘要 H（O）；同样银行将收到的消息用自己的私钥解密后，将消息 P 生成消息摘要 H（P）。

（6）商家将生成的消息摘要 H（O）和接收到的消息摘要 H（P）合并为 OP1；银行将生成的消息摘要 H（P）和接收到的消息摘要 H（O）合并为 OP2。

（7）商家将消息 OP1 生成消息摘要 H（OP1），银行将消息 OP2 生成消息摘要 H（OP2）。

（8）商家和银行均用持卡人的公共密钥解密收到的双重数字签名 Sign（H（OP））得到 H（OP）。

（9）商家与银行分别将 H（OP1）和 H（OP2）与 H（OP）进行比较，若相同，则证明商家和银行所接收到的消息是完整有效的。

## 10.2.4 数字证书与认证中心

### 1. 数字证书

数字证书又称为数字凭证、数字标识，其本质是一种电子文档，是由电子商务认证中心（CA 中心）所颁发的一种较为权威与公正的证书，用于证实一个用户的身份和对网络资源访问的权限。它的作用类似于日常生活中的身份证。

在网络支付中，如双方出示了各自的数字证书，并用它来进行交易操作，那么双方都可不必为对方身份的真伪担心。

一般来说，数字证书包含：主体（证书所有者的名称、机构、部门、国家等信息），颁发者（颁发证书机构名称），序列号（本证书的编号），CA 使用的签名算法，证书的主题名称，被证明的公钥信息（公钥算法、公钥的位字符串表示），有效期起始日期，有效期终止日期，密钥/证书用途，证书的用途，数字签名（用颁发者的私钥对证书信息的摘要进行的签字加密信息）等。

### 2. 认证中心 CA

认证中心（certificate authority，CA）是电子商务的一个核心环节，是在电子交易中承担网上安全电子交易认证服务，签发数字证书，确认用户身份等工作的具有权威性和公正性的第三方服务机构。

在我国金融领域，电子认证服务主要由中国金融认证中心（CFCA）提供。中国金融认证中心于 2000 年 6 月正式挂牌运营，是经中国人民银行和国家信息安全管理机构批准成立的国家级权威安全认证机构，是国家重要的金融信息安全基础设施之一。在《中华人民共和国电子签名法》颁布后，CFCA 成为首批获得电子认证服务许可的电子认证服务机构。目前，我国开通网银服务的银行大都使用 CFCA 提供的电子认证服务。

【拓展阅读】

## 中国五矿实现一体化 CA 数字认证平台

中央企业是国家信息安全防护战略的核心。近年来，随着安全威胁向着多元化、复杂化方向发展，信息安全已上升到国家战略层面，国家对于中央企业的信息安全保障能力也提出了更高的要求。

中国五矿集团有限公司（简称"中国五矿"）作为我国最大的金属矿产集团，在扛起参与全球化竞争重任的同时，也打响了中央企业提升信息安全能力的发令枪。2019年，中国五矿积极响应国家信息安全政策号召，率先建设起集团统一的CA认证平台，为进一步提升集团系统安全和数据安全提供了有效的技术支撑，走在了央企数字化变革的前列。

作为项目的总负责人闫晓青在立项之初就定下了项目建设的"铁律"：从集团总部到各分部，采用同一个平台、同一套标准，打造集团统一的电子认证基础设施。

2019年年底，在中国五矿和数字认证的共同努力下，新一代统一CA认证平台正式上线。双方通过不断探索电子认证技术与企业业务的深度融合，实现了统一平台为多个业务场景赋能，联合打造出集团化企业数字化变革的成功样板。

随着越来越多的业务部门开始应用新一代CA认证平台，中国五矿集团将逐步推进ERP、OA、邮件、招采、电商等各业务系统与平台的集成工作，并对平台进行二期扩容，为即将到来的大规模应用做好充分准备。

## 10.3　中国人民银行支付系统参与者监管办法

为加强对中国人民银行支付系统参与者的监督管理，保障支付系统安全稳定运行，中国人民银行对其运营的大额支付系统、小额支付系统、网上支付跨行清算系统、电子商业汇票系统和境内外币支付系统等支付系统的直接与间接参与者制定了较为严格的管理制度。主要包括以下几点：

（1）对于屡次违反支付系统业务管理规定、因清算账户余额不足导致支付系统清算窗口开启、支付系统相关业务处理或运行管理存在安全隐患等情况的支付系统参与者，人民银行及其分支机构将要求其就有关问题进行说明或限期整改。

（2）对于因清算账户余额不足导致在清算窗口预定关闭时仍有大额支付系统排队业务或导致支付系统清算窗口延迟关闭的参与者，中国人民银行将根据情形采取通报处理、清算账户余额控制、暂停新增间接参与者、暂停业务权限或转为间接参与者甚至退出支付系统的措施。

（3）对于因参与者自身原因导致其系统与大额支付系统、小额支付系统、网上支付跨行清算系统、全国支票影像交换系统或境内外币支付系统非正常中断的支付系统参与者，中国人民银行将根据情形采取通报处理、清算账户余额控制、暂停新增间接参与者、暂停业务权限或转为间接参与者甚至退出支付系统的措施。

（4）中国人民银行及其分支机构的工作人员滥用职权、玩忽职守、徇私舞弊，不依法履行监督管理职责，或者泄露工作秘密、商业秘密的，将依法给予行政处分。

## 10.4　支付机构客户备付金管理

支付机构备付金，是指支付机构为办理客户委托的支付业务而实际收到的预收待付货币资金。

据不完全统计，2020年多家第三方支付机构因备付金问题违规被处罚。例如，2020年3月，重庆易极付存在未真实、完整、准确反映网络支付交易信息，未按规定落实有关风险管理措施，未按规定存放客户备付金等违法行为；央行重庆营业管理部对其作出罚款30万元的行政处罚。重庆公众城市一卡通存在未按规定拓展业务；未按规定管理客户备付金等违法行为，被罚款6万元。

2020年6月，北京新浪支付科技有限公司涉及九项支付违法行为，其中就涉及未按规定管理客户备付金问题。央行没收违法所得165.89万元，并处罚款1718.44万元，罚没合计1884.33万元。

为防止支付机构将客户备付金以自身名义分散存放于多家银行账户而引发的风险问题，中国人民银行支付结算司日前下发《关于支付机构撤销人民币客户备付金账户有关工作的通知》特急文件，要求所有的第三方支付机构应于2019年1月14日前撤销人民币客户备付金账户，备付金由央行接管。

## 10.5　网络时代银行监管的预防性管理

预防性管理主要是对银行的经营活动确定一个标准，并加以监控，限制银行承担过度的市场风险，特别是避免银行利用国家制定的保护性措施，盲目投资高风险领域。

### 10.5.1　市场准入管理

对银行等金融机构的监管都是从市场准入开始的，金融监管当局根据本国金融管理的标准，对新设立的金融机构在资本金、业务范围、市场竞争等方面提出具有约束性的、规范的管理要求。一般包括：审查银行组织的所有权结构、董事和高级管理层、经营计划和内部控制，以及包括资本金在内的预计财务状况等。当报批的所有者是外国银行时，首先应获得其母国监管当局的批准。

### 10.5.2　资本充足率监管

资本充足率监管指银行和非银行金融机构在开业时必须有规定的资本数据。金融机构的资本与总资产之间，资本与风险资产之间或与负债之间需按规定保持一定的比率。

## 10.5.3 资产流动性监管

为了保护存款人的利益,使金融机构在债权人提出要求时能够及时足额清偿债务,保持自身的社会信誉,中央银行要求各金融机构资产与负债结构在时间上对应,具有保证应付挤提存款的能力。

## 10.5.4 贷款集中度监管

贷款集中度监管要求金融机构对单个客户及关系户贷款不能超过自有资本的一定比率,以避免风险集中。

## 10.5.5 呆账准备金

呆账准备金与资本密切相关,要从银行的收入中扣除。鉴于维持充足的呆账准备金的重要性,监管人员要求银行根据过去的损失情况,采用正确的方法确定呆账准备金水平。

## 10.5.6 银行的内部控制与管理

有效的内部控制是防止管理不当、诈骗和银行破产的重要防线。科学完善、实施有力的内部控制制度,是控制银行风险的一个重要方面。

# 10.6 网络支付的相关法律

电子支付法是调整中央银行、商业银行和其他经济主体以电子方式进行债权债务的清算和资金转账结算过程中发生的各种社会关系的法律规范的总称。

电子支付法的特征表现在:一是程序性。支付系统法作为支付形式法,它是实体法中的程式性规范,主要解决支付的形式问题,一般不直接涉及支付的具体内容。二是技术性。在支付系统法中,许多法律规范都是直接或间接地由技术规范演变而成的。例如在网络支付中,一些国家将运用公开密钥体系生成的数字签名,规范为安全的电子签名。这样就将有关公开密钥的技术规范转化成了法律要求,对当事人之间的支付形式与权利的形式和义务的履行,将有极其重要的影响。三是复杂性。源于电子支付技术手段的复杂性与对高新技术特别是计算机网络技术高度的依赖性,通常当事人必须在第三方的协助下,才能完成支付活动。因此,新技术条件下的电子支付和网络支付要求多方位的法律调整,以及多学科知识的应用。

一般来说,网络支付的法律体系中除了主要包括电子资金转移法、电子清算和结算法等,还包括电子签章法、电子商务法、电子证据法、电子合同法、消费者权益保护法、隐私权保护法、反洗钱法等法律中的相关内容。目前,我国网络支付的立法显然还不够完善,支付产业遵行的主要是行政规章和规范性文件,如中国人民银行出台的多个支付系统管理办法等。这些规章制度在电子支付发展之初起到了很好的促进和规范作用,但法律效力层级较低。目前,我国网络支付较为重要的相关法律与规章主要包括电子签名法与电子支付指引（第一号）。

## 10.6.1 电子支付指引（第一号）

为规范电子支付业务，防范支付风险，保证资金安全，维护银行及其客户在电子支付活动中的合法权益，促进电子支付业务健康发展，中国人民银行制定了《电子支付指引（第一号）》（简称《指引》），并于2005年10月26日实行。

《指引》共6章49条，在遵循效率与安全原则的前提下，以电子支付业务流程为主线，重点调整了银行及其客户在电子支付活动中的权利义务关系，划分了风险承担范围，同时规范了电子支付中的各方交易行为。

具体来说，《指引》主要包括五个方面的内容：一是界定了电子支付的概念、类型和业务原则；二是统一了电子支付业务申请的条件和程序；三是规范了电子支付指令的发起和接收；四是强调了电子支付风险的防范与控制；五是明确了电子支付业务差错处理的原则和要求。

## 10.6.2 电子签名法

中华人民共和国电子签名法是为了规范电子签名行为，确立电子签名的法律效力，维护有关各方的合法权益而制定的法律。该法于2004年8月28日通过，自2005年4月1日起施行，并于2019年4月23日进行了修正。电子签名法被称为"中国首部真正意义上的信息化法律"，自此电子签名与传统手写签名和盖章具有同等的法律效力。

具体来说，电子签名法对电子签名相关的实体和程序问题作出了规定，并首先确立了数据电文的证据规则，对网络结算与支付领域的发展主要起以下作用：

（1）确立了数据电文作为书面证据的原件规则即证据的形式合法性问题。

按照《中华人民共和国民事诉讼法》及《最高人民法院关于民事诉讼证据问题的若干规定》，诉讼中当事人向人民法院提供证据，应当提供原件或者原物。对此，电子签名法第五条规定："符合下列条件的数据电文，视为满足法律、法规规定的原件形式要求：……"第六条规定："符合下列条件的数据电文，视为满足法律、法规规定的文件保存要求：（一）能够有效地表现所载内容并可供随时调取查用；（二）数据电文的格式与其生成、发送或者接收时的格式相同，或者格式不相同但是能够准确表现原来生成、发送或者接收的内容；（三）能够识别数据电文的发件人、收件人以及发送、接收的时间。"并规定了不得仅因为其是以电子、光学、磁或者类似手段生成、发送、接收或者储存的而被拒绝作为证据使用。这一规定，在根本上解决了数据电文作为证据的合法性问题。

（2）确立了证据真实性的判定规则。

根据该法规定，数据电文作为证据的真实性，应当考虑以下因素：①生成、储存或者传递数据电文方法的可靠性；②保持内容完整性方法的可靠性；③用以鉴别发件人方法的可靠性；④其他相关因素。

以上要求为证据真实性判断提供了依据，在原件规则的基础上，进一步解决了数据电文作为证据的真实性问题。数据电文由于形成过程需要经过计算机系统的处理与传输，因而其真实性标准的判断较为复杂。从国内外实践来看，判断电子证据真实性主要通过四种方式，即自认、证人具结、推定与鉴定方式。但由于法律上缺乏可操作的标准，实践中对于数据电文形式的证据如何认定真实性仍存在较大的争议。电子签名法确定的真实性标准则为实践操作提供了法律尺度。

（3）确定了数据电文证据与当事人之间关联性认定标准。

在网络支付中，确定银行与支付机构是否依据资金支付方的指令完成资金的支付结算，是判定银行与支付机构是否尽到受托人义务的基础。在这一过程中，判定发出指令的数据电文与资金支付方之间的关联关系成为至关重要的因素，电子签名法提供了这一关联性的判定标准。

电子签名法在我国法律中首次规定了可靠的电子签名与手写签名或者盖章具有同等的法律效力。而对于何为可靠的电子签名也作出了规定，即具备以下条件视为可靠的电子签名：①电子签名制作数据用于电子签名时，属于电子签名人专有；②签署时电子签名制作数据仅由电子签名人控制；③签署后对电子签名的任何改动能够被发现；④签署后对数据电文内容和形式的任何改动能够被发现。

（4）确定了举证责任规则。

举证责任规则决定交易各方在交易活动出现障碍而需司法介入情况下的诉讼负担的分担，究其实质而言，属于交易中的未来不确定成本或不确定收益的分配规则。因而，举证责任的分担规则必定影响网络结算与支付中服务提供方与资金支付委托方之间对网络支付结算的选择，不确定的举证规则也将影响各方采取网络结算与支付方式的交易倾向。电子签名法对附加电子签名数据电文造成的损害赔偿责任规定了相应的举证规则，即电子签名人或者电子签名依赖方因依据电子认证服务提供者提供的电子签名认证服务从事民事活动遭受损失，电子认证服务提供者不能证明自己无过错的，承担赔偿责任。

该规则的确定，使得证明签名系统可靠性的举证责任归于认证机构。当银行或支付机构通过自身建立的 CA 认证中心开展业务活动时，基于对电子签名的信任而实施支付结算活动时，如果导致客户损失，则证明无过错的举证责任在银行或支付机构。而当银行或支付机构基于对 CFCA 或其他认证机构签名的信任而实施支付结算活动时，则银行或支付机构因依据电子认证服务提供者提供的电子签名认证服务从事支付结算活动遭受损失的，认证服务机构应负举证责任。

总体来说，我国在网络支付的规则与法律制定方面取得了一些进展，但由于网络支付活动中支付工具和支付方式的复杂性，参与主体的多样性以及其快速的创新，我国还将针对网络支付业务的特点、模式和参与主体的不同，根据不同发展阶段的管理要求，对网络支付的相关法律法规做进一步的建立和完善。

综上，随着相关技术与法规的完善，我国网络支付总体是安全的。网络支付从诞生发展至今，经历了电子商务低潮期、SARS 灾情的考验、奥运的影响以及金融危机的冲击，这些都曾经成为人们对网络支付阻力的猜测，但是在这些阻力下，网络支付的影响力不退反进，更加深入人们的生活当中。未来网络支付可能还会遭遇不同程度的冲击，但是有理由相信，通过有效防范网络支付的风险，网络支付会展现出更加强大的生命力！

【拓展阅读】

## 电子签名法第一案

2004年1月，杨先生结识了女孩韩某。同年8月27日，韩某发短信给杨先生，向他借钱应急，短信中说："我需要5000元，刚回北京做了眼睛手术，不能出门，你汇到我卡里"。杨先生随即将钱汇给了韩某。之后，杨先生再次收到韩某的短信，又借给其6000元。此后，杨某要求韩某还钱。经过几次催要未果后，杨某起诉至法院。在提起诉讼后，杨某向法院提交了存有韩某借钱短信的手机。韩某的代理人否认发送短信的手机号码属于韩某，并质疑短信的真实性。后经法官核实，杨先生提供的发送短信的手机号码拨打后接听者是韩某本人。而韩某本人也承认，自己从去年七八月份开始使用这个手机号码。随后，韩某代理人表示，短信不能作为证据。而杨某的律师表示，根据2005年4月1日出台的《中华人民共和国电子签名法》，手机短信属于法律对"数据电文"的定义，也符合"有形表现所载内容""可以随时调取查用"的认定规则，并要求法院确认短信证据的效力。

法院最终依据《中华人民共和国电子签名法》第八条的规定审查了数据电文作为证据的真实性。在确定能够确认信息来源、发送时间以及传输系统基本可靠的情况、文件内容基本完整的情况下，同时又没有相反的证据足以否定这些证据的证明力的情况下，认可了这些手机短信息的证据力。

根据有关报道，本案是我国电子签名法实施后，法院依据电子签名法裁判的第一起案例，意义重大，意味着我国的电子签名法真正开始走入司法程序，数据电文、电子签名、电子认证的法律效力得到了根本保障，通过电子签名法的实施，基本上所有与信息化有关的活动在法律层面都有了自己相应的判断标准。

# 习　题

1. 填空题。

（1）（　　）是指在支付过程中因一方无法履行债务合同而带来的风险。

（2）防火墙是指一种将（　　）和（　　）分开的方法，实际上是一种隔离控制技术。

（3）（　　）是保障支付信息安全的核心技术。

（4）防火墙的分类有包过滤技术、（　　）、状态检测技术。

（5）（　　）既发挥了对称加密算法速度快、安全性好的优点，又发挥了非对称加密算法密钥管理方便的优点。

**2. 选择题。**

(1) 下面加密算法（　　）属于对称加密算法。

　　A. RSA　　　　　B. DSA　　　　　C. DES　　　　　D. RAS

(2) 数字签名是使用（　　）。

　　A. 自己的私钥签名　　　　　　　B. 自己的公钥签名

　　C. 对方的私钥签名　　　　　　　D. 对方的公钥签名

(3) 关于数字证书，下面说法错误的是（　　）。

　　A. 证书上具有证书授权中心的数字签名

　　B. 证书上列有证书拥有者的公开密钥

　　C. 证书上列有证书拥有者的基本信息

　　D. 证书上列有证书拥有者的秘密密钥

(4) 关于防火墙的功能，以下描述错误的是（　　）。

　　A. 可以对数据包的源及目的 IP 进行识别和控制

　　B. 可以防止内部信息的外泄

　　C. 可以强化网络安全策略

　　D. 是一个单独的计算机程序或设备

(5) 我国首次承认电子签名法律效力的法律法规是（　　）。

　　A.《中华人民共和国电子签名法》

　　B.《中华人民共和国合同法》

　　C.《中华人民共和国电子签章条例》

　　D.《中华人民共和国电子签名示范法》

(6) （　　）是一种单向加密算法，可以用来保证信息的完整性。

　　A. 对称密钥　　　　　　　　　　B. 非对称密钥

　　C. 数字摘要　　　　　　　　　　D. 数字证书

(7) 以下关于数字签名说法正确的是（　　）。

　　A. 数字签名是在所传输的数据后附加上一段和传输数据毫无关系数字信息

　　B. 数字签名能够解决数据的加密传输问题

　　C. 数字签名一般采用对称加密机制

　　D. 数字签名能够解决篡改、伪造等安全性问题

**3. 判断题。**

(1) 电子支付系统与传统金融活动面临的经济周期性波动不同，故而不存在系统性风险。（　　）

(2) 公开密钥密码体制比对称密钥密码体制更为安全。（　　）

(3) 当支付相关机构没有足够的资金满足客户兑现电子货币或结算需求时，就会面临流动性风险。（　　）

(4)双重签名可以巧妙地把发送给不同的接收者的两条消息联系起来,同时又很好地保护参与方的隐私。（   ）

(5)电子支付法是调整中央银行、商业银行和其他经济主体以电子方式进行债权债务的清算和资金转账结算过程中发生的各种社会关系的法律规范的总称。（   ）

**4. 思考题。**

(1)简述网络支付中的常见风险。

(2)分析网络支付中的信息安全需求。

(3)分析对称与非对称加密的优缺点。

(4)分析我国网络支付的法律需求。

(5)思考人民银行在网络支付安全中所起的作用。

# 附　录

## 附录1　电子支付指引（第一号）

中国人民银行公告〔2005〕第23号

### 第一章　总　　则

**第一条**　为规范和引导电子支付的健康发展，保障当事人的合法权益，防范支付风险，确保银行和客户资金的安全，制定本指引。

**第二条**　电子支付是指单位、个人（以下简称客户）直接或授权他人通过电子终端发出支付指令，实现货币支付与资金转移的行为。

电子支付的类型按电子支付指令发起方式分为网上支付、电话支付、移动支付、销售点终端交易、自动柜员机交易和其他电子支付。

境内银行业金融机构（以下简称银行）开展电子支付业务，适用本指引。

**第三条**　银行开展电子支付业务应当遵守国家有关法律、行政法规的规定，不得损害客户和社会公共利益。

银行与其他机构合作开展电子支付业务的，其合作机构的资质要求应符合有关法规制度的规定，银行要根据公平交易的原则，签订书面协议并建立相应的监督机制。

**第四条**　客户办理电子支付业务应在银行开立银行结算账户（以下简称账户），账户的开立和使用应符合《人民币银行结算账户管理办法》《境内外汇账户管理规定》等规定。

**第五条**　电子支付指令与纸质支付凭证可以相互转换，二者具有同等效力。

**第六条**　本指引下列用语的含义为：

（一）"发起行"，是指接受客户委托发出电子支付指令的银行。

（二）"接收行"，是指电子支付指令接收人的开户银行；接收人未在银行开立账户的，指电子支付指令确定的资金汇入银行。

（三）"电子终端"，是指客户可用以发起电子支付指令的计算机、电话、销售点终端、自动柜员机、移动通讯工具或其他电子设备。

## 第二章　　电子支付业务的申请

**第七条**　银行应根据审慎性原则，确定办理电子支付业务客户的条件。

**第八条**　办理电子支付业务的银行应公开披露以下信息：

（一）银行名称、营业地址及联系方式；

（二）客户办理电子支付业务的条件；

（三）所提供的电子支付业务品种、操作程序和收费标准等；

（四）电子支付交易品种可能存在的全部风险，包括该品种的操作风险、未采取的安全措施、无法采取安全措施的安全漏洞等；

（五）客户使用电子支付交易品种可能产生的风险；

（六）提醒客户妥善保管、使用或授权他人使用电子支付交易存取工具（如卡、密码、密钥、电子签名制作数据等）的警示性信息；

（七）争议及差错处理方式。

**第九条**　银行应认真审核客户申请办理电子支付业务的基本资料，并以书面或电子方式与客户签订协议。

银行应按会计档案的管理要求妥善保存客户的申请资料，保存期限至该客户撤销电子支付业务后5年。

**第十条**　银行为客户办理电子支付业务，应根据客户性质、电子支付类型、支付金额等，与客户约定适当的认证方式，如密码、密钥、数字证书、电子签名等。

认证方式的约定和使用应遵循《中华人民共和国电子签名法》等法律法规的规定。

**第十一条**　银行要求客户提供有关资料信息时，应告知客户所提供信息的使用目的和范围、安全保护措施、以及客户未提供或未真实提供相关资料信息的后果。

**第十二条**　客户可以在其已开立的银行结算账户中指定办理电子支付业务的账户。该账户也可用于办理其他支付结算业务。

客户未指定的银行结算账户不得办理电子支付业务。

**第十三条**　客户与银行签订的电子支付协议应包括以下内容：

（一）客户指定办理电子支付业务的账户名称和账号；

（二）客户应保证办理电子支付业务账户的支付能力；

（三）双方约定的电子支付类型、交易规则、认证方式等；

（四）银行对客户提供的申请资料和其他信息的保密义务；

（五）银行根据客户要求提供交易记录的时间和方式；

（六）争议、差错处理和损害赔偿责任。

**第十四条**　有以下情形之一的，客户应及时向银行提出电子或书面申请：

（一）终止电子支付协议的；

（二）客户基本资料发生变更的；

（三）约定的认证方式需要变更的；

（四）有关电子支付业务资料、存取工具被盗或遗失的；
（五）客户与银行约定的其他情形。

**第十五条** 客户利用电子支付方式从事违反国家法律法规活动的，银行应按照有权部门的要求停止为其办理电子支付业务。

## 第三章 电子支付指令的发起和接收

**第十六条** 客户应按照其与发起行的协议规定，发起电子支付指令。

**第十七条** 电子支付指令的发起行应建立必要的安全程序，对客户身份和电子支付指令进行确认，并形成日志文件等记录，保存至交易后5年。

**第十八条** 发起行应采取有效措施，在客户发出电子支付指令前，提示客户对指令的准确性和完整性进行确认。

**第十九条** 发起行应确保正确执行客户的电子支付指令，对电子支付指令进行确认后，应能够向客户提供纸质或电子交易回单。

发起行执行通过安全程序的电子支付指令后，客户不得要求变更或撤销电子支付指令。

**第二十条** 发起行、接收行应确保电子支付指令传递的可跟踪稽核和不可篡改。

**第二十一条** 发起行、接收行之间应按照协议规定及时发送、接收和执行电子支付指令，并回复确认。

**第二十二条** 电子支付指令需转换为纸质支付凭证的，其纸质支付凭证必须记载以下事项（具体格式由银行确定）：
（一）付款人开户行名称和签章；
（二）付款人名称、账号；
（三）接收行名称；
（四）收款人名称、账号；
（五）大写金额和小写金额；
（六）发起日期和交易序列号。

## 第四章 安全控制

**第二十三条** 银行开展电子支付业务采用的信息安全标准、技术标准、业务标准等应当符合有关规定。

**第二十四条** 银行应针对与电子支付业务活动相关的风险，建立有效的管理制度。

**第二十五条** 银行应根据审慎性原则并针对不同客户，在电子支付类型、单笔支付金额和每日累计支付金额等方面做出合理限制。

银行通过互联网为个人客户办理电子支付业务，除采用数字证书、电子签名等安全认证方式外，单笔金额不应超过1000元人民币，每日累计金额不应超过5000元人民币。

银行为客户办理电子支付业务,单位客户从其银行结算账户支付给个人银行结算账户的款项,其单笔金额不得超过5万元人民币,但银行与客户通过协议约定,能够事先提供有效付款依据的除外。

银行应在客户的信用卡授信额度内,设定用于网上支付交易的额度供客户选择,但该额度不得超过信用卡的预借现金额度。

第二十六条 银行应确保电子支付业务处理系统的安全性,保证重要交易数据的不可抵赖性、数据存储的完整性、客户身份的真实性,并妥善管理在电子支付业务处理系统中使用的密码、密钥等认证数据。

第二十七条 银行使用客户资料、交易记录等,不得超出法律法规许可和客户授权的范围。

银行应依法对客户的资料信息、交易记录等保密。除国家法律、行政法规另有规定外,银行应当拒绝除客户本人以外的任何单位或个人的查询。

第二十八条 银行应与客户约定,及时或定期向客户提供交易记录、资金余额和账户状态等信息。

第二十九条 银行应采取必要措施保护电子支付交易数据的完整性和可靠性:

(一)制定相应的风险控制策略,防止电子支付业务处理系统发生有意或无意的危害数据完整性和可靠性的变化,并具备有效的业务容量、业务连续性计划和应急计划;

(二)保证电子支付交易与数据记录程序的设计发生擅自变更时能被有效侦测;

(三)有效防止电子支付交易数据在传送、处理、存储、使用和修改过程中被篡改,任何对电子支付交易数据的篡改能通过交易处理、监测和数据记录功能被侦测;

(四)按照会计档案管理的要求,对电子支付交易数据,以纸介质或磁性介质的方式进行妥善保存,保存期限为5年,并方便调阅。

第三十条 银行应采取必要措施为电子支付交易数据保密:

(一)对电子支付交易数据的访问须经合理授权和确认;

(二)电子支付交易数据须以安全方式保存,并防止其在公共、私人或内部网络上传输时被擅自查看或非法截取;

(三)第三方获取电子支付交易数据必须符合有关法律法规的规定以及银行关于数据使用和保护的标准与控制制度;

(四)对电子支付交易数据的访问均须登记,并确保该登记不被篡改。

第三十一条 银行应确保对电子支付业务处理系统的操作人员、管理人员以及系统服务商有合理的授权控制:

(一)确保进入电子支付业务账户或敏感系统所需的认证数据免遭篡改和破坏。对此类篡改都应是可侦测的,而且审计监督应能恰当地反映出这些篡改的企图。

(二)对认证数据进行的任何查询、添加、删除或更改都应得到必要授权,并具有不可篡改的日志记录。

第三十二条 银行应采取有效措施保证电子支付业务处理系统中的职责分离:

(一)对电子支付业务处理系统进行测试,确保职责分离;

（二）开发和管理经营电子支付业务处理系统的人员维持分离状态；

（三）交易程序和内控制度的设计确保任何单个的雇员和外部服务供应商都无法独立完成一项交易。

**第三十三条** 银行可以根据有关规定将其部分电子支付业务外包给合法的专业化服务机构，但银行对客户的义务及相应责任不因外包关系的确立而转移。

银行应与开展电子支付业务相关的专业化服务机构签订协议，并确立一套综合性、持续性的程序，以管理其外包关系。

**第三十四条** 银行采用数字证书或电子签名方式进行客户身份认证和交易授权的，提倡由合法的第三方认证机构提供认证服务。如客户因依据该认证服务进行交易遭受损失，认证服务机构不能证明自己无过错，应依法承担相应责任。

**第三十五条** 境内发生的人民币电子支付交易信息处理及资金清算应在境内完成。

**第三十六条** 银行的电子支付业务处理系统应保证对电子支付交易信息进行完整的记录和按有关法律法规进行披露。

**第三十七条** 银行应建立电子支付业务运作重大事项报告制度，及时向监管部门报告电子支付业务经营过程中发生的危及安全的事项。

## 第五章 差错处理

**第三十八条** 电子支付业务的差错处理应遵守据实、准确和及时的原则。

**第三十九条** 银行应指定相应部门和业务人员负责电子支付业务的差错处理工作，并明确权限和职责。

**第四十条** 银行应妥善保管电子支付业务的交易记录，对电子支付业务的差错应详细备案登记，记录内容应包括差错时间、差错内容与处理部门及人员姓名、客户资料、差错影响或损失、差错原因、处理结果等。

**第四十一条** 由于银行保管、使用不当，导致客户资料信息被泄露或篡改的，银行应采取有效措施防止因此造成客户损失，并及时通知和协助客户补救。

**第四十二条** 因银行自身系统、内控制度或为其提供服务的第三方服务机构的原因，造成电子支付指令无法按约定时间传递、传递不完整或被篡改，并造成客户损失的，银行应按约定予以赔偿。

因第三方服务机构的原因造成客户损失的，银行应予赔偿，再根据与第三方服务机构的协议进行追偿。

**第四十三条** 接收行由于自身系统或内控制度等原因对电子支付指令未执行、未适当执行或迟延执行致使客户款项未准确入账的，应及时纠正。

**第四十四条** 客户应妥善保管、使用电子支付交易存取工具。有关电子支付业务资料、存取工具被盗或遗失，应按约定方式和程序及时通知银行。

**第四十五条** 非资金所有人盗取他人存取工具发出电子支付指令，并且其身份认证和交易授权通过发起行的安全程序的，发起行应积极配合客户查找原因，尽量减少客户损失。

**第四十六条** 客户发现自身未按规定操作，或由于自身其他原因造成电子支付指令未执行、未适当执行、延迟执行的，应在协议约定的时间内，按照约定程序和方式通知银行。银行应积极调查并告知客户调查结果。

银行发现因客户原因造成电子支付指令未执行、未适当执行、延迟执行的，应主动通知客户改正或配合客户采取补救措施。

**第四十七条** 因不可抗力造成电子支付指令未执行、未适当执行、延迟执行的，银行应当采取积极措施防止损失扩大。

## 第六章 附 则

**第四十八条** 本指引由中国人民银行负责解释和修改。

**第四十九条** 本指引自发布之日起施行。

# 附录2 非银行支付机构网络支付业务管理办法

中国人民银行公告〔2015〕第43号

## 第一章 总 则

**第一条** 为规范非银行支付机构（以下简称支付机构）网络支付业务，防范支付风险，保护当事人合法权益，根据《中华人民共和国中国人民银行法》《非金融机构支付服务管理办法》（中国人民银行令〔2010〕第2号发布）等规定，制定本办法。

**第二条** 支付机构从事网络支付业务，适用本办法。本办法所称支付机构是指依法取得《支付业务许可证》，获准办理互联网支付、移动电话支付、固定电话支付、数字电视支付等网络支付业务的非银行机构。本办法所称网络支付业务，是指收款人或付款人通过计算机、移动终端等电子设备，依托公共网络信息系统远程发起支付指令，且付款人电子设备不与收款人特定专属设备交互，由支付机构为收付款人提供货币资金转移服务的活动。本办法所称收款人特定专属设备，是指专门用于交易收款，在交易过程中与支付机构业务系统交互并参与生成、传输、处理支付指令的电子设备。

**第三条** 支付机构应当遵循主要服务电子商务发展和为社会提供小额、快捷、便民小微支付服务的宗旨，基于客户的银行账户或者按照本办法规定为客户开立支付账户提供网络支付服务。本办法所称支付账户，是指获得互联网支付业务许可的支付机构，根据客户的真实意愿为其开立的，用于记录预付交易资金余额、客户凭以发起支付指令、反映交易明细信息的电子簿记。支付账户不得透支，不得出借、出租、出售，不得利用支付账户从事或者协助他人从事非法活动。

**第四条** 支付机构基于银行卡为客户提供网络支付服务的,应当执行银行卡业务相关监管规定和银行卡行业规范。支付机构对特约商户的拓展与管理、业务与风险管理应当执行《银行卡收单业务管理办法》(中国人民银行公告〔2013〕第9号公布)等相关规定。支付机构网络支付服务涉及跨境人民币结算和外汇支付的,应当执行中国人民银行、国家外汇管理局相关规定。支付机构应当依法维护当事人合法权益,遵守反洗钱和反恐怖融资相关规定,履行反洗钱和反恐怖融资义务。

**第五条** 支付机构依照中国人民银行有关规定接受分类评价,并执行相应的分类监管措施。

## 第二章 客户管理

**第六条** 支付机构应当遵循"了解你的客户"原则,建立健全客户身份识别机制。支付机构为客户开立支付账户的,应当对客户实行实名制管理,登记并采取有效措施验证客户身份基本信息,按规定核对有效身份证件并留存有效身份证件复印件或者影印件,建立客户唯一识别编码,并在与客户业务关系存续期间采取持续的身份识别措施,确保有效核实客户身份及其真实意愿,不得开立匿名、假名支付账户。

**第七条** 支付机构应当与客户签订服务协议,约定双方责任、权利和义务,至少明确业务规则(包括但不限于业务功能和流程、身份识别和交易验证方式、资金结算方式等)、收费项目和标准,查询、差错争议及投诉等服务流程和规则,业务风险和非法活动防范及处置措施,客户损失责任划分和赔付规则等内容。支付机构为客户开立支付账户的,还应在服务协议中以显著方式告知客户,并采取有效方式确认客户充分知晓并清晰理解下列内容:"支付账户所记录的资金余额不同于客户本人的银行存款,不受《存款保险条例》保护,其实质为客户委托支付机构保管的、所有权归属于客户的预付价值。该预付价值对应的货币资金虽然属于客户,但不以客户本人名义存放在银行,而是以支付机构名义存放在银行,并且由支付机构向银行发起资金调拨指令。"支付机构应当确保协议内容清晰、易懂,并以显著方式提示客户注意与其有重大利害关系的事项。

**第八条** 获得互联网支付业务许可的支付机构,经客户主动提出申请,可为其开立支付账户;仅获得移动电话支付、固定电话支付、数字电视支付业务许可的支付机构,不得为客户开立支付账户。支付机构不得为金融机构,以及从事信贷、融资、理财、担保、信托、货币兑换等金融业务的其他机构开立支付账户。

## 第三章 业务管理

**第九条** 支付机构不得经营或者变相经营证券、保险、信贷、融资、理财、担保、信托、货币兑换、现金存取等业务。

**第十条** 支付机构向客户开户银行发送支付指令，扣划客户银行账户资金的，支付机构和银行应当执行下列要求：（一）支付机构应当事先或在首笔交易时自主识别客户身份并分别取得客户和银行的协议授权，同意其向客户的银行账户发起支付指令扣划资金；（二）银行应当事先或在首笔交易时自主识别客户身份并与客户直接签订授权协议，明确约定扣款适用范围和交易验证方式，设立与客户风险承受能力相匹配的单笔和单日累计交易限额，承诺无条件全额承担此类交易的风险损失先行赔付责任；（三）除单笔金额不超过200元的小额支付业务，公共事业缴费、税费缴纳、信用卡还款等收款人固定并且定期发生的支付业务，以及符合第三十七条规定的情形以外，支付机构不得代替银行进行交易验证。

**第十一条** 支付机构应根据客户身份对同一客户在本机构开立的所有支付账户进行关联管理，并按照下列要求对个人支付账户进行分类管理：（一）对于以非面对面方式通过至少一个合法安全的外部渠道进行身份基本信息验证，且为首次在本机构开立支付账户的个人客户，支付机构可以为其开立Ⅰ类支付账户，账户余额仅可用于消费和转账，余额付款交易自账户开立起累计不超过1000元（包括支付账户向客户本人同名银行账户转账）；（二）对于支付机构自主或委托合作机构以面对面方式核实身份的个人客户，或以非面对面方式通过至少三个合法安全的外部渠道进行身份基本信息多重交叉验证的个人客户，支付机构可以为其开立Ⅱ类支付账户，账户余额仅可用于消费和转账，其所有支付账户的余额付款交易年累计不超过10万元（不包括支付账户向客户本人同名银行账户转账）；（三）对于支付机构自主或委托合作机构以面对面方式核实身份的个人客户，或以非面对面方式通过至少五个合法安全的外部渠道进行身份基本信息多重交叉验证的个人客户，支付机构可以为其开立Ⅲ类支付账户，账户余额可以用于消费、转账以及购买投资理财等金融类产品，其所有支付账户的余额付款交易年累计不超过20万元（不包括支付账户向客户本人同名银行账户转账）。客户身份基本信息外部验证渠道包括但不限于政府部门数据库、商业银行信息系统、商业化数据库等。其中，通过商业银行验证个人客户身份基本信息的，应为Ⅰ类银行账户或信用卡。

**第十二条** 支付机构办理银行账户与支付账户之间转账业务的，相关银行账户与支付账户应属于同一客户。支付机构应按照与客户的约定及时办理支付账户向客户本人银行账户转账业务，不得对Ⅱ类、Ⅲ类支付账户向客户本人银行账户转账设置限额。

**第十三条** 支付机构为客户办理本机构发行的预付卡向支付账户转账的，应当按照《支付机构预付卡业务管理办法》（中国人民银行公告〔2012〕第12号公布）相关规定对预付卡转账至支付账户的余额单独管理，仅限其用于消费，不得通过转账、购买投资理财等金融类产品等形式进行套现或者变相套现。

**第十四条** 支付机构应当确保交易信息的真实性、完整性、可追溯性以及在支付全流程中的一致性，不得篡改或者隐匿交易信息。交易信息包括但不限于下列内容：（一）交易渠道、交易终端或接口类型、交易类型、交易金额、交易时间，以及直接向客户提供商品或者服务的特约商户名称、编码和按照国家与金融行业标准设置的商户类别码；（二）收付款客户名称，收付款支付账户账号或者银行账户的开户银行名称及账号；（三）付款客户的身份验证和交易授权信息；（四）有效追溯交易的标识；（五）单位客户单笔超过 5 万元的转账业务的付款用途和事由。

**第十五条** 因交易取消（撤销）、退货、交易不成功或者投资理财等金融类产品赎回等原因需划回资金的，相应款项应当划回原扣款账户。

**第十六条** 对于客户的网络支付业务操作行为，支付机构应当在确认客户身份及真实意愿后及时办理，并在操作生效之日起至少五年内，真实、完整保存操作记录。客户操作行为包括但不限于登录和注销登录、身份识别和交易验证、变更身份信息和联系方式、调整业务功能、调整交易限额、变更资金收付方式，以及变更或挂失密码、数字证书、电子签名等。

## 第四章 风险管理与客户权益保护

**第十七条** 支付机构应当综合客户类型、身份核实方式、交易行为特征、资信状况等因素，建立客户风险评级管理制度和机制，并动态调整客户风险评级及相关风险控制措施。支付机构应当根据客户风险评级、交易验证方式、交易渠道、交易终端或接口类型、交易类型、交易金额、交易时间、商户类别等因素，建立交易风险管理制度和交易监测系统，对疑似欺诈、套现、洗钱、非法融资、恐怖融资等交易，及时采取调查核实、延迟结算、终止服务等措施。

**第十八条** 支付机构应当向客户充分提示网络支付业务的潜在风险，及时揭示不法分子新型作案手段，对客户进行必要的安全教育，并对高风险业务在操作前、操作中进行风险警示。支付机构为客户购买合作机构的金融类产品提供网络支付服务的，应当确保合作机构为取得相应经营资质并依法开展业务的机构，并在首次购买时向客户展示合作机构信息和产品信息，充分提示相关责任、权利、义务及潜在风险，协助客户与合作机构完成协议签订。

**第十九条** 支付机构应当建立健全风险准备金制度和交易赔付制度，并对不能有效证明因客户原因导致的资金损失及时先行全额赔付，保障客户合法权益。支付机构应于每年 1 月 31 日前，将前一年度发生的风险事件、客户风险损失发生和赔付等情况在网站对外公告。支付机构应在年度监管报告中如实反映上述内容和风险准备金计提、使用及结余等情况。

**第二十条** 支付机构应当依照中国人民银行有关客户信息保护的规定，制定有效的客户信息保护措施和风险控制机制，履行客户信息保护责任。支付机构不得存储客户银行卡的磁道信息或芯片信息、验证码、密码等敏感信息，原则上不得存储银行卡有效期。因特殊业务需要，支付机构确需存储客户银行卡有效期的，应当取得客户和开户银行的授权，以加密形式存储。支付机构应当以"最小化"原则采集、使用、存储和传输客户信息，并告知客户相关信息的使用目的和范围。支付机构不得向其他机构或个人提供客户信息，法律法规另有规定，以及经客户本人逐项确认并授权的除外。

**第二十一条** 支付机构应当通过协议约定禁止特约商户存储客户银行卡的磁道信息或芯片信息、验证码、有效期、密码等敏感信息，并采取定期检查、技术监测等必要监督措施。特约商户违反协议约定存储上述敏感信息的，支付机构应当立即暂停或者终止为其提供网络支付服务，采取有效措施删除敏感信息、防止信息泄露，并依法承担因相关信息泄露造成的损失和责任。

**第二十二条** 支付机构可以组合选用下列三类要素，对客户使用支付账户余额付款的交易进行验证：（一）仅客户本人知悉的要素，如静态密码等；（二）仅客户本人持有并特有的，不可复制或者不可重复利用的要素，如经过安全认证的数字证书、电子签名，以及通过安全渠道生成和传输的一次性密码等；（三）客户本人生理特征要素，如指纹等。支付机构应当确保采用的要素相互独立，部分要素的损坏或者泄露不应导致其他要素损坏或者泄露。

**第二十三条** 支付机构采用数字证书、电子签名作为验证要素的，数字证书及生成电子签名的过程应符合《中华人民共和国电子签名法》《金融电子认证规范》（JR/T 0118—2015）等有关规定，确保数字证书的唯一性、完整性及交易的不可抵赖性。支付机构采用一次性密码作为验证要素的，应当切实防范一次性密码获取端与支付指令发起端为相同物理设备而带来的风险，并将一次性密码有效期严格限制在最短的必要时间内。支付机构采用客户本人生理特征作为验证要素的，应当符合国家、金融行业标准和相关信息安全管理要求，防止被非法存储、复制或重放。

**第二十四条** 支付机构应根据交易验证方式的安全级别，按照下列要求对个人客户使用支付账户余额付款的交易进行限额管理：（一）支付机构采用包括数字证书或电子签名在内的两类（含）以上有效要素进行验证的交易，单日累计限额由支付机构与客户通过协议自主约定；（二）支付机构采用不包括数字证书、电子签名在内的两类（含）以上有效要素进行验证的交易，单个客户所有支付账户单日累计金额应不超过5000元（不包括支付账户向客户本人同名银行账户转账）；（三）支付机构采用不足两类有效要素进行验证的交易，单个客户所有支付账户单日累计金额应不超过1000元（不包括支付账户向客户本人同名银行账户转账），且支付机构应当承诺无条件全额承担此类交易的风险损失赔付责任。

**第二十五条** 支付机构网络支付业务相关系统设施和技术，应当持续符合国家、金融行业标准和相关信息安全管理要求。如未符合相关标准和要求，或者尚未形成国家、金融行业标准，支付机构应当无条件全额承担客户直接风险损失的先行赔付责任。

**第二十六条** 支付机构应当在境内拥有安全、规范的网络支付业务处理系统及其备份系统，制定突发事件应急预案，保障系统安全性和业务连续性。支付机构为境内交易提供服务的，应当通过境内业务处理系统完成交易处理，并在境内完成资金结算。

**第二十七条** 支付机构应当采取有效措施，确保客户在执行支付指令前可对收付款客户名称和账号、交易金额等交易信息进行确认，并在支付指令完成后及时将结果通知客户。因交易超时、无响应或者系统故障导致支付指令无法正常处理的，支付机构应当及时提示客户；因客户原因造成支付指令未执行、未适当执行、延迟执行的，支付机构应当主动通知客户更改或者协助客户采取补救措施。

第二十八条 支付机构应当通过具有合法独立域名的网站和统一的服务电话等渠道，为客户免费提供至少最近一年以内交易信息查询服务，并建立健全差错争议和纠纷投诉处理制度，配备专业部门和人员据实、准确、及时处理交易差错和客户投诉。支付机构应当告知客户相关服务的正确获取途径，指导客户有效辨识服务渠道的真实性。支付机构应当于每年1月31日前，将前一年度发生的客户投诉数量和类型、处理完毕的投诉占比、投诉处理速度等情况在网站对外公告。

第二十九条 支付机构应当充分尊重客户自主选择权，不得强迫客户使用本机构提供的支付服务，不得阻碍客户使用其他机构提供的支付服务。支付机构应当公平展示客户可选用的各种资金收付方式，不得以任何形式诱导、强迫客户开立支付账户或者通过支付账户办理资金收付，不得附加不合理条件。

第三十条 支付机构因系统升级、调试等原因，需暂停网络支付服务的，应当至少提前5个工作日予以公告。支付机构变更协议条款、提高服务收费标准或者新设收费项目的，应当于实施之前在网站等服务渠道以显著方式连续公示30日，并于客户首次办理相关业务前确认客户知悉且接受拟调整的全部详细内容。

## 第五章 监督管理

第三十一条 支付机构提供网络支付创新产品或者服务、停止提供产品或者服务、与境外机构合作在境内开展网络支付业务的，应当至少提前30日向法人所在地中国人民银行分支机构报告。支付机构发生重大风险事件的，应当及时向法人所在地中国人民银行分支机构报告；发现涉嫌违法犯罪的，同时报告公安机关。

第三十二条 中国人民银行可以结合支付机构的企业资质、风险管控特别是客户备付金管理等因素，确立支付机构分类监管指标体系，建立持续分类评价工作机制，并对支付机构实施动态分类管理。具体办法由中国人民银行另行制定。

第三十三条 评定为"A"类且Ⅱ类、Ⅲ类支付账户实名比例超过95%的支付机构，可以采用能够切实落实实名制要求的其他客户身份核实方法，经法人所在地中国人民银行分支机构评估认可并向中国人民银行备案后实施。

第三十四条 评定为"A"类且Ⅱ类、Ⅲ类支付账户实名比例超过95%的支付机构，可以对从事电子商务经营活动、不具备工商登记注册条件且相关法律法规允许不进行工商登记注册的个人客户（以下简称个人卖家）参照单位客户管理，但应建立持续监测电子商务经营活动、对个人卖家实施动态管理的有效机制，并向法人所在地中国人民银行分支机构备案。支付机构参照单位客户管理的个人卖家，应至少符合下列条件：
（一）相关电子商务交易平台已依照相关法律法规对其真实身份信息进行审查和登记，

与其签订登记协议，建立登记档案并定期核实更新，核发证明个人身份信息真实合法的标记，加载在其从事电子商务经营活动的主页面醒目位置；（二）支付机构已按照开立Ⅲ类个人支付账户的标准对其完成身份核实；（三）持续从事电子商务经营活动满6个月，且期间使用支付账户收取的经营收入累计超过20万元。

第三十五条　评定为"A"类且Ⅱ类、Ⅲ类支付账户实名比例超过95%的支付机构，对于已经实名确认、达到实名制管理要求的支付账户，在办理第十二条第一款所述转账业务时，相关银行账户与支付账户可以不属于同一客户。但支付机构应在交易中向银行准确、完整发送交易渠道、交易终端或接口类型、交易类型、收付款客户名称和账号等交易信息。

第三十六条　评定为"A"类且Ⅱ类、Ⅲ类支付账户实名比例超过95%的支付机构，可以将达到实名制管理要求的Ⅱ类、Ⅲ类支付账户的余额付款单日累计限额，提高至第二十四条规定的2倍。评定为"B"类及以上，且Ⅱ类、Ⅲ类支付账户实名比例超过90%的支付机构，可以将达到实名制管理要求的Ⅱ类、Ⅲ类支付账户的余额付款单日累计限额，提高至第二十四条规定的1.5倍。

第三十七条　评定为"A"类的支付机构按照第十条规定办理相关业务时，可以与银行根据业务需要，通过协议自主约定由支付机构代替进行交易验证的情形，但支付机构应在交易中向银行完整、准确发送交易渠道、交易终端或接口类型、交易类型、商户名称、商户编码、商户类别码、收付款客户名称和账号等交易信息；银行应核实支付机构验证手段或渠道的安全性，且对客户资金安全的管理责任不因支付机构代替验证而转移。

第三十八条　对于评定为"C"类及以下、支付账户实名比例较低、对零售支付体系或社会公众非现金支付信心产生重大影响的支付机构，中国人民银行及其分支机构可以在第十九条、第二十八条等规定的基础上适度提高公开披露相关信息的要求，并加强非现场监管和现场检查。

第三十九条　中国人民银行及其分支机构对照上述分类管理措施相应条件，动态确定支付机构适用的监管规定并持续监管。支付机构分类评定结果和支付账户实名比例不符合上述分类管理措施相应条件的，应严格按照第十条、第十一条、第十二条及第二十四条等相关规定执行。中国人民银行及其分支机构可以根据社会经济发展情况和支付机构分类管理需要，对支付机构网络支付业务范围、模式、功能、限额及业务创新等相关管理措施进行适时调整。

第四十条　支付机构应当加入中国支付清算协会，接受行业自律组织管理。中国支付清算协会应当根据本办法制定网络支付业务行业自律规范，建立自律审查机制，向中国人民银行备案后组织实施。自律规范应包括支付机构与客户签订协议的范本，明确协议应记载和不得记载事项，还应包括支付机构披露有关信息的具体内容和标准格式。中国支付清算协会应当建立信用承诺制度，要求支付机构以标准格式向社会公开承诺依法合规开展网络支付业务、保障客户信息安全和资金安全、维护客户合法权益、如违法违规自愿接受约束和处罚。

# 第六章 法 律 责 任

**第四十一条** 支付机构从事网络支付业务有下列情形之一的，中国人民银行及其分支机构依据《非金融机构支付服务管理办法》第四十二条的规定进行处理：（一）未按规定建立客户实名制管理、支付账户开立与使用、差错争议和纠纷投诉处理、风险准备金和交易赔付、应急预案等管理制度的；（二）未按规定建立客户风险评级管理、支付账户功能与限额管理、客户支付指令验证管理、交易和信息安全管理、交易监测系统等风险控制机制的，未按规定对支付业务采取有效风险控制措施的；（三）未按规定进行风险提示、公开披露相关信息的；（四）未按规定履行报告义务的。

**第四十二条** 支付机构从事网络支付业务有下列情形之一的，中国人民银行及其分支机构依据《非金融机构支付服务管理办法》第四十三条的规定进行处理；情节严重的，中国人民银行及其分支机构依据《中华人民共和国中国人民银行法》第四十六条的规定进行处理：（一）不符合支付机构支付业务系统设施有关要求的；（二）不符合国家、金融行业标准和相关信息安全管理要求的，采用数字证书、电子签名不符合《中华人民共和国电子签名法》《金融电子认证规范》等规定的；（三）为非法交易、虚假交易提供支付服务，发现客户疑似或者涉嫌违法违规行为未按规定采取有效措施的；（四）未按规定采取客户支付指令验证措施的；（五）未真实、完整、准确反映网络支付交易信息，篡改或者隐匿交易信息的；（六）未按规定处理客户信息，或者未履行客户信息保密义务，造成信息泄露隐患或者导致信息泄露的；（七）妨碍客户自主选择支付服务提供主体或资金收付方式的；（八）公开披露虚假信息的；（九）违规开立支付账户，或擅自经营金融业务活动的。

**第四十三条** 支付机构违反反洗钱和反恐怖融资规定的，依据国家有关法律法规进行处理。

# 第七章 附 则

**第四十四条** 本办法相关用语含义如下：单位客户，是指接受支付机构支付服务的法人、其他组织或者个体工商户。个人客户，是指接受支付机构支付服务的自然人。单位客户的身份基本信息，包括客户的名称、地址、经营范围、统一社会信用代码或组织机构代码；可证明该客户依法设立或者可依法开展经营、社会活动的执照、证件或者文件的名称、号码和有效期限；法定代表人（负责人）或授权办理业务人员的姓名、有效身份证件的种类、号码和有效期限。个人客户的身份基本信息，包括客户的姓名、国籍、性别、职业、住址、联系方式以及客户有效身份证件的种类、号码和有效期限。法人和其他组织客户的有效身份证件，是指政府有权机关颁发的能够证明其合法真实身份的证件或文件，包括但不限于营业执照、事业单位法人证书、税务登记证、组织机构代码证；个体工商户的有效身份证件，包括营业执照、经营者或授权经办人员的有效身份证件。个人客户的有效身份证件，包括：在中国境内已登记常住户口的中国公民为居民身份证，不满十六周岁的，为居民身份证或户口簿；香港、澳门特别行政区居民为港澳居民往来内地通行证；台湾地区居民为台湾居民来往大陆通行证；定居国外的中国公民为中国护照；外国公民为护照或者外国人永久居留证（外国边民，按照边贸结算的有关规定办理）；法律、行政法规规定的其他身份证明文件。客户本人，是指客户本单位（单位客户）或者本人（个人客户）。

**第四十五条** 本办法由中国人民银行负责解释和修订。

**第四十六条** 本办法自2016年7月1日起施行。

# 参考文献

[1] 中国互联网络信息中心（CNNIC）.2020年第45次中国互联网络发展状况统计报告,2020.
[2] 柯新生,王晓佳.网络支付与结算[M].3版.北京：电子工业出版社,2012.
[3] 张宽海.网上支付与结算[M].2版.北京：电子工业出版社,2013.
[4] 徐勇.网络支付与结算[M].3版.北京：北京大学出版社,2010.
[5] 陈彩霞.电子支付与网络金融[M].2版.北京：清华大学出版社,2020.
[6] 秦树文.网络结算与支付[M].北京：清华大学出版社,2012.
[7] 中国人民银行.2019年支付体系运行总体情况报告,2020.
[8] 陈银凤,贾玢.网络支付与结算[M].北京：电子工业出版社,2016.